Museum ohne Grenzen
Inklusion im Ausstellungsbetrieb

d|u|p

kunst_markt_vermittlung_2

Herausgegeben von

Andrea von Hülsen-Esch
und
Ulli Seegers

Museum ohne Grenzen

Inklusion im Ausstellungsbetrieb

Svenja Schütte

d|u|p

Bibliografische Information der Deutschen Nationalbibliothek
Die Deutsche Nationalbibliothek verzeichnet diese Publikation in der Deutschen Nationalbibliografie; detaillierte bibliografische Daten sind im Internet über http://dnb.dnb.de abrufbar.

http://www.dupress.de
Satz und Layout: Hannah Reller
Umschlaggestaltung: Julia Reich
Umschlagfoto: Copyright © Cozyta
Herstellung: docupoint, Barleben
ISBN 978-3-943460-91-9

Inhaltsverzeichnis

Einführung

Die Bemühungen um die Teilhabe von Menschen mit Behinderung am gesellschaftlichen und kulturellen Leben verzeichnen in der jüngsten Vergangenheit im Zuge der Inklusionsdebatte auch im deutschsprachigen Kultursektor große Fortschritte. Das zentrale Anliegen der Bewegung, alle Menschen „gleichberechtigt an allen gesellschaftlichen Prozessen zu beteiligen [...] unabhängig von individuellen Fähigkeiten, ethnischer wie sozialer Herkunft, Geschlecht oder Alter"[1], hat den Schulsektor längst verlassen und zieht nun immer größere Kreise quer durch den gesellschaftlichen und politischen Alltag. Es war ein langwieriger Prozess, doch die Inklusion ist derzeit allgegenwärtig, und so besteht die Hoffnung, dass wir uns in einer Zeit des Wandels aktuell auf einem guten Weg befinden, künftig allen Menschen die Möglichkeit bieten zu können, sich in der gesellschaftlichen Mitte frei zu entfalten.

Im Bewusstsein ihres kulturpolitischen Bildungsauftrages und in ihrem Selbstverständnis als Orte des lebenslangen Lernens und der kulturellen Bildung bieten Museen den optimalen Nährboden für die Unterstützung und Umsetzung des Inklusionsgedankens. Doch fehlt trotz herausragender Einzelleistungen unter den unzähligen musealen Inklusionsprojekten und des sichtlichen Engagements der Dachverbände aktuell nach wie vor der ganzheitliche, dauerhafte und flächendeckende Einbezug inklusiver Ansätze in die Ausstellungsarbeit.

Die Bemühungen um Zielgruppen, die bereits zum Besucherstamm gezählt werden, aber vor allem um diejenigen, die als sogenannte „Nichtbesucher" noch akquiriert werden müssen, werden im Kultursektor bereits seit geraumer Zeit durch betriebswissenschaftliche Marketinginstrumente unterstützt. Im Namen der Publikumsfreundlichkeit werden spätestens seit der Jahrtausendwende unzählige Evaluationen im musealen Umfeld durchgeführt, um die Bedürfnisse der Besucher abzufragen und die Museumsarbeit gezielt daran auszurichten. Die damit einhergehende scheinbar zunehmende Sensibilisierung der Einrichtungen für die Pluralität ihrer Besucher und deren Bedürfnisse hat bisher allerdings nur selten den gewünschten ganzheitlichen Zugang zu den musealen Angeboten im Sinne der Inklusion zur Folge. So kann der Museumsbesuch für Teile der Bevölkerung, vor allem für Menschen mit einer Behinderung, vielerorts noch immer zu einer wahren Herausforderung werden.

---

[1] URL: http://www.aktion-mensch.de/inklusion/was-ist-inklusion.php (letzter Zugriff: 04.10.2015).

Insgesamt scheint die Spannweite der Zugänglichkeit für die verschiedenen Einschränkungsformen sehr weit auseinanderzugehen. Die behindertengerechten Zugänge zu den Gebäuden sowie die Bereitstellung von entsprechenden Sanitäranlagen und Parkmöglichkeiten waren bisher nicht selten Grund genug, sich als „barrierefrei“ zu bezeichnen. Die Ambivalenz im Gebrauch dieser Begrifflichkeit ist dabei missverständlich, steht dieser doch eigentlich nicht nur für den physischen, sondern auch für den intellektuellen Zugang. So werden Besucher mit einer Körperbehinderung bei der Museumsarbeit mittlerweile in der Regel berücksichtigt, und auch eine Sinnesbehinderung wird in vielen Institutionen bedacht, liegt aber eine kognitive Beeinträchtigung oder eine komplexe Mehrfachbehinderung vor, wird die kulturelle und selbstbestimmte Teilhabe oftmals kompliziert bis scheinbar unmöglich.

Ziel der vorliegenden Publikation ist es nicht etwa, eine allgemeingültige Anleitung für inklusive Ausstellungsarbeit in Form eines umfassenden Leitfadens zu liefern, sondern vielmehr einen fachübergreifenden Einblick in die Grundlagen der Inklusion, die vielseitigen Herausforderungen, aber auch den Mehrgewinn und mögliche Grenzen bei der Umsetzung im musealen Kontext zu diskutieren und anhand ausgewählter Beispiele zum Nachdenken und Handeln anzuregen. Besondere Aufmerksamkeit soll dabei den Besuchern mit einer geistigen Behinderung zukommen, da hier vielerorts der größte Nachholbedarf besteht.

Die sogenannte „geistige Behinderung“ ist von allen Behinderungsformen am schwierigsten zu fassen, da selbst die Symptome und Probleme von Personen mit gleicher medizinischer Ausgangsdiagnose stark voneinander abweichen können. Darüber hinaus sind Verhaltens- und Leistungsfähigkeit oftmals tageszeitenabhängig oder noch kürzeren Intervallen unterlegen. Da sich Menschen mit unterschiedlichen Diagnosen in ihren Eigenschaften und Fähigkeiten hingegen oft ähnlicher sein können als Personen mit gleichem medizinischen Hintergrund, ist es beinahe ausgeschlossen, hier selektiv vorzugehen und bestimmte Krankheitsbilder aus dem großen Ganzen herauszulösen. Auch eine Einschränkung auf bestimmte Altersgruppen erscheint nicht sinnvoll, da sich diese im Zusammenhang mit einer Beeinträchtigung kaum mit festgelegten Kriterien für kognitive, soziale oder emotionale Fähigkeiten im Sinne von Entwicklungsstufen verbinden lassen. Der Mensch an sich soll dem Inklusionsgedanken entsprechend auch im Rahmen dieser Publikation möglichst nicht weiter in Gruppen unterteilt werden, auch wenn sich dadurch ein fast unüberschaubares und extrem interdisziplinäres Forschungsfeld ergibt.

Der Fokus der Untersuchungen wird nicht ausschließlich auf der Vermittlungsarbeit liegen, sondern den Museumsbesuch als Ganzes betrachten. Da der Inklusionsgedanke darauf abzielt, die Voraussetzungen dafür zu schaffen, jedem Menschen das Recht auf Selbstbestimmung und die vollständige gesellschaftliche Teilhabe zu ermöglichen, sollen die Überlegungen nicht nur von Besuchern ausgehen, die im Rahmen eines besonderen Vermittlungsangebotes oder mit einer Gruppe in die Häuser gelangen, sondern auch die selbstbestimmten Einzelbesucher einbeziehen.

Der Blick auf die wichtigen Entwicklungen der Behindertenbewegungen und die nähere Betrachtung des Behinderungsbegriffs im Kontext von Normalität und Krankheit bieten den Einstieg in die Thematik. Auch wenn diese Grundlagen von Seiten der Kunstgeschichte betrachtet und vielerorts auf fachfremden Territorien erarbeitet wurden, sind diese interdisziplinären Perspektiven durchaus sinnvoll, ist doch die Inklusion selbst ein interdisziplinäres Forschungsfeld. Anschließend werden die allgemeinen Voraussetzungen untersucht, die bereits geschaffen wurden und die es noch zu schaffen gilt, um die Inklusion auch im Museumssektor weiter voranzutreiben. Neben den rechtlichen Bedingungen, die der Inklusionsdebatte in den vergangenen Jahren sicherlich viel zusätzlichen gesellschaftlichen und politischen Aufwind verschafft haben, muss dabei auch der wichtige Aspekt der Finanzierungsmöglichkeiten angesprochen werden, da dieser für einige Institutionen nicht selten als Argument dient, die inklusive Arbeit nicht weiter auszubauen.

Da in dieser Hinsicht bereits Nachholbedarf in der deutschen Museumslandschaft besteht, wird die Barrierefreiheit in Bezug auf Museumsgebäude und Ausstellungskonzeption ebenfalls thematisiert. Die Voraussetzungen erscheinen für den Schwerpunkt auf kognitiver Ebene zunächst sekundär, sind aber für weitere Schritte in die Richtung der ganzheitlichen inklusiven Ausstellungsarbeit essenziell, da nur durch die hindernislose Zugänglichkeit auch eine inklusive Nutzbarkeit im kognitiven und intellektuellen Sinne gewährleistet werden kann.

In einem weiteren Kapitel wird ein Einblick in die aktuellen Tendenzen der musealen Vermittlungsarbeit gegeben, die mit einem breiten Aufgabenspektrum die Basis für zukünftige inklusive Projekte und Angebote darstellen kann. Vor allem der kulturpolitische Bildungsauftrag stellt hier ein zentrales Argument dar, anhand dessen gezeigt werden soll, auf welchen Ebenen die Einrichtungen inklusive Arbeit leisten müssten und können, um als Lernorte und Erlebniswelten auch für Menschen mit einer Behinderung „nutzbar" zu sein. Schließlich wird der Kernpunkt dieser Publikation die Möglichkeiten eines inklusiven Museums ausloten. Zu diesem Zweck werden einige Ansätze, die für die Förderung des Inklusionsgedankens im Rahmen der Museumsarbeit hilfreich sein können, sowohl für gruppenbezogene Angebote als auch für die didaktische Ausstellungskonzeption anhand von ausgewählten Beispielen formuliert. Dies soll helfen zu untersuchen, ob die Inklusion im eigentlichen Sinne für den Bereich der Museumsarbeit vollständig gewährleistet werden kann, wo die Chancen und wo vielleicht auch die realistischen Grenzen dieses Konzeptes liegen.

Die Forschung auf dem Gebiet der inklusiven Museumsarbeit ist bisweilen nur durch wenige tatsächlich wissenschaftliche Publikationen in Erscheinung getreten, obwohl sich dieser Bereich fast täglich weiter zu entwickeln scheint und ein Überblick dadurch schwerfällt. Vielfach wird das Konzept zurzeit im Rahmen der Schul- und Sozialpädagogik wissenschaftlich diskutiert, aber auch hier finden sich kaum konkrete Anleitungen zur Umsetzung, sondern vielmehr ethische Diskussionen auf theoretischer Ebene. Viele Beiträge zur inklusiven Museumspädagogik bestehen aus reinen Projektberichten, die zwar zugeschnitten auf das jeweilige Veranstaltungs- und Vermittlungsformat einen guten Einblick bieten, aber kaum allgemeine Handlungsanweisungen bereitstellen. Grundlegend ist daher einerseits die 2011 erschienene Publikation im Rahmen der Schriftenreihe des Deutschen Hygiene-Museums in Dresden unter der Herausgeberschaft von Anja Tervooren und Jürgen Weber, die sich mit dem Titel *Wege zur Kultur. Barrieren und Barrierefreiheit in Kultur- und Bildungseinrichtungen*[2] ebenfalls interdisziplinär mit der Thematik auseinandersetzt. Auf der anderen Seite sind besonders das unter anderem von Patrick Sinclair Föhl herausgegebene Handbuch *Das barrierefreie Museum. Theorie und Praxis einer besseren Zugänglichkeit*[3] aus dem Jahr 2012 und mehrere Themenausgaben der Zeitschrift *Standbein Spielbein* aus den Jahren 2001, 2007 sowie 2015 zu nennen.

Neben diesen museumsbezogenen Veröffentlichungen sind zahlreiche allgemeine Leitfäden von verschiedenen Behinderten- und Museumsverbänden, Kultureinrichtungen, Ämtern und sozialen Diensten in diese Publikation eingeflossen, die gemeinsam eine große Bandbreite an praktischen Hinweisen und Richtlinien bieten, die auch auf den musealen Bereich übertragen werden können. Da die Thematik in besonderem Maße mit praktischen und persönlichen Erfahrungen zusammenhängt, ist auch die große Bereitschaft von Institutionen, Verbänden und Einrichtungen zu erwähnen, die sich persönlich und schriftlich auf Nachfrage zu der Thematik geäußert und dadurch ebenfalls einen großen Beitrag geleistet haben.

---

[2] Anja Tervooren u. Jürgen Weber (Hrsg.): Wege zur Kultur. Barrieren und Barrierefreiheit in Kultur- und Bildungseinrichtungen, Schriftenreihe des Deutschen Hygiene-Museums Dresden, Bd. 9, Köln u. a. 2012.

[3] Patrick Sinclair Föhl u. a. (Hrsg.): Das barrierefreie Museum. Theorie und Praxis einer besseren Zugänglichkeit. Ein Handbuch, Bielefeld 2007.

Zuletzt ist es mir ein Anliegen, die Motivation zu beleuchten, aus der diese Publikation entstanden ist. Ursprünglich im Jahr 2013 als Abschlussarbeit mit kunsthistorischem Hintergrund verfasst, boten zahlreiche praktische Einsätze in verschiedenen musealen, aber auch sozialtherapeutischen Einrichtungen eine gute persönliche Basis für die folgenden Überlegungen. Die Mitarbeit in diversen Einrichtungen für Menschen mit Behinderung hat meinen Blick für die inklusive Museumsarbeit und für den Umgang mit der Zielgruppe geschärft und konnte die Untersuchungen dadurch untermauern. Sie zeigte, welches unterschätzte Potenzial in den Menschen ruht und öffnete mir die Augen für die vielfältigen Hindernisse, die Ihnen täglich begegnen. Der interdisziplinäre Umgang mit der Thematik stellt sich als unumgänglich dar und ist somit Herausforderung und Chance zugleich.

1. Das Inklusionskonzept

Der gesellschaftliche Umgang mit Normabweichungen und Behinderungen hat in der Vergangenheit bereits viele Paradigmenwechsel erfahren. Besonders in den letzten Jahrzehnten ist ein dynamischer Umbruch in Gang gesetzt worden, der die Sichtweise auf Menschen mit Behinderung und ihre gesellschaftliche Positionierung maßgeblich verändert, seinen Höhepunkt aber noch lange nicht erreicht hat. Ihn gilt es, mithilfe der Umsetzung der Inklusion zukünftig weiter voranzutreiben.

Von Exklusion zu Inklusion

Der Schweizer Heilpädagoge Alois Bürli teilte den historischen Entwicklungsprozess, ausgehend von Marginalisierung und Missachtung bis hin zu dem heute angestrebten Bild des teilhabenden und selbstbestimmt lebenden Menschen mit Behinderung, Ende der 1990er-Jahre in fünf aufeinanderfolgende Phasen.[4]

Ausgangssituation dieses soziologischen Stufenmodells[5] ist die Periode der *Exklusion*, in der Kindern und Erwachsenen mit einer Beeinträchtigung keinerlei Zugang zum Bildungs-, Erziehungs- und Freizeitsystem ermöglicht wurde.[6] Ihnen wurde das Recht auf Bildung verwehrt, indem sie von der Schulpflicht befreit und in familiäre Betreuung übergeben wurden.

Eine zweite Phase, die sogenannte *Segration*, löste die damals verbreitete Sichtweise der völligen Unbrauchbarkeit und Bildungsunfähigkeit erst im Verlauf der zweiten Hälfte des 19. Jahrhunderts ab. Auf der Grundlage scheinbarer christlicher Nächstenliebe, Barmherzigkeit und dem humanistischen Gedankengut entstanden zahlreiche Sozialisierungsanstalten, in denen Menschen mit Behinderung zwar weiterhin als krank und hilfebedürftig angesehen wurden, durch einen neuen Förder- und Rehabilitationsansatz allerdings fortan den Zugang zu schulischer Bildung ermöglicht bekamen, wenn auch ausschließlich in einem separierten Sonderschulwesen.[7] Kinder

---

[4] Helmut Schwalb (Hrsg.): Inklusion, Partizipation und Empowerment in der Behindertenarbeit. Best-Practice-Beispiele: Wohnen – Leben – Arbeit – Freizeit, Stuttgart 2009, S. 11.

[5] Im Weiteren von Sander (2004; 2008) und Hinz (2004) aufgenommen und weiter bearbeitet.

[6] Theo Frühauf: Von der Integration zur Inklusion. Ein Überblick, in: Andreas Hinz u. a. (Hrsg.): Von der Integration zur Inklusion. Grundlagen – Perspektiven – Praxis, Marburg [3]2012, S. 11–32., hier S. 14 ff.

[7] Frühauf (2012), S. 14 ff.

und Jugendliche wurden von Geburt an nach bestimmten, auf Durchschnittsnormen basierenden Kriterien unterschiedlichen Bildungseinrichtungen zugeordnet. Eine ausdifferenzierende Praxis, die in Ansätzen auch im heutigen dreigliedrigen Schulsystem der Bundesrepublik noch Aktualität besitzt. Für Kinder mit einer Behinderung war in den Regelschulen jedoch noch immer kein Platz vorgesehen. Eine starke Abweichung von den altersbedingten Durchschnittsnormen bedeutete in der Regel eine sogenannte Sonderlaufbahn, deren Fortlaufen meistens nicht mehr zu durchbrechen war. Da es ohne einen allgemein anerkannten Schulabschluss, den das Sonderschulwesen nicht bietet, an beruflichen Alternativen mangelte, wurden Betroffene nach der Sonderschule in spezielle Wohn- und Arbeitsstätten vermittelt, wo sie unter intensiver Betreuung standen.[8] Diese „forcierte Institutionalisierung" beruhte in erster Linie auf dem Gedanken der Förderung und Rehabilitation, aber auch der Heilung und „Erziehung zur ‚Brauchbarkeit' für die Gesellschaft"[9]. Mit dem Bestreben eine Normierung und Anpassung an die funktionalen Normalitätserwartungen[10] zu erreichen,[11] wurde in Heimen und Anstalten gemeinhin zwischen bildungsfähigen und bildungsunfähigen Menschen unterschieden. Krankheit und Abnormität des Menschen standen weiterhin im Vordergrund.

Ausgehend von den US-amerikanischen und skandinavischen Ländern gelang der entscheidende, aber nur langsam fortschreitende Paradigmenwechsel in die dritte Phase, der *Integration*, erst Mitte des 20. Jahrhunderts. Vor allem im Zuge der US-amerikanischen Bürgerrechtsbewegung nahmen sich Menschen mit Behinderung immer stärker als gleichberechtigte Bürgerinnen und Bürger wahr, die nicht nur die Teilnahme am gemeingesellschaftlichen Leben, sondern auch den Ausgleich der behinderungsbedingten Nachteile anstelle von bloßer Fürsorge forderten.[12] Durch die kalifornische *Independent-Living-Bewegung* ausgelöst, zeichnete sich in den 1950er- und 1960er-Jahren ein drastischer Wandel im internationalen Verständnis

[8] Frühauf (2012), S. 14 ff.

[9] Schwalb (2009), S. 11.

[10] Elsbeth Bösl: Behinderung, Technik und gebaute Umwelt. Zur Geschichte des Barriereabbaus in der Bundesrepublik Deutschland seit dem Ende der 1960er Jahre, in: Anja Tervooren u. Jürgen Weber (Hrsg.): Wege zur Kultur. Barrieren und Barrierefreiheit in Kultur- und Bildungseinrichtungen, Schriftenreihe des Deutschen Hygiene-Museums Dresden, Bd. 9, Köln u. a. 2012, S. 29–51, hier S. 30.

[11] Bösl (2012), S. 30 f.

[12] Katrin Auer: Barrierefreie Museen. Rechtliche Rahmenbedingungen, in: Patrick Sinclair Föhl u. a. (Hrsg.): Das barrierefreie Museum. Theorie und Praxis einer besseren Zugänglichkeit. Ein Handbuch, Bielefeld 2007, S. 34–51, hier S. 34.

und der Akzeptanz von Behinderungen ab.[13] Menschen mit Behinderung begannen sich gegen ihre Etikettierung als Kranke und das entwürdigende Klischeebild des Almosenempfängers zu wehren.[14] Stattdessen kämpften sie für ihr Recht auf ein qualitätvolles Leben in der Mitte der Gesellschaft, unabhängig von Institutionen und Familienangehörigen.[15]

Der gerechtigkeitstheoretische *Befähigungsansatz* (engl. Capability Approach) des indischen Wirtschaftswissenschaftlers und Philosophen Amartya Sen gibt in der Weiterentwicklung der amerikanischen Philosophin Martha Nussbaum[16] einen wagen Eindruck, wie der Begriff „Qualität" in diesem Zusammenhang zu verstehen ist. Die Theorie dient der Darstellung und Messung des individuellen und gesellschaftlichen Wohlbefindens und liegt beispielsweise dem *Human Development Index* der *Vereinten Nationen* zugrunde. Nussbaum veröffentlichte in den 1990er-Jahren eine auf dem Ansatz von Sen basierende Liste mit zehn universell gültigen Grundwerten, die erforderlich sind, damit ein Mensch ein gehaltvolles Leben führen kann.[17] Neben der Selbstkontrolle über das eigene Leben ging es bei den Ergebnissen auch um Teilhabe, Zugehörigkeit, Würde und die Fähigkeit, erholsame und kulturelle Tätigkeiten genießen und produzieren zu können.[18] Nussbaum zufolge ist es die Obliegenheit einer jeden Gesellschaft, ihren Mitgliedern diese Qualitätsstandards als soziales Minimum zu gewährleiten, und die Pflicht aller gesellschaftlichen Institutionen, also auch musealer Einrichtungen, dazu beizutragen, dass jeder Mensch seine Möglichkeiten ausbilden und seine Fähigkeiten entsprechend entwickeln kann.

---

[13] Michael Wunder: Behindert sein oder behindert werden? Zu Fragen von Ethik und Behinderung, Anja Tervooren u. Jürgen Weber (Hrsg.): Wege zur Kultur. Barrieren und Barrierefreiheit in Kultur- und Bildungseinrichtungen, Schriftenreihe des Deutschen Hygiene-Museums Dresden, Bd. 9, Köln u. a. 2012, S. 85–100, hier S. 85.

[14] Michael Leidner: Verschiedenheit, besondere Bedürfnisse und Inklusion. Grundlagen der Heilpädagogik, Baltmannsweiler 2012, S. 11.

[15] Wunder (2012), S. 85 f.

[16] Der Ansatz wurde zwischen 1986 und 1993 im Rahmen eines Projekts der United Nations University am World Institute for Development Economics Research (UNU-WIDER) durch Martha Nussbaum weiterentwickelt.

[17] Martha Nussbaum: Frontiers of Justice. Disability, Nationality, Species Membership, Cambridge und London 2006, S. 70.

[18] Theo Klauß: Inklusion in Schule und Erwachsenenbildung. Vom Zufall abhängig oder ein Menschenrecht?, in: Andreas Hinz u. a. (Hrsg.): Von der Integration zur Inklusion. Grundlagen – Perspektiven – Praxis, Bundesvereinigung Lebenshilfe für Menschen mit geistiger Behinderung e. V., Marburg [3]2012, S. 130–152, hier S. 130 f.

Es sei nicht damit getan, einen der Grundwerte durch die Erhöhung eines anderen auszugleichen. Nur die Vollständigkeit dieser Werte, so die Theorie, führe zu einem tatsächlich qualitativen Leben.[19]

> No matter how much money we give the person in the wheelchair, he will still not have adequate access to public space unless the public space itself is redesigned [...]. That redesign of public space is essential to the dignity and self-respect of people with impairment.[20]

In Deutschland bildeten sich nach der lang anhaltenden rassenideologischen und normverliebten Politik des Nationalsozialismus erst Ende der 1960er-Jahre, unter dem starken Einfluss der internationalen Behindertenbewegung, Gemeinschaften, um für die Chancengleichheit und Teilhabe zu kämpfen. Einer der ersten in Deutschland war der *Club 68 – Verein für Behinderte und ihre Freunde*. 1968 in Hamburg als Abspaltung von einem Elternverein durch Behinderte und Nichtbehinderte auf privater Ebene gegründet, verbreitete sich die Idee des gemeinsamen Hindernisabbaus rasant, und so entstanden kurz darauf in ganz Deutschland weitere Vereine, welche zu Beginn der 1970er-Jahre direkten Einfluss auf die politische Debatte nahmen und für ihre eigenen Bedürfnisse eintraten.[21]

Durch Franz Christoph und Horst Frehe wurde 1977 in Bremen schließlich die deutschlandweite sogenannte *Krüppelgruppe* gegründet,[22] eine Bewegung, die radikaler agierte als vorherige Vereinigungen.[23] Sie forderte nicht nur die allgemeine Integration behinderter Menschen, sondern setzte es sich zum Ziel, die „nichtbehinderte Öffentlichkeit" mit ihren eigenen Unzulänglichkeiten zu konfrontieren. Für Aufsehen sorgte insbesondere Christophs politische Aktion, bei der er dem damaligen Bundespräsidenten Karl Carstens während einer Rehabilitationsmesse mit seiner Krücke öffentlich vor das Schienbein schlug. Der sogenannte *Krüppelschlag* „zielte auf die verlogenen Gönner, die von Integration und Miteinander redeten, die offene und versteckte Diskriminierung behinderter Personen aber nicht wahrhaben wollten"[24].

---

[19] Klauß (2012), S. 130 f.

[20] Nussbaum (2006), S. 167.

[21] Bösl (2012), S. 40 f.; Wunder (2011), S. 86.

[22] Tervooren u. Weber (2012), S. 12 f.

[23] Wunder (2012), S. 86.

[24] Christian Mürner u. Udo Sierck: Krüppelzeitung. Brisanz der Behindertenbewegung, Neu-Ulm 2009, S. 162.

Gestärkt durch die Bemühungen der Behindertenbewegungen nahm auch die allgemeine Debatte um den Hindernisabbau in der gebauten Umwelt an Fahrt auf. Befürworter der „menschengerechten Umweltgestaltung“[25] lösten die bisherige Fokussierung auf Menschen mit Behinderung und machten die Diskussion gesellschaftsfähig, indem sie auch andere Bevölkerungsgruppen einbezogen. Sie merkten erstmals an, dass es bei der Umsetzung von Barrierefreiheit genauso um ältere Bürger, Menschen mit Gepäck, Kriegsveteranen oder Mütter mit Kinderwagen, „ja sogar um die ganze Gesellschaft“[26] gehe. Sie lösten damit eine allgemeine Diskussion um gesellschaftliche Normen aus und bemängelten, dass die Umwelt in ihren Anforderungen nur auf eine sehr begrenzte Personengruppe ausgerichtet sei. Die Fähigkeit im Sinne der Mobilität, zu jeder Zeit möglichst weite Wege in möglichst kurzer Zeit zurückzulegen, sei ein Vorrecht der Gesunden, finanziell Gutgestellten und der Altersgruppe zwischen 18 und 65 Jahren.[27] Die Auslegung der Mobilität als Privileg zeige daher in extremer Weise die einseitige Orientierung der bisherigen Städtebaupolitik[28], so die Bewegung.

Auch Eltern, deren Kinder durch eine Behinderung beeinträchtigt sind, formten einen Zweig der Behindertenbewegung. Sie traten für die vollständige Integration ihrer Kinder in die allgemeinen Erziehungs- und Bildungseinrichtungen ein und distanzierten sich ausdrücklich vom diktierten Sonderlebenslauf. Ein Gutachten des Deutschen Bildungsrates forderte daraufhin 1973 erstmals offiziell integrative Schulen für behinderte Kinder durch ein neues Bildungskonzept[29] und bezeichnete die Integration als eine der vordringlichen Aufgaben jedes demokratischen Staates.[30] Der Rat sprach sich mit dieser Empfehlung deutlich gegen die bisherige Isolation von Menschen mit Behinderung durch das Sonderschulwesen aus und riet zu einer Neukonzeption der pädagogischen Förderung behinderter Kinder und Jugendlicher auf der Grundlage eines gemeinsamen Unterrichts an Regelschulen.[31]

---

[25] Bösl (2012), S. 39.

[26] Bösl (2012), S. 37.

[27] Bösl (2012), S. 37.

[28] Rolf Nill: Umgebung, Standort, Verkehr, in: Axel Stermshorn: Bauen für Behinderte und Betagte. Wohnungsplanung, Gebäudeplanung, Umweltgestaltung, DIN-Normen, Kommentare, Medizinische Aspekte, Sozialpsychologie, Statistik, Finanzierung, Stuttgart 1974, S. 81–86, hier S. 81.

[29] Erst im Jahr 1982 wurde die *Uckermal-Schule* in Berlin als erste Schule vollständig in ein Integrationsprojekt einbezogen.

[30] Walther Dreher: Denkspuren. Bildung von Menschen mit geistiger Behinderung. Basis einer integralen Pädagogik, Aachen 1996, S. 135.

[31] Michael Weigt: 25 Jahre Empfehlungen des Deutschen Bildungsrates und was davon schulpolitisch übrigblieb, in: Gemeinsam leben. Zeitschrift für integrative Erziehung, 2/1998, o. S.

Trotz des großen Engagements von Elterninitiativen und Betroffenen konnten bis heute nicht alle Hürden im Kampf für soziale Teilhabe im Bildungsbereich abgebaut werden.[32] Doch begann in den 1980er-Jahren eine allmähliche Hinterfragung des segregierenden Systems aus speziellen Lern- und Lebensorten für Menschen mit geistiger Behinderung. Deutschland orientierte sich in diesem Zusammenhang insbesondere an Dänemark und Schweden und dem dort bereits seit den frühen 1950er-Jahren vorherrschenden Leitgedanken des Normalisierungsprinzips. Die Beeinträchtigten sollten sich nicht länger an die auf Durchschnittsnormen basierende Normalitätsvorstellung der Gesellschaft anpassen müssen. Es ging vielmehr „um die Ermöglichung von Lebensrhythmen und -standards, wie sie auch für nichtbehinderte Menschen erstrebenswert sind"[33].

Zentrale Impulse für die aufflammende Integrationsbewegung gingen in diesem Zusammenhang von der bereits 1958 gegründeten *Bundesvereinigung Lebenshilfe für Menschen mit geistiger Behinderung e. V.* und die von ihr ausgerichteten Kongresse und Symposien aus.[34] So werden auch im Kultursektor erste Integrationsbemühungen sichtbar, die sich allerdings fast ausschließlich auf die Vermittlungsarbeit beziehen.

Die 1980er-Jahre zeichneten sich besonders durch eine wachsende Institutionalisierung und Professionalisierung aus,[35] die sich unter anderem in der Gründung dauerhaft arbeitender Facharbeitskreise zeigte, die noch heute auf kommunaler, aber auch auf Bundes- und Landesebene tätig sind. So richteten beispielsweise auch die Architektenkammern der Länder neue Beratungsstellen zum Thema des barrierefreien Bauens ein und veröffentlichten Planungsbücher, Checklisten, Normen und Publikationen über entsprechende Realisierungen.

Die Umwelt erfuhr im Laufe der Jahre sukzessive Veränderungen, auch wenn diese noch immer deutlich von dem Gedanken geleitet wurden, dass das eigentliche Problem in der Beeinträchtigung der Menschen zu suchen sei.[36] Die Kontroverse um das sogenannte „Frankfurter Urteil" zeigt in besonderer Weise, dass die Gesellschaft trotz aller politischen und institutionellen Bemühungen noch immer an alten Normalitätsvorstellungen hing. Darin gestand das Frankfurter Landgericht im Jahr 1980 einer Rentnerin die Erstattung der Hälfte ihrer Reisekosten zu, nachdem sie sich unter anderem von einer Gruppe behinderter Jugendlicher in ihrem Urlaubshotel

[32] Tervooren u. Weber (2012), S. 12.
[33] Frühauf (2012), S. 16.
[34] Frühauf (2012), S. 20; Dreher (1996), S. 20.
[35] Bösl (2012), S. 41 ff.
[36] Bösl (2012), S. 41 ff.

belästigt gefühlt und Klage einreichte hatte. Das umstrittene und in der Öffentlichkeit kontrovers diskutierte Urteil wurde in der Berufung mit der Aussage bestätigt:

> So wünschenswert die Integration von Schwerbehinderten in das normale tägliche Leben ist, kann sie durch einen Reiseveranstalter gegenüber seinen anderen Kunden sicher nicht erzwungen werden. Daß es Leid auf der Welt gibt, ist nicht zu ändern; aber es kann der Klägerin nicht verwehrt werden, wenn sie es jedenfalls während des Urlaubs nicht sehen will.[37]

Einen großen Stellenwert im Kampf um Teilhabe und Gleichberechtigung nahm auch die interdisziplinäre Wissenschaft der *Disability Studies* ein.[38] Im Rahmen der zunehmenden Professionalisierung entwickelte sich zunächst im angelsächsischen Sprachraum ein neuer Gedankenansatz, nach dem die betroffenen Menschen nicht „behindert sind", sondern durch das soziale System behindert werden, indem ihnen eine marginalisierte Position zugewiesen und Barrieren gegen ihre Partizipation errichtet werden.[39] Der Leitgedanke, der Behinderung nicht mehr als medizinisches Problem, sondern vielmehr als soziales Konstrukt sieht, beschäftigt sich allerdings nicht allein mit der Kategorie der Behinderung, sondern auch mit der Frage nach Normalität im Allgemeinen und der daraus resultierenden Bildung von Kategorien der „Behinderung" und „Nicht-Behinderung". Da diese Kategorisierung nur mit willkürlich und unscharf gesetzten Grenzen arbeitet, ist es das Ziel der *Disability Studies,* dieses System aufzulösen und stattdessen ein Gesellschaftssystem zu schaffen, das „Zugang, Teilhabe und Inklusion für alle Menschen gewährleistet und somit Beeinträchtigungen zwar nicht ungeschehen macht, ihre Folgewirkungen jedoch so abmildern kann, dass im Endeffekt eine Behinderung als *disability* nicht mehr existiert"[40]. Die soziale Randposition, die oft noch heute aus einer Behinderung resultiere, würde sich infolgedessen verflüchtigen[41] und die Barrierefreiheit an sich als Konzept überflüssig werden lassen, so die Überlegungen.

---

[37] Der Spiegel: Genuss beeinträchtigt, 42/1980, S. 42–44 (Auszug aus der Urteilsbegründung).

[38] Im deutschsprachigen Raum etablierte sich diese wissenschaftliche Richtung zu Beginn des 21. Jahrhunderts (Tervooren u. Weber 2012, S. 14 f.).

[39] Anne Waldschmidt: Normalität – Macht – Barrierefreiheit. Zur Ambivalenz der Normalisierung, in: Anja Tervooren u. Jürgen Weber (Hrsg.): Wege zur Kultur. Barrieren und Barrierefreiheit in Kultur- und Bildungseinrichtungen, Schriftenreihe des Deutschen Hygiene-Museums Dresden, Bd. 9, Köln u. a. 2012, S. 52–66, hier S. 53.

[40] Waldschmidt (2012), S. 53.

[41] Waldschmidt (2012), S. 53.

Hier setzt die jüngste Phasenverschiebung des soziologischen Stufenmodells nach Bürli ein. Der Übergang von *Integration* und *Inklusion* ist fließend und kann lediglich durch wenige bestimmte Ereignisse zeitlich eingegrenzt werden. Eine der wichtigsten Zäsuren des Bewusstseinswandels stellt international sicherlich die Verabschiedung des US-amerikanischen Gesetzes für die Rechte von Amerikanern mit Behinderung, das sogenannte *Americans With Disabilities Act*, dar. Kernpunkt des 1990 in Kraft getretenen Behinderungsgesetzes ist die Verpflichtung öffentlicher Anbieter, ihre Angebote für alle Menschen *accessible* zu gestalten.[42]

Eine weitere bedeutende Zäsur bildet die Versammlung der Bildungsorganisation der Vereinten Nationen 1994 im spanischen Salamanca, die als Geburtsstunde des eigentlichen Inklusionsbegriffs gilt. Die Forderung hinter dem neuen Ausdruck besagt, dass jedes Kind die Regelschule in seinem Wohnbezirk ganz selbstverständlich besuchen solle, ohne dass seine Beeinträchtigungen oder die dadurch erforderliche Unterstützung dabei eine Rolle spielten. Im Kern muss die Selektion in verschiedene Gruppen und vor allem in integrierbare und nicht-integrierbare Menschen unterbunden und allgemeine Schulen befähigt werden, alle Kinder aufzunehmen, ungeachtet ihrer Leistungsunterschiede – ein Gedanke, der bereits im Zusammenhang mit der Integration von den Elternbewegungen gefordert wurde, jedoch nie seine vollständige Umsetzung gefunden hatte. Das vermeintlich neue Konzept der Inklusion basiert auf der Vorstellung der „Heterogenität menschlicher Gemeinschaft als Normalzustand“[43] und muss daher auf jegliche Etikettierung verzichten. Vielmehr muss es jedem Menschen ermöglicht werden, sein Leben trotz Behinderung von Geburt an in den sozialen Regelstrukturen der Gesellschaft zu verankern.[44] Dieses Ziel geht jedoch weit über das Vorhandensein von Behinderungen hinaus und bezieht sich ebenso auf unterschiedliche Geschlechterrollen, ethnische Herkunft, Nationalitäten, Glaubensrichtungen und soziale Milieus. Die Diversität wird Normalzustand. Als Qualitätsmerkmal sollen anders als im Integrationsmodell keine Mindeststandards gelten, da „jeder Mensch automatisch den Anspruch hat, als vollwertiges Wesen anerkannt und als wertvoller Teil der Gesellschaft willkommen geheißen zu werden“[45].

[42] Auer (2007), S. 34.

[43] Frühauf (2012), S. 21.

[44] Frühauf (2012), S. 21.

[45] Ines Boban u. Andreas Hinz: Qualitätsentwicklung des Gemeinsamen Unterrichts durch den „Index für Inklusion“, in: Behinderte, 4/5/2003, S. 2–13.

Dem Gemeinwesen und dem freiwilligen bürgerschaftlichen Engagement wird im Inklusionsmodell eine bedeutende Schlüsselfunktion zugeschrieben. Der Kompetenztransfer in die Gemeinden und auf das soziale Umfeld der Behinderten soll im Idealfall traditionelle Unterstützungsformen durch Fachleute sogar vollständig ersetzen.[46]

Obwohl der neue Begriff grundlegende Unterschiede zu dem vorherigen Konzept der Integration impliziert, liegt die Vermutung nahe, dass es sich hier im Grunde vielmehr um eine Wiederbelebung des ursprünglichen Integrationsgedankens[47] im Sinne einer gemeingesellschaftlichen Chancengleichheit handelt.

Integration und Inklusion als konträre Konzepte?

Seit einigen Jahren stehen sich die Begrifflichkeiten „Integration" und „Inklusion" nun gegenüber und schüren eine allgemeine Verunsicherung. Was hat es auf sich mit den unterschiedlichen Termini? Handelt es sich um ein bloßes terminologisches Spiel oder um eine wirklich konzeptuelle Neuerung? Tatsächlich verfechten auf den ersten Blick sowohl die *Integration* als auch die *Inklusion* im Kern das Ziel der gesellschaftlichen Teilhabe, Selbstbestimmung und Chancengleichheit für Menschen mit Behinderung. Die grundlegenden Unterschiede liegen jedoch auf der Hand und werden besonders im Kontext des Bildungssystems deutlich: Die Integration ermöglicht Menschen, die vom vorherrschenden Normalitätsprinzip abweichen, bisher eine gewisse, jedoch weiterhin nur beschränkte Teilhabe an der Gesellschaft. So werden Kinder beispielsweise in Regelschulen aufgenommen, hier jedoch nicht im Klassenverband, sondern nach wie vor in großen Perioden separat unterrichtet. Betroffene Schüler, die dem Regelunterricht nicht folgen können, werden so zwar ihren besonderen Bedürfnissen entsprechend gefördert, doch kann dadurch keinerlei „Miteinander", sondern lediglich ein „Nebeneinander" entstehen. Andreas Hinz spricht in diesem Zusammenhang sogar von einer „lediglich räumlichen Verlagerung von Sonderpädagogik in die allgemeine Schule ohne weitere Veränderung"[48]. Die Differenzierung nach der Zwei-Gruppen Theorie zwischen „behindert" und „nicht-behindert" bleibt trotz der räumlichen Eingliederung in eine bestehende

[46] Frühauf (2012), S. 21.

[47] Klauß (2012), S. 132 f.

[48] Andreas Hinz: Von der Integration zur Inklusion. Terminologisches Spiel oder konzeptionelle Weiterentwicklung?, in: Zeitschrift für Heilpädagogik, Bd. 53/2002, S. 354–361.

Gemeinschaft weiterhin bestehen und wird durch eine besondere Betreuung sogar noch gefestigt. Die Integration ist defizitorientiert und fordert von den Menschen selbst eine Anpassung an das bereits bestehende System. Auf Defizite wird weiterhin mit separater Förderung geantwortet.[49]

Das Inklusionskonzept zielt hingegen darauf ab, die Gesellschaft selbst, in diesem Fall die Bildungsbedingungen, in ihren Grundzügen zu verändern.[50] Der Mensch unterliegt nicht länger einem starren System, sondern es werden komplett neue Voraussetzungen geschaffen, welche nicht abhängig von Durchschnittsnormen und Defizitdenken sind, sondern möglichst umfassend auf die Pluralität und Diversität der Gesellschaftsmitglieder eingehen. Die Inklusion ist ressourcenorientiert[51] und soll auf jegliche Etikettierung und Gruppierung verzichten. Sie ist ein Konzept für alle und geht von der Heterogenität als Normalzustand[52] aus.

Aufgrund der ähnlichen Zielsetzung erscheint es daher sinnvoll, das Inklusionsmodell nicht als Kontrast, sondern vielmehr als eine logische, aber deutliche Weiterentwicklung des Integrationskonzeptes zu sehen, nicht zuletzt mit der Argumentation, dass die praktische Umsetzung der Integration heute als „eine verwässerte Form von Einzelintegrationsmaßnahmen"[53] deutlich an Fahrt verloren hat. Die *Inklusion* soll als ganzheitliches und neu überdachtes Konzept mit einem „grundsätzlich anderen Ansatzpunkt"[54] alte Ziele der Integration aufnehmen und aktuelle Aspekte darin einbetten. Die Inklusion ist somit vielleicht eine moderne Antwort auf die Integrationsbemühungen der 1980er- und 1990er-Jahre. Der Ansatz bedeutet einen neuen, in seinem Potenzial und seinen Grenzen noch nicht abzuschätzenden Paradigmenwechsel im Kampf um die gleichberechtigte Teilhabe.

Dennoch sind heute noch immer beide Begriffe parallel im Gebrauch und das ist vielleicht der Ursprung der Verwirrung. Bei genauerer Betrachtung des heutigen Umgangs mit den Begrifflichkeiten fällt auf, dass Fachwelt und Politik den Terminus *Integration* heute fast ausschließlich in Verbindung mit Initiativen zur gesellschaftlichen Eingliederung von Menschen mit Migrationshintergrund benutzen. Dagegen

---

[49] Hinz (2002).

[50] Theresia Degener: Menschenrechte und Behinderung, in: Markus Dederich (Hrsg.): Behinderung und Anerkennung, Stuttgart 2009, S. 160–178, hier S. 165.

[51] Hinz (2002).

[52] Frühauf (2012), S. 21.

[53] Frühauf (2012), S. 21.

[54] Clemens Dannenbeck: Theater mit dem Museum – Inklusion und kulturelle Teilhabe. Onlinepublikation, Zeitschrift für Inklusion Online, 4/2011: URL: www.inklusion-online.net/index.php/inklusion online/article/view/79/79 (letzter Zugriff: 04.10.2015).

setzte sich für bislang unter dem Begriff der Integration entwickelte Initiativen für Menschen mit Behinderung zunehmend der Begriff *Inklusion* durch, obwohl das Konzept eigentlich keine Differenzierung von Zielgruppen vornimmt. Folgt man den Grundzügen der Inklusion, würde dieser Begriff beide Bereiche umfassen.

Trotz des neuen und allumfassenden Konzeptes der Inklusion fehlen momentan noch immer weitgehend die Grundlagen für dessen Umsetzung. Ob eine inklusive Gesellschaft, nämlich eine, die sich selbst dahingehend verändert, dass sich ihr kein Individuum mehr mühevoll anpassen muss, überhaupt realisierbar ist und wie sie en détail aussehen müsste,[55] ist eine Frage, die zum jetzigen Zeitpunkt noch nicht beantwortet werden kann.

Einen kleinen Eindruck, wie eine inklusive Zukunft aussehen könnte, kann aber vielleicht ein in diesem Zusammenhang oft angebrachtes Beispiel aus den USA bieten. Das Exempel der Insel Martha's Vineyard wurde 1985 von Nora Ellen Groce in ihrem Buch *Everyone Here Spoke Sign Language* beschrieben. Bis in die 1950er-Jahre wurden auf der Insel neben der englischen auch die gebärdete Sprache zur alltäglichen Kommunikation genutzt, da sich ursprünglich eine große Anzahl von Familien mit überdurchschnittlich vielen gehörlosen Mitgliedern niedergelassen hatte, deren Schädigung sich in den kommenden Jahrhunderten durch Vererbung stark ausgebreitet hatte.[56] Weil die Gehörlosigkeit unter den Bewohnern nicht nur ein ganz selbstverständliches Herausstellungsmerkmal war, sondern erst gar nicht als Behinderung, Defizit oder Nachteil wahrgenommen wurde, wird die Inselbevölkerung oft als Mustergesellschaft für eine inklusive Kultur genannt. Die Andersartigkeit war hier lange Zeit gesellschaftliche Normalität. So beschrieb Groce die Wahrnehmung der Gehörlosigkeit folgendermaßen: „I didn't think about the deaf any more than you'd think about anybody with a different voice."[57]

Auch wenn dieses Beispiel oft im Kontext der Inklusionsdebatte angeführt wird, so muss doch bedacht werden, dass die Situation auf Martha's Vineyard ganz bestimmten Voraussetzungen geschuldet war, die keinesfalls auf die gesamte Gesellschaft zu übertragen sind. Die Umsetzung der Inklusion – so viel steht fest – ist und bleibt eine Herausforderung der modernen Gesellschaft, die es nach wie vor mit viel Mühe zu meistern gilt.

---

[55] Tervooren u. Weber (2012), S. 25.

[56] Im neunzehnten Jahrhundert betrug die Gehörlosenquote 1:5728, auf Martha's Vineyard jedoch 1:155. In einem kleineren Dorf auf der Insel war sogar jeder vierte Einwohner gehörlos. (Groce 1985, S. 3.)

[57] Nora Ellen Groce: Everyone Here Spoke Sign Language: Hereditary Deafness on Martha's Vineyard, Cambrige, Mass. 1985, S. 5.

Definition des Behinderungsbegriffs

Seit der Einführung des Inklusionsbegriffs und dem daraus entstandenen Gedanken der „Inklusiven Bildung für alle" als modifizierten Imperativ[58] ist der Bewusstseinswandel mit Beginn des 21. Jahrhunderts auch in den Kultureinrichtungen deutlich zu erkennen. Damit sich die Häuser in Zukunft besser auf Besucher mit Behinderungen einstellen können, gilt es, sich zunächst mit der Pluralität einer solchen auseinanderzusetzen und der Frage nachzugehen, wie eine Behinderung definiert wird. Nur so kann ein Bewusstsein für die Personengruppe entstehen und können Maßnahmen sinnvoll getroffen werden.

Die Auslegung des Behinderungsbegriffs ist durch den Rückgriff auf verschiedene Modelle zu erreichen, die im Rahmen dieser Publikation nicht im Einzelnen, sondern nur anhand von gängigen Beispielen vorgestellt werden sollen.

Das traditionelle Verständnis, das viele Jahrzehnte als einziges Gültigkeit besaß, beruhte auf einer individualtheoretischen Sichtweise, nach der sich eine Behinderungen in der Person selbst und in ihrer medizinischen Schädigung begründe. Stigmatisierung, Benachteiligung und Exklusion wurden darin zwar bereits als mögliche soziale Konsequenzen erkannt, allerdings nicht als Ursache für eine Behinderung gesehen. Markus Dederich leitet den englischen Begriff „disability" in diesem Zusammenhang unter anderem von dieser defizitorientierten Sichtweise ab. Die Negationsform des englischsprachigen Ausdrucks für Fähigkeit, *ability*, verdeutliche beispielhaft den eigentlichen Grundgedanken der Definition als das „Fehlen oder die Abwesenheit"[59] bestimmter Fähigkeiten.

Vertreter der allgemeinen Heil- und Sonderpädagogik sowie der *Disability Studies* haben diesen Definitionsansatz in den vergangenen Jahrzehnten zunehmend kritisiert und ihrerseits neue Modelle etabliert, die eine Behinderung als gesellschaftliches Konstrukt und sogar als „soziale Unterdrückung"[60] sehen. Der Diskurs über die eng mit dem Behinderungsbegriff zusammenhängende Definition und Bedeutung von Norm und Normalität konnte bisher aber auch durch die *Disability Studies* nicht

---

[58] Dreher (1996), Vorwort.

[59] Markus Dederich: Ästhetische und ethische Grenzen der Barrierefreiheit, in: Anja Tervooren u. Jürgen Weber (Hrsg.): Wege zur Kultur. Barrieren und Barrierefreiheit in Kultur- und Bildungseinrichtungen, Schriftenreihe des Deutschen Hygiene-Museums Dresden, Bd. 9, Köln u. a. 2012, S. 101–115, hier S. 105.

[60] Carol Thomas: Theorien der Behinderung. Schlüsselkonzepte. Themen und Personen, in: Cornelia Renggli Weisser (Hrsg.): Disability Studies. Ein Lesebuch, Luzern 2004, S. 31–56, hier S. 33.

an theoretischer Klarheit gewinnen.[61] So wird eine Behinderung noch heute oft als individuelles medizinisches Problem gesehen.

Das 2001 von Medizinern und Psychologen aus der ganzen Welt im Auftrag der Weltgesundheitsorganisation WHO erarbeitete Einteilungssystem ICF[62] geht interdisziplinär vor und nimmt entscheidende Impulse aus den Ansätzen der *Disability Studies* auf. Es ist als vermittelnde Definitionstheorie zwischen der rein medizinischen und der sozialtheoretischen Ansicht der *Disability Studies* zu verstehen.

Behinderungen und Störungen werden als Ergebnisse einer komplexen Wechselwirkung zwischen verschiedenen Faktorenbündeln gesehen.[63] Das Rahmenwerk des ICF definiert Behinderungen gemeinhin „als stehengebliebene oder unvollständige Entwicklung geistiger Fähigkeiten, die Kognition, Sprache sowie motorische und soziale Verhaltensweisen beeinträchtigt, als deren Folge körperliche oder psychische Störungen auftreten können“[64]. Vor allem im Bereich der geistigen Behinderung lässt sich allerdings nur schwer ein genauer Grad ausmachen. Das Spektrum reicht von einem leichten bis schweren kognitiven Defizit bis hin zu schweren Störungen im Sozialverhalten und der Persönlichkeit.[65] Von einer Behinderung wird nach dem ICF-Modell allerdings erst dann gesprochen, wenn die biologische Störung auch zu einer erschwerten Teilhabe am Leben in der Gesellschaft führt. Viele weitere personen- und umweltbezogene Faktoren, vor allem aber die Fähigkeit des Individuums, selbst Aktivitäten in bestimmten Lebenssituationen eigenständig meistern zu können, spielen bei der Definition eine große Rolle und beeinflussen auch das subjektive Erleben der Beeinträchtigung.[66] Die körperlichen und biologischen Informationen werden dem sozialtheoretischen Leitgedanken der *Disability Studies* entsprechend in Zusammenhang mit der gesellschaftlichen Reaktion gesehen. Dieser

---

[61] Waldschmidt (2012), S. 58.

[62] Der *International Classification of Functioning* wurde offiziell von allen 191 Mitgliedsländern der WHO auf der 54. Weltgesundheitsversammlung am 22. Mai 2001 beschlossen. Das Rahmenwerk wurde als Grundlage entwickelt um „measuring health and disability at both individual and population levels“ (URL: http://www.who.int/classifications/icf/en/, letzter Zugriff: 04.10.2015) und gilt als Grundlage für die Erkennung von individuellem Bedarf an Unterstützung. Das Modell ist damit beispielsweise Ausgangspunkt für die gesetzlichen Krankenkassen, wenn es um Rehabilitationsleistungen geht (Leidner 2012, S. 13 f.).

[63] Leidner (2012), S. 13 f.

[64] Barbara Wichelhaus: Das Museum als Lern- und Erfahrungsort für Kinder und Jugendliche mit besonderem Förderbedarf, in: Patrick Sinclair Föhl u. a. (Hrsg.): Das barrierefreie Museum. Theorie und Praxis einer besseren Zugänglichkeit. Ein Handbuch, Bielefeld 2007, S. 106–120, hier S. 108.

[65] Wichelhaus (2007), S. 108.

[66] Leidner (2012), S. 13 f.

relationale Behinderungsbegriff vereint die tatsächlichen Eigenschaften einer Person mit den Auswirkungen der von der Gesellschaft gebauten Hindernisse und nimmt dadurch einen der wichtigsten Gedanken der Systemtheorie auf,[67] demzufolge eine Behinderung mehr ist als die Summe einzelner Faktoren. Es gibt keinen Ursache-Wirkungs-Zusammenhang, sondern eine gegenseitig stärkende oder schwächende Wechselwirkung der einzelnen Faktoren.[68] Dadurch ist das Ergebnis der ICF nicht auf Dauer festgelegt, sondern kann sich in unregelmäßigen Abständen korrigieren, beispielsweise wenn sich der Wohnort und das Umfeld ändern. In dieser Flexibilität und der großen Zahl an berücksichtigten Faktoren liegen zweifelsfrei die Vorteile des ICF bei der Definitionsfrage, da sich leichter individuelle, pädagogische und therapeutische Maßnahmen ableiten lassen.[69]

Obwohl sich in den letzten Jahren ein Bewusstseinswandel gezeigt hat, indem die defizitorientorientierte und personengebundene Vorstellung von Behinderung einer modernen, auf vielen verschiedenen Faktoren beruhenden Definition gewichen ist, spiegelt sich dies auf juristischer Ebene[70] nicht direkt wider. So wird im neunten Sozialgesetzbuch, welches 2001 die erste rechtliche Behinderungsdefinition festlegte, in der Formulierung noch immer zu stark davon ausgegangen, dass eine Behinderung in dem Individuum selbst begründet ist. Vor allem die Rolle des Umfeldes und der Gesellschaft spielen hier bislang keine Rolle. Da die Wortwahl und Definition oftmals auch der Bewusstseinsbildung dienen, muss im Zuge der Inklusionsdebatte auch auf juristischer Ebene nachgearbeitet werden, denn wie sonst soll sich ein gesellschaftlicher Wandel vollziehen, wenn die Grundlagen nicht angepasst werden?

---

[67] Leidner (2012), S. 13 f.

[68] Leidner (2012), S. 24 ff.

[69] Leidner (2012), S. 18.

[70] „Menschen sind behindert, wenn ihre körperliche Funktion, geistige Fähigkeit oder seelische Gesundheit mit hoher Wahrscheinlichkeit länger als sechs Monate von dem für das Lebensalter typischen Zustand abweichen und daher ihre Teilhabe am Leben in der Gesellschaft beeinträchtigt ist. Sie sind von Behinderung bedroht, wenn die Beeinträchtigung zu erwarten ist" (SGB IX, §1, Artikel 1).

Behinderung im Kontext des Normalitätsbegriffs

Der Begriff der Behinderung ist nicht allein durch ein einziges wissenschaftliches Definitionsmodell zu bestimmen, sondern hängt immer untrennbar mit dem Normalitätsbegriff einer jeweiligen Gesellschaft zusammen. Da eine Behinderung in der Regel als Abweichung von dem gesehen wird, was als „normal" gilt, ist das Verständnis von Normalität und Norm ausschlaggebend für die Untersuchung und Auslegung von Behinderung. Aufgrund der Umwelt, die nur den „Normalen" akzeptiert, wird der Behinderte schon früh in die Isolation getrieben. Oft sind die Sekundärschäden für den Einzelnen, die durch die Vorurteile der Gesellschaft entstehen, sogar schlimmer als die Behinderung selbst.[71] So entscheidet in der Regel „[d]ie gesellschaftliche Norm [...], was als gesund und was als krank gilt"[72], obwohl die Begriffe normal, gesund, abnormal und krank „keinesfalls [...] klar festgelegt"[73] sind und deren Hauptproblematik in ihrem wertenden Gebrauch liegt. Dennoch tragen Normen zur Schaffung und Aufrechterhaltung sozialer Strukturen einer Gesellschaft bei und sind „für einen ordnenden Umgang mit der Welt, für unsere Einordnung in eine Gemeinschaft und für den Bestand der Gesellschaft"[74] unverzichtbar.

Der heute gebräuchliche psychologische Normenbegriff ist die *Durchschnittsnorm* oder auch die *statistische Norm*. Die Norm ergibt sich aus dem durchschnittlichen, globalen Verhalten der Mehrzahl von Menschen eines bestimmten Geschlechts und einer bestimmten Altersgruppe innerhalb einer bestimmten soziokulturellen Umwelt in bestimmten Situationen.[75] Es gibt keinen vorgegebenen Standard, sondern vielmehr einen Mittelwert, der aus der Wertespannbreite errechnet und als statistische Norm bezeichnet wird.[76] Diese bescheinigt Normalität, wenn der Durchschnittswert möglichst genau eingehalten wird,[77] so wie beispielsweise bei der Messung von Intelligenz oder Körpermaßen. Vor allem negativ ausgelegte körperliche Abweichungen können zu einer ernsthaften Behinderung und Stigmatisierung führen,

---

[71] Renate Friedländer: Der Behinderte im Museum, in: Lotte E. Sturm (Hrsg.): Erlebnis Museum. Ein Handbuch für Besucher mit Behinderungen, Essen 1992, S. 9–14, hier S. 10.

[72] Christian Scharfetter: Schizophrene Menschen. Krankheitskonzepte, Geschichte, Diagnostik, Bewusstseinsbereiche und Psychopathologie, München [3]1990, S. 10.

[73] Christian Scharfetter: Allgemeine Psychopathologie. Eine Einführung. 26 Tabellen, Stuttgart 2010, S. 7.

[74] Scharfetter (2010), S. 7.

[75] Scharfetter (2010), S. 7 ff.

[76] Waldschmidt (2012), S. 54 f.

[77] Leidner (2012), S. 8 f.

sodass der Normenbegriff wertend oder normativ genutzt und zum Instrument der Intoleranz und der Ausgliederung anderer Menschen[78] missbraucht wird.

Der nordamerikanische Literaturwissenschaftler Lennard Davis sieht die Bedeutung der statistischen Normalität für die Identität der modernen Industriegesellschaft sogar als so groß, dass sie zu der Bemühung nach einem Durchschnittsmenschen als Idealbild tendiere.[79] Nicht diesem Ideal zu entsprechen bedeutet in der Regel eine negative Konnotation und damit eine deutliche Hierarchie zwischen „behindert" und „normal"[80]. Viele Betroffene kritisieren daher den stigmatisierenden Ausdruck „geistige Behinderung" für ihre Personengruppe, wobei auch der heute oft als Alternative gewählte Begriff der „Lernschwierigkeiten" nicht optimal ist, da dieser nur eine einzige Form einer kognitiven Störung beschreibt und somit nicht auf die gesamte Personengruppe verweist.[81] Eine treffende und zugleich positivere Umschreibung zu finden, ist jedoch sehr schwierig. So reagieren die Betroffenen selbst eher befremdlich oder auch amüsiert auf vermeintlich politisch korrekte Bezeichnungen wie „körperlich herausgefordert" oder „anders begabt"[82]. Ein Verzicht auf die oftmals als ausgrenzend empfundene Etikette der „Behinderung" oder „Störung" und damit eine komplette Dekategorisierung, wie es die Inklusion wünscht, kann allerdings ebenfalls keine befriedigende Lösung darstellen. Michael Leidner verweist in diesem Zusammenhang darauf, dass die Gesellschaft eine Bezeichnung sogar brauche, um etwas als Schwierigkeit zu erkennen und ihr entgegenzuwirken.

---

[78] Das System, das die Gesellschaft in der Regel anwendet, um Behinderungen zu bewerten, entspricht laut Waldschmidt den Grundzügen der „minutiösen Normierungstechnik" (Waldschmidt 2012, S. 61), die der französische Philosoph Michel Foucault eng mit der Entfaltung und dem Funktionieren der Moderne verknüpft sieht (Michel Foucault: Überwachung und Strafen. Die Geburt des Gefängnisses, Frankfurt a. M. 1976, S. 236). Waldschmidt schreibt, dass Individuen miteinander verglichen werden, um eine Etikettierung vornehmen zu können, indem beispielsweise Intelligenztests und die medizinische Diagnostik für die Messung einer Behinderung herangezogen werden. Die von Foucault angesprochene Differenzierung sieht sie darin, dass diese Individuen als „leistungs- und erwerbungsgemindert, förder-, hilfs- und pflegebedürftig eingestuft" (Waldschmidt 2012, S. 61) und schließlich durch das Sozialgesetzbuch mit Behinderungsgraden oder Stufen der Pflegebedürftigkeit in eine Rangordnung hierarchisiert und in homogene Gruppen unterteilt werden. Ist die Grenze des Anormalen, wie Foucault es beschreibt, gezogen, werden sie durch Sondereinrichtungen einer „exkludierenden Strategie unterworfen" (Waldschmidt 2012, S. 61).

[79] Waldschmidt (2012), S. 59.

[80] Waldschmidt (2012), S. 59.

[81] Leidner (2012), S. 13.

[82] Leidner (2012), S. 13.

Die Benennung funktioniere wie ein Türöffner. Nur wenn die Gesellschaft den besonderen Bedarf konkret benennen könne, sei sie in der Lage, die Maßnahmen auf die betroffene Person abzustimmen[83] – ein Gedanke, der in Form des sogenannten *Förderungs-Etikettierungs-* oder *Ressourcen-Etikettierungs-Dilemma* in der schulischen Sonderpädagogik eigentlich bereits bekannt ist.[84]

In der heiklen Situation, die Pluralität der Menschen stets durch Begriffe definieren und damit greifbar machen zu wollen, scheint das Hauptproblem nicht etwa in der Bezeichnung selbst zu liegen, sondern in der damit verbundenen negativen Konnotation und den Vorurteilen. Ein falsch gewählter Begriff tut noch lange nicht so weh wie eine ausgrenzende oder abwertende Geste. Selbstverständlich geht es in der Debatte darum, diese Hindernisse in den Köpfen der Menschen abzubauen, von der defizitorientierten Denkweise wegzukommen und mehr Positives in den Mittelpunkt zu stellen,[85] allerdings kann eine gewisse Einschränkung nicht so einfach wegdiskutiert werden. Es gehört genauso zu der fortschreitenden Emanzipation von Menschen mit Behinderung, dass gewisse Umstände akzeptiert werden. Eine Behinderung mag vielleicht nicht nur eine biologische oder medizinische Grundlage haben, doch kann sie auch nicht ausschließlich als soziales Konstrukt gesehen werden, das sich lediglich auf Bewertungen und Zuschreibungen durch die Gesellschaft gründet. Es ist jedoch wichtig zu verinnerlichen, dass eine Beeinträchtigung zwar nicht vollständig ausgeglichen, aber in jedem Fall gemindert werden kann, wenn sich die gesellschaftliche Denkweise ändert.

Das eigentliche Problem liegt darin, dass sich nicht nur die Pädagogik viel zu lange an einem Idealmenschen orientiert hat, wodurch Normen entstanden sind, an denen der behinderte Mensch nicht mehr gemessen werden kann.[86] Auch die Museen orientieren sich trotz zielgruppenorientierten Sonderangeboten in ihrer alltäglichen Arbeit noch viel zu oft an einem idealtypischen Durchschnittsbesucher. Es ist natürlich nicht zu bestreiten, dass dadurch tatsächlich ein Großteil der Besucher angesprochen wird. Diejenigen, die diesem Ideal zu wenig entsprechen, bleiben dabei allerdings oftmals außen vor. Nur wenn sich die Einstellung der musealen Einrichtungen gegenüber Besuchern mit Behinderung ändert, sie deren wahre Bedürfnisse und Wünsche erkennen, ohne sie als unmündig zu behandeln, und sie

[83] Leidner (2012), S. 13.

[84] Siehe hierzu das Kapitel „Was sagt uns die schulische Inklusion?“.

[85] Otto Speck: Menschen mit geistiger Behinderung. Ein Lehrbuch zur Erziehung und Bildung, München 2005, S. 68 f.

[86] Dreher (1996), S. 23 f.

eine Behinderung als Mischung aus medizinischem und sozialem Konstrukt anerkennen, kann ein inklusives Museum Realität werden und dazu beitragen, auch Barrieren in den Köpfen der Gesellschaft abzubauen. „Es ist normal, ‚verschieden zu sein', und niemand darf deshalb benachteiligt werden.“[87]

Inklusion im nationalen und europäischen Rechtssystem

Die Aktualität der Inklusionsdebatte und die zahlreichen gegenwärtigen Bestrebungen zu ihrer Durchsetzung begründen sich im Wesentlichen in der gesetzlichen Regelung der Thematik. Bereits in der Vergangenheit war die juristische Ebene stets Indikator der gesellschaftlichen Forderungen und zugleich Antrieb für neue Entwicklungen. Dass die juristischen Wurzeln der Behindertenrechtsbewegung im US-amerikanischen *Americans With Disabilities Act* liegen und nicht etwa in einem europäischen Land wie Deutschland, ist dabei unter anderem auch auf die unterschiedlichen Rechtssysteme zurückzuführen. In Deutschland versteht sich das Grundgesetz primär als Abwehrrecht gegenüber dem Staat. Es ist im Rahmen eines Grundgesetzes hierzulande demnach nicht möglich,[88] Forderungen auf zivilrechtlicher Ebene an die Bevölkerung zu stellen.[89]

Da das deutsche Rechtssystem sehr viel komplexer aufgebaut ist, wurden hier erst 1994 erste rechtliche Schritte für eine antidiskriminierende und barrierefreie Gesellschaft eingeleitet, indem die Formulierung des dritten Artikels des Grundgesetzes[90] um einen entscheidenden Satz erweitert wurde: „Niemand darf wegen seiner Behinderung benachteiligt werden.“[91] Dieser erste Schritt reichte allerdings noch nicht aus, um eine tatsächliche Benachteiligung behinderter Menschen zu verhindern. Nachdem die damalige Regierung 1998 weitere Maßnahmen für ein allgemeines Gleichstellungsgesetz ankündigte, hielt der politische Paradigmenwechsel zur Jahrtausendwende zunächst Einzug in das neunte Sozialgesetzbuch (SGB IX)[92],

[87] Klauß (2012), S. 148.

[88] Nur in wenigen Ausnahmefällen greift das deutsche Grundrecht in die Rechte seiner Bürger ein, wie beispielsweise im Falle der Vertragsfreiheit (Auer 2007, S. 35).

[89] Auer (2007), S. 34 f.

[90] „Niemand darf wegen seines Geschlechtes, seiner Abstammung, seiner Rasse, seiner Sprache, seiner Heimat und Herkunft, seines Glaubens, seiner religiösen oder politischen Anschauungen benachteiligt oder bevorzugt werden“ (GG §1 Artikel 3, Absatz 3).

[91] GG §1 Artikel 3, Absatz 3.

[92] Auer (2007), S. 35.

welches sich der „Rehabilitation und Teilhabe behinderter Menschen" widmet. Hier wird zum ersten Mal in einem deutschen Gesetzestext eine klare Definition von Behinderung formuliert und gleichzeitig eine Grenze zur Schwerbehinderung gezogen.[93] Menschen gelten nach dem SGB als schwerbehindert, wenn ihnen die Versorgungsämter einen Grad der Behinderung von mindestens 50 (GdB) zusprechen.[94] Der Grund dieser Einschätzung darf allerdings nicht vorübergehend sein, sondern muss mindestens sechs Monate anhalten.

Unterstützt wird das Sozialgesetzbuch seit 2006 durch ein allgemeines Diskriminierungsverbot im Rahmen des Allgemeinen Gleichbehandlungsgesetzes (AGG). Ziel des Gesetzespaketes ist es nach §1 des AGG, „Benachteiligungen aus Gründen der Rasse oder wegen der ethnischen Herkunft, des Geschlechts, der Religion oder Weltanschauung, einer Behinderung, des Alters oder der sexuellen Identität zu verhindern oder zu beseitigen."

Ein eigenes Gesetz für die Rechte von Menschen mit Behinderung nach dem amerikanischen Vorbild wurde in Deutschland erst im Jahr 2001 auf Initiative des damaligen Behindertenbeauftragten der Bundesregierung, Karl Hermann Haack, vorbereitet. Eine neu gegründete Arbeitsgruppe entwarf in Zusammenarbeit mit dem *Forum behinderter Juristinnen und Juristen* das allgemeine Behindertengleichstellungsgesetz, welches schließlich am 1. Mai 2002 in Kraft trat.[95] Darin wird unter anderem ein generelles Benachteiligungsverbot ausgesprochen und es werden erstmals in verbindlicher Weise die Bestimmungen der allgemeinen Barrierefreiheit formuliert.[96]

Die großen Probleme in der Umsetzung dieser und ähnlicher Gesetzestexte im deutschen Rechtsraum werden unlängst deutlich, bedenkt man, dass es fast zwölf Jahre und verschiedene Gesetzespakete auf unterschiedlichen Ebenen gebraucht hat, bis in Deutschland alle Aspekte des vorbildlichen amerikanischen Behindertengesetzes vollständig umformuliert und durchgesetzt werden konnten.[97] Eine große Erschwernis bestand darin, dass das deutsche Rechtswesen in gewissen Belangen, wie beispielsweise das Bauordnungsgesetz oder Gesetze im Bezug auf Kultur- und Bildungswesen, in der alleinigen Zuständigkeit der einzelnen Bundesländer liegt.

---

93 Auer (2007), S. 35 f.

94 Yvonne Dietz u. Markus Walz: Barrierefreiheit in Kultur und Freizeit. Nutzbarkeit von Museen für Seh- und Gehbehinderte im Vergleich, Leipziger Impulse für die Museumspraxis, Bd. 3, Leipzig 2010, S. 17.

95 Auer (2007), S. 35 f.

96 Tervooren u. Weber (2012), S. 15.

97 Auer (2007), S. 35 f.

Obwohl in bestimmten Ausnahmefällen eine Zusammenarbeit mit dem Bund vorgesehen ist, sind detaillierte Vorschriften in den Verfassungen der einzelnen Länder und im Rahmen von Landesgesetzen festgelegt und können nicht durch ein Bundesgesetz allgemein geregelt werden.[98] Daher fallen die Maßnahmen zur Umsetzung der Barrierefreiheit und Teilhabe im Sinne der Inklusion auch heute noch regional sehr unterschiedlich aus, obwohl sie alle in die gleiche Richtung gehen.

Zu diesem Ergebnis kam auch die UN in ihren *Abschließenden Bemerkungen über den ersten Staatenbericht Deutschlands*. So äußerte sich der Ausschuss „besorgt darüber, dass es bei der Erfüllung der Pflichten des Vertragsstaats aus dem Übereinkommen auf Länderebene zu einer uneinheitlichen Entwicklung von Aktionsplänen zum Thema Behinderung gekommen ist“[99]. Sie ermahnten die Bundesregierung, in Zukunft „sicherzustellen, dass sich die Bundes-, Länder- und Kommunalbehörden der in dem Übereinkommen enthaltenen Rechte und ihrer Pflicht, deren Einhaltung wirksam sicherzustellen, bewusst sind“[100].

Die Debatte um Inklusion, Teilhabe und Barrierefreiheit nimmt allerdings seit der Jahrtausendwende trotzdem auch im juristischen Sinne deutlich an Fahrt auf. Die rasante Entwicklung in der jüngsten Vergangenheit ist dabei nicht nur durch nationale Verordnungen, sondern auch entscheidend auf das im Jahr 2006 von der UN-Generalversammlung in New York verabschiedete und 2009 in Kraft getretene Übereinkommen über die Rechte von Menschen mit Behinderungen zurückzuführen. Der auch von Deutschland ratifizierte völkerrechtliche Vertrag ist der bislang größte Versuch, die Menschenrechte für die Lebenssituation behinderter Menschen weltweit zu konkretisieren und ihnen eine gleichberechtigte Teilhabe am gesellschaftlichen Leben zu ermöglichen. In der Konvention äußert sich die UN besorgt darüber, „that despite these various instruments and undertakings, persons with disabilities continue to face barriers in their participation as equal members of society and violations of their human rights in all parts of the world“[101]. Durch

---

[98] Auer (2007), S. 35 f.

[99] United Nations: Ausschuss für die Rechte von Menschen mit Behinderungen, Dreizehnte Tagung, 25. März–17. April 2015, Abschließende Bemerkungen über den ersten Staatenbericht Deutschlands (vorläufige Übersetzung), Artikel 5 (URL: http://www.gemeinsam-einfach-machen.de/BRK/DE/StdS/Vertragsausschuss/Staatenpruefung/CO_Staatenpr%C3%BCfung_deutsch.docx;jsessionid=113B11D410C14E5F9E414E91957EB0C3.1_cid360?__blob=publicationFile, letzter Zugriff: 04.10.2015).

[100] United Nations: (2015), Artikel 6.

[101] United Nations: Convention on the Rights of Persons with Disabilities and Optional Protocol, 2006 (URL: http://www.un.org/disabilities/documents/convention/convoptprot-e.pdf, letzter Zugriff: 04.10.2015).

die Ratifizierung erkennen die Nationen die gesellschaftliche Teilhabe und Gleichberechtigung als Menschenrecht an und verpflichten sich, „to take all appropriate measures, including legislation, to modify or abolish existing laws, regulations, customs and practices that constitute discrimination against persons with disabilities“[102]. Die darauffolgende Erläuterung betrifft alle Lebensbereiche und -situationen des menschlichen Daseins, sowohl auf bürgerlicher, politischer, wirtschaftlicher, sozialer und kultureller Ebene.[103] Damit stellt die UN-Konvention eine länderübergreifende juristische Grundlage dar und formuliert erstmals eine international einheitliche Verpflichtung der Staaten, ihre gesellschaftlichen Pflichten wahrzunehmen und sich für die Inklusion und Chancengleichheit einzusetzen. Deutschland reagierte auf diese Verpflichtung mit zahlreichen Aktionsplänen auf Bundes-[104] und Landesebene[105] und startete eine umfangreiche Kampagne unter dem Motto *Behindern ist heilbar*. Seither sind viele weitere nationale und regionale Kampagnen ausgerufen worden.

Dennoch entbrannte kurz nach der Unterzeichnung der Konvention ein Streit um die deutschsprachige Übersetzung, in der sich der Ursprung der Verwirrung zeigt, die hierzulande über die Nutzung des Begriffs Barrierefreiheit herrscht. Nach der Unterzeichnung der Konvention in der englischen Originalsprache wurde zwischen den Ländern des deutschsprachigen Raums Deutschland, Liechtenstein, Österreich und der Schweiz eine Übersetzung abgestimmt, die jedoch die zentralen Begriffe nicht in ihrer konkreten Bedeutung achtete.[106] So wurde beispielsweise die Bezeichnung *accessibility* mit „Integration“ oder „Zugänglichkeit“ übersetzt, ohne jedoch ausreichend der Ursprungsbedeutung gerecht zu werden, die im Englischen nicht nur die körperliche, sondern eben auch die geistige Ebene meint. Auch die Übersetzung des englischen Ausdrucks *living independently* missachtet die wichtigen Schlüsselwörter. Stattdessen wird er mit „Unabhängige Lebensführung“ übersetzt. Der wesentliche Ausdruck der „Selbstbestimmung“ als Teil der Konventionsfor-

[102] United Nations (2006), S. 5.

[103] United Nations (2006), S. 5 ff.

[104] Der Nationale Aktionsplan wurde im Jahr 2011 veröffentlicht und beinhaltet 200 Maßnahmen zur Umsetzung der Inklusion in verschiedenen Lebensbereichen.

[105] Landesregierung Nordrhein-Westfalen: Eine Gesellschaft für alle, Aktionsplan der Landesregierung, 2012 (URL: http://www.mais.nrw.de/08_PDF/003/121115_endfassung_nrw-inklusiv.pdf, letzter Zugriff: 04.10.2015); Landesregierung Nordrhein-Westfalen: Teilhabe für alle. Programm der Landesregierung für Menschen mit Behinderung und ihre Familien in Nordrhein-Westfalen 2007 bis 2010 (URL: http://www.mags.nrw.de/08_PDF/003/Teilhabe_f__r_alle_2008.pdf, letzter Zugriff: 04.10.2015).

[106] Die Übersetzung wurde fast ohne die Beteiligung behinderter Menschen und ihrer Verbände erstellt.

derung fehlt in der deutschsprachigen Übersetzung völlig. Wie sollte sich also die Bedeutung des Begriffs der Inklusion hierzulande durchsetzen und in seinem Sinn verstanden werden, wenn die überholten Konzepte durch altbewährte Bezeichnungen überschrieben werden?

Die Übernahme der Konvention im Bundesrat steht bei einigen Forschern daher unter dem Verdacht, nur unter der Voraussetzung von Übersetzungsabsprachen zustande gekommen zu sein. Indem „das federführende Bundesministerium für Arbeit und Soziales im Einvernehmen mit der Kultusministerkonferenz die englische Formulierung *Inklusive Education System* mit ‚integratives Bildungssystem' übersetzte", gibt es die Forderungen in zentralen Punkten falsch wieder.[107] Auch Theo Frühauf vermutet, dass durch „derartige Formulierungskünste"[108] eine bewusste Begrenzung der Reichweite der UN-Konvention erreicht werden sollte. *Inklusion* zeige einen weitreichenden Änderungsbedarf auf, während die Nutzung des bekannteren Begriffs *Integration* hauptsächlich die Kooperation der Sonderschulen mit ausgewählten allgemeinen Schulen beträfe und dadurch das Schulsystem insgesamt nicht angetastet werden müsste.[109] Nach Einschätzungen der Bildungsjournalistin Brigitte Schumann versuchten Bund und Länder, mit diesem vermeintlichen Übersetzungsfehler die Konventionen „an die deutschen Schulverhältnisse anzupassen"[110], um den Änderungsbedarf gering zu halten. Die Übersetzung von *inclusiv* der englischsprachigen UN-Behindertenrechtskonvention mit „integrativ" scheint somit weniger ein ungewollter Fehler als vielmehr eine aus taktischen Gründen beibehaltene Ungenauigkeit oder fehlende Ausdifferenzierung gewesen zu sein.[111] Es entsteht fast der Eindruck, dass der Handlungsbedarf vorsätzlich klein geredet werden sollte.

Bereits auf der Konferenz von Salamanca, wo der Begriff der Inklusion im Kontext der internationalen schulpädagogischen Diskussion zum ersten Mal aufkam, wurde in der deutschen Übertragung des Programms der Begriff *inclusion* noch mit „Integration" übersetzt.[112] Diese Begriffskontroversen haben bis heute im deutschen Sprachraum entscheidend zu dem Missverständnis beigetragen, dass von einer

[107] Valentin Merkelbach: Gemeinsames Lernen von behinderten und nichtbehinderten Kindern und Jugendlichen. Eine UN-Konvention, die Folgen haben wird, Frankfurt a. M. 2009, S. 1 f.

[108] Frühauf (2012), S. 13 f.

[109] Frühauf (2012), S. 13 f.

[110] Merkelbach (2009), S. 2.

[111] Christel Rittmeyer: Zum Stellenwert der Sonderpädagogik und den zukünftigen Aufgaben von Sonderpädagogik in inklusiven Settings nach den Forderungen der UN-Behindertenrechtskonvention, in: Cornelius Breyer u. Günter Fohrer u. a.: Sonderpädagogik und Inklusion, Oberhausen 2012, S. 43–58, hier S. 46.

[112] Rittmeyer (2012), S. 46.

Gleichsetzung zwischen Inklusion und Integration auszugehen sei,[113] und setzten damit hinsichtlich der Begriffskontroverse ein „rückwärtsgewandtes Signal“[114]. Aus diesem Grund entschloss sich der *Verein für Menschenrechte und Gleichstellung Behinderter e. V.* noch im Jahr des Inkrafttretens, eine korrigierte Fassung als sogenannte „Schattenübersetzung“[115] zu veröffentlichen, welche die missverständlichen Formulierungen versucht zu umgehen und die gesellschaftsbildenden Begriffe einbindet. Dennoch gibt es bis heute keine offizielle Korrektur der Konventionsübersetzung vonseiten der UN.

Dass die UN diesen Nachbesserungsbedarf schlichtweg übersieht, ist dabei unrealistisch, müssen die Vertragsstaaten von UN-Konventionen dem überwachenden Komitee doch regelmäßige Berichte zur Umsetzung der jeweiligen Konvention einreichen. In die Abschlussberichte des Komitees fließen dabei nicht nur die offiziellen Regierungsauswertungen ein, sondern auch die *Schattenberichte* von den Nichtregierungsorganisationen. Der Missstand der Übersetzung müsste daher eigentlich erkannt und behoben werden.

Dennoch gilt die UN-Behindertenrechtskonvention nach wie vor als wichtigster Motor für die Inklusion. Auf ihrer Grundlage sind sämtliche internationale und nationale politische Aktionspläne der vergangenen Jahre entstanden. Einer erste Kontrolle wurde die Umsetzung der geforderten Maßstäbe im Jahr 2011 im Rahmen des ersten deutschen Staatenbericht zur UN-Behindertenrechtskonvention (UN-BRK) durch den *UN-Fachausschuss für die Rechte von Menschen mit Behinderungen* unterzogen. Auf Grundlage dieser Ergebnisse und einer anschließenden eigehenden Befragung der Bundesregierung durch die sogenannte „List of Issues“[116] und Anhörung hat der Ausschuss im April 2015 die abschließenden Bemerkungen (*concluding observations*) zur weiteren Umsetzung der UN-BRK in Deutschland veröffentlicht.[117]

---

[113] Rittmeyer (2012), S. 46.

[114] Degener (2009), S. 165.

[115] NETZWERK ARTIKEL 3 e. V., Verein für Menschenrechte und Gleichstellung Behinderter e. V., Schattenübersetzung. Korrigierte Fassung der zwischen Deutschland, Liechtenstein, Österreich und der Schweiz abgestimmten Übersetzung des Übereinkommens über die Rechte von Menschen mit Behinderungen, 2009 (URL: http://www.netzwerk-artikel-3.de/attachments/article/89/089_schattenuebersetzung-endgs.pdf, letzter Zugriff: 04.10.2015).

[116] Diese Fragen betrafen eine Vielzahl von Themen und damit auch unterschiedliche Zuständigkeiten innerhalb der Bundesregierung und der Länder. So ging es beispielsweise um Fragen in Zusammenhang mit dem deutschen Betreuungsrecht und dem Arzneimittelrecht, aber auch um Entwicklungen bei der Deinstitutionalisierung in Bezug auf Sonderwohnformen für Menschen mit Behinderungen oder die Fortschritte bei der inklusiven Bildung.

[117] Auf Grundlage einer von der Monitoringstelle beim Deutschen Institut für Menschenrechte

Der Fachausschuss erkennt darin die vielen bereits geleisteten Maßnahmen der Bundesregierung zwar generell an, doch wird auch klar, dass noch lange nicht alle Forderungen zur Zufriedenstellung der UN in Angriff genommen worden sind. So äußert sich der Ausschuss beispielsweise unter anderem „besorgt darüber, dass die von dem Vertragsstaat getroffenen Maßnahmen zum Abbau der Stigmatisierung von Menschen mit Behinderungen, insbesondere von Menschen mit psychosozialen und/oder geistigen Behinderungen, wirkungslos geblieben sind."[118]

Leider wird der museale Kulturbereich sowohl im ersten Staatenbericht als auch in der abschließenden Bemerkung kaum eingehend angesprochen, obwohl der kulturellen Teilhabe eigentlich in der modernen Gesellschaft große Bedeutung beigemessen wird. Zwar wird positiv erwähnt, dass die Länder „in eigener Zuständigkeit" darauf achten „„dass die in kulturellen Einrichtungen und [...] in historischen Gebäuden vorhandenen Beschränkungen für Besucherinnen und Besucher mit Behinderungen nach Möglichkeit beseitigt werden"[119], doch wird kaum auf Komplexität der Zugänglichkeit im Kulturbereich eingegangen. Sicherlich kann ein solches Überblicksdokument nicht jeden Bereich des alltäglichen Lebens en détail berücksichtigen, doch stellt sich die Frage, ob die gemeinsame Betrachtung von Gebieten mit so komplexen und teilweise unterschiedlichen Anforderungen wie Kultur, Erholung, Freizeit, Sport und Medien vielleicht zu weit gefasst und eine stärkere Fokussierung sinnvoll wäre.

in Auftrag gegebenen deutschen Übersetzung hat das Bundesministerium für Arbeit und Soziales in Abstimmung mit den anderen Bundesministerien und den Ländern und unter Beteiligung von Menschen mit Behinderungen eine deutsche Fassung der „Abschließenden Bemerkungen" erstellt.

[118] United Nations: Ausschuss für die Rechte von Menschen mit Behinderungen, Dreizehnte Tagung, 25. März–17. April 2015, Abschließende Bemerkungen über den ersten Staatenbericht Deutschlands (vorläufige Übersetzung), Artikel 8 (URL: http://www.institut-fuer-menschenrechte.de/fileadmin/user_upload/PDF-Dateien/UN-Dokumente/CRPD_Abschliessende_Bemerkungen_ueber_den_ersten_Staatenbericht_Deutschlands_ENTWURF.pdf, letzter Zugriff: 04.10.2015).

[119] Bundesministerium für Arbeit und Soziales: Übereinkommen der Vereinten Nationen über Rechte von Menschen mit Behinderungen. Erster Staatenbericht der Bundesrepublik Deutschland, vom Bundeskabinett beschlossen am 3. August 2011, Artikel 30, S. 71 f.

2. Barrierefreiheit

Die Debatte um die Gleichstellung und die Teilhabe behinderter Menschen am öffentlichen Leben wird gemeinhin von drei zentralen Begriffen geprägt: der Barrierefreiheit, der Zugänglichkeit und der Nutzbarkeit. Sie sind Ausgangspunkte vieler Diskussionen und Missverständnisse, da ihre Beziehung zueinander oft unklar ist,[120] obwohl ihre Auslegungen im Behindertengleichstellungsgesetz formuliert ist:

> Barrierefrei sind bauliche und sonstige Anlagen, Verkehrsmittel, technische Gebrauchsgegenstände, Systeme der Informationsverarbeitung, akustische und visuelle Informationsquellen und Kommunikationseinrichtungen sowie andere gestaltete Lebensbereiche, wenn sie für behinderte Menschen in der allgemein üblichen Weise, ohne besondere Erschwernis und grundsätzlich ohne fremde Hilfe zugänglich und nutzbar sind.[121]

Wenngleich ein Umdenken in Bezug auf die geforderte Barrierefreiheit bereits vor Jahren eingesetzt hat, bestehen auch heute noch zahllose materielle und kulturelle Hindernisse, die es zu beseitigen gilt. Obwohl vor allem Kultur- und Bildungseinrichtungen eine besondere Verantwortung tragen, „vielfältige Wege zur Kultur zu eröffnen“[122], um ihren Auftrag zu erfüllen, fehlt es bisweilen oft bereits an der Wahrnehmung der Barrieren. Obwohl die allgemeine Behindertenpolitik schon deutlich weiter ist, wird heute noch viel zu oft „vom Rollstuhl her gedacht“[123]. Wenn museale Einrichtungen allerdings nicht länger von einem Normalbesucher ausgehen sollen, darf auch gleichzeitig nicht alles auf einen „Idealbehinderten“, sondern auf individuelle Bedürfnisse abgestimmt werden. Deutsche Institutionen weisen in dieser Hinsicht gegenüber dem Ausland einen erheblichen Nachholbedarf auf.[124] Europäische Vorbilder sind vor allem Schweden, England, Dänemark und die Niederlande.[125] Außereuropäisch sind sicherlich vor allem die USA zu nennen.

---

[120] Rüdiger Leidner: Die Begriffe „Barrierefreiheit“, „Zugänglichkeit“ und „Nutzbarkeit“ im Fokus, in: Patrick Sinclair Föhl u. a. (Hrsg.), Das barrierefreie Museum. Theorie und Praxis einer besseren Zugänglichkeit. Ein Handbuch, Bielefeld 2007, S. 28–33, hier S. 28 ff.

[121] BGG §4.

[122] Tervooren u. Weber (2012), S. 11.

[123] Bösl (2012), S. 40.

[124] Tervooren u. Weber (2012), S. 11 f.

[125] Axel Stemshorn: Bauen für Behinderte und Betagte. DIN-Normen, Kommentar, Statistik, Wohnformen, Wohnungsbau, Aussenanlagen, öffentliche Gebäude, Sport- und Freizeitanlagen, Werkstätten, Städtebau und Verkehr, Orientierung, Beratung, Selbsthilfe, Finanzierung, neue Bundesländer, Stuttgart [3]1994, S. 24.

Debatte um die Begrifflichkeiten

Nachdem die UN-Vollversammlung 1993 den Begriff der „Barriere“ für ihre Standardregeln zur Schaffung von Chancengleichheit und Teilhabe verwendete, fand er schnell Einzug in die öffentlichen Debatten um die *Inklusion.*[126] Da er aber im Bewusstsein der deutschsprachigen Bevölkerung eine sehr viel eingeschränktere Bedeutung als in der englischen Originalsprache der Inklusionsliteratur hat, brachte er hierzulande zunächst Missverständnisse und Verständnisprobleme mit sich. Im Sinne der Inklusion gelten ein Gegenstand oder eine Situation als Barriere,

> [...] wenn die Mobilität allgemein, der Zugang zu Gebäuden oder die Nutzung von Technologien ‚normal‘ angesehene Fähigkeiten oder Funktionsweisen des Individuums zur Voraussetzung hat, das Individuum diese Voraussetzungen aber nicht erfüllt [... und] sie selektiv den Zugang zu oder die Nutzung von etwas für diejenigen Individuen erschweren oder verwehren, die aus dem ‚Normalitätsspektrum‘ herausfallende psychische, kognitive oder körperliche Eigenschaften aufweisen[127].

Das Wort „Barriere“[128] wird im Deutschen allerdings eher als Synonym zu rein gegenständlich assoziierten Begriffen wie „Hindernis“, „Schranke“ oder auch „Blockade“ genutzt. Aus diesem Grund herrschte unter den Inklusionsforschern zunächst die Befürchtung, dass viele die in der Inklusionsdebatte geforderte Barrierefreiheit in erster Linie als graduellen Abbau von rein materiellen und physischen Barrieren verstehen könnten und die kognitive und intellektuelle Zugänglichkeit nur sekundär mit der Forderung assoziieren würden. Die Sicherung des bloßen körperlichen Zugangs bedeutet allerdings nur eine eindimensionale Barrierefreiheit. Vor allem im Hinblick auf Einrichtungen wie Museen und Bibliotheken, die einem bestimmten informativen Zweck dienen, muss auch von „funktionalen Barrieren auf psychisch-kognitiver und sozialer Ebene“[129] ausgegangen werden.

Die Gefahr einer einseitigen Auslegung ist in der englischen Originalliteratur nicht zu befürchten, wird hier doch ein ganz anderer Begriff verwendet. Statt dem erwarteten *barrier* stößt man auf den Begriff *accessibility*, der einen sehr viel allgemeineren Anspruch hat und sich nicht auf das Gegenständliche beschränken lässt.

---

[126] Leidner (2007), S. 28 ff.

[127] Dederich (2012), S. 102.

[128] Der Begriff leitet sich etymologisch aus dem französischen Wort *barrière* ab, welches sich seinerseits aus dem im 18. Jahrhundert gebräuchlichen *barre* entwickelte, das eine Art Stange bezeichnete.

[129] Dederich (2012), S. 102 f.

Ähnlich wie der deutsche Begriff der „Zugänglichkeit“ vereint er die Offenheit im physischen und psychischen bzw. intellektuellen Sinn. So kann sowohl ein Gebäude als auch eine Information „zugänglich“ bzw. *accessible* sein.

Um alle Unsicherheiten zu vermeiden, wurde für das 2002 erschienene Behindertengleichstellungsgesetz im Rahmen der Definition von Barrierefreiheit neben der Zugänglichkeit daher ab sofort auch die Nutzbarkeit besonders betont.[130]

In der Fachliteratur zeichnet sich noch ein anderer Trend ab, wird hier doch nicht länger von „Barrierefreiheit“ als absolutem Begriff, sondern immer öfter von „Barrierearmut“ gesprochen, wodurch eine Abstufung in der Zugänglichkeit beschrieben werden kann.[131] Die absolute Barrierefreiheit, also ein für alle Menschen in jeder Hinsicht barrierefreies Umfeld, bleibt zwar als Ziel bestehen, doch dürfte eine völlige Abwesenheit von Hindernissen realistisch gesehen kaum vollumfänglich geschaffen werden können.[132] Das Spektrum an Hindernissen, die Menschen auf unterschiedlichste Weise behindern können, ist schlichtweg viel zu breit gefächert.[133] Nicht immer sind sie sinnlich wahrnehmbar und dadurch oft schwer zu lokalisieren.[134]

Dennoch hat sich in der Inklusionsbewegung der Begriff „Barrierefreiheit“ durchgesetzt. Die Befürchtungen, dass dieser Begriff zu einseitig gesehen wird, hat sich bisher nicht bestätigt, obwohl weiterhin viel Aufklärungsarbeit nötig ist, um die Komplexität von Hindernissen zu vermitteln, die bei der Nutzung eines anderen Begriffs vielleicht nicht notwendig wäre.

Barrierefreiheit im Ausstellungswesen

Der Abbau von physischen Barrieren gilt generell als Grundvoraussetzung für die Nutzbarkeit einer Einrichtung. Im Falle eines Museums bedeutet dies, dass die Einrichtung erst dann ihrem Sinn und Zweck entsprechend genutzt werden kann, wenn das Gebäude ohne physische Hindernisse zugänglich ist. Die bloße Möglichkeit der Nutzung reicht hier allerdings nicht aus. Die Barrierefreiheit bzw. die Barrierearmut muss auch im intellektuellen Sinn gewährleistet sein, indem Ausstellungsinhalte mit Rücksicht auf die verschiedenen Bedürfnisse aufbereitet werden.

[130] Leidner (2007), S. 28.
[131] Tervooren u. Weber (2012) S. 16.
[132] Leidner (2007), S. 32.
[133] Dederich (2012), S. 103.
[134] Dederich (2012), S. 103.

Im Hinblick auf Kultureinrichtungen und Museumsgebäude liegen ohne Zweifel oft erschwerte Bedingungen vor, vor allem wenn es sich um historische Stätten handelt. Während die barrierefreie Gestaltung eines denkmalgeschützten Bauwerks viel Kreativität erfordert, ist die Finanzierung aufgrund leerer öffentlicher Kassen in vielen Fällen problematisch. Besonders städtische Einrichtungen können die enormen finanziellen Belastungen oft nicht auf einen Schlag verkraften[135], da entsprechende Mittel selten fest in den Haushalten integriert sind. Dies sollte aber nicht davon abhalten, sich dem Ziel einer allgemeinen Barrierefreiheit zu nähern. Jeder Schritt in diese Richtung ist als Verbesserung der Situation und als Etappenziel zu sehen.

Die Zahlen sprechen für sich: Obwohl stets von der Bedeutsamkeit der Museumspädagogik für die museale Inklusion ausgegangen wird, besuchen nur knapp 20 % aller Besucher eine Ausstellung im Rahmen eines personalen Vermittlungsangebotes. Es darf daher nicht nur darum gehen, inklusive Vermittlungsarbeit zu betreiben, inklusiv gestaltete Ausstellungsräumlichkeiten sind mindestens genauso wichtig.[136]

Bei der Erarbeitung von barrierefreien Ausstellungsangeboten gibt es in der Regel zwei wichtige Faktoren, die einer erfolgreichen Umsetzung immer wieder im Wege zu stehen scheinen und die daher oft als Gründe angeführt werden, warum eine barrierefreie Umgestaltung nicht realisiert wird. Zu oft wird vor allem der Denkmalschutz als unüberwindbares Hindernis gesehen, welcher der barrierefreien Einrichtung und Gestaltung von Ausstellungsräumen grundsätzlich entgegenzustehen scheint.

Eine entsprechende Beleuchtung der Problematik ist durch das Landesdenkmalamt Berlin in Kooperation mit der Koodinationsstelle Barrierefreies Planen und Bauen der Senatsverwaltung für Stadtentwicklung und Umwelt und der Technischen Universität Berlin angestoßen worden. Auf der Grundlage eines Seminars wurden fünfzig Studierende und zukünftige Architekten des Fachs *Modell+Design for all* gebeten, „ästhetisch-funktionale Erschließungsmöglichkeiten für Menschen mit Behinderung an drei ausgewählten denkmalgeschützten Bauwerken“[137] zu entwickeln. Die Ergebnisse[138] sind in der Publikationsreihe „Beiträge zur Denkmalpflege in Berlin“ veröffentlicht worden und touren in Form von Modellen als Wechselausstellung.

---

[135] Leidner (2007), S. 32.

[136] Folker Metzger, Voraussetzungen für Inklusion und Zugänglichkeit im Museum, in: Bundesverband Museumspädagogik e. V. (Hrsg.), Standbein Spielbein. Museumspädagogik aktuell, Bd. 100: Inklusion, Hamburg 2014, S. 13–16, hier S. 14 f.

[137] Landesdenkmalamt Berlin: Denkmal & Barrierefreiheit. Leitfaden und Studienprojekt, Heft 43, Berlin 2015, S. 16.

[138] In der Lehrveranstaltung wurden 13 Lösungsansätze zur barrierefreien Erschließung der Neuen Nationalgalerie, der St.-Hedwigs-Kathedrale und des Alten Stadthauses erarbeitet.

Basierend auf dem selbstverpflichtenden Absatz im Berliner Denkmalschutzgesetz aus dem Jahr 1995, „die Belange mobilitätsbehinderter Personen“[139] zu berücksichtigen, werden kreative, mutige und engagierte Vorschläge der Studierenden aufgezeigt, wie mit verschiedenen, vermeintlich unumgänglichen Hindernissen umgegangen werden kann. Die Ideen unterstützen die These von Jörg Haspel, Landeskonservator und Direktor des Landesdenkmalamts Berlin, dass die zentrale Hürde bei der Schaffung von Barrierefreiheit nicht oder nur selten tatsächlich der Denkmalschutz an sich sei, sondern vielmehr „das Bestandsgebäude an sich, mit allen seinen festgelegten Rahmenbedingungen [...], das sich einfachen 0815-Lösungen widersetzt“[140]. Dem Denkmalschutz würde dann gerne der „schwarze Peter“ zugeschoben werden, „um nach arbeits-, zeitaufwendigeren, auch teureren Lösungen gar nicht erst suchen zu müssen“[141].

Das breite Spektrum der während der Projektlaufzeit entstandenen Möglichkeiten zeigt jedoch, dass der Diskurs über die Vereinbarkeit von Denkmalschutz und Barrierefreiheit noch am Anfang steht und nur weitergedacht werden muss. Wer neue Ziele erreichen will, müsse bereit sein, neue Wege zu gehen, so Anna Maria Odenthal, Fachbereichsleiterin Bau- und Kunstdenkmalpflege am Landesdenkmalamt Berlin.[142]

Ein weiteres zentrales Gegenargument für die Konzeption einer barrierefreien Ausstellung ist immer wieder der ästhetische Eindruck. Ausstellungen sollen heute nicht nur Kunstwerke präsentieren und über diese informieren, sondern die Exponate auch in einer besonderen Atmosphäre zeigen. Wandfarben, Typografie und Lichtführung verleihen einer Schau Charakter und unterstreichen heute mehr denn je die inhaltliche Komponente. Nicht immer sind inklusive Lösungen mit den ästhetischen Vorstellungen vereinbar. Da es sich bei Besuchern mit einer Behinderung oftmals um eine sehr kleine Zielgruppe handelt, werden deren Bedürfnisse viel zu oft der Unterhaltung des Idealbesuchers hintenangestellt. Die Aussage, „das sind doch nur Wenige, die das betrifft“, hat sich in den Köpfen der Ausstellungsmacher festgesetzt, dabei könnten wenige Maßnahmen bereits eine große Wirkung erzielen. Neben der Platzierung und Höhe von Vitrinen ist es vor allem wichtig, sich in Bezug auf Beschilderung, Beleuchtung und Farbgebung wenigen Kriterien zu unterziehen.

---

[139] DSchG Bln §11, Absatz 6.

[140] Landesdenkmalamt Berlin (2015), S. 4.

[141] Landesdenkmalamt Berlin (2015), S. 4.

[142] Landesdenkmalamt Berlin (2015), S. 14.

Informationen werden zu einem großen Teil über den Sehsinn aufgenommen, daher wird ein Großteil der relevanten Informationen auch im Ausstellungswesen optisch oder audiovisuell angeboten. Die optische Wahrnehmung ist ein komplexer Vorgang und umfasst beispielsweise die Farbwahrnehmung, das räumliche Sehen und die Anpassung an wechselnde Helligkeiten. Die Wahrnehmung einer Information ist vor allem von ihrem Helligkeitseindruck bzw. dem Leuchtdichtekontrast, ihrer Beleuchtung, ihrem Standort und der Größe der Informationselemente abhängig. Das Einhalten einer Mindestschriftgröße sowie die Nutzung von besonders leserfreundlichen Schriftarten wird vor allem in Zeiten des demografischen Wandels weit mehr Besuchern helfen als gedacht.

Seit 2009 gibt es eine DIN-Norm zur „Gestaltung visueller Informationen im öffentlichen Raum zur barrierefreien Nutzung". Die Norm soll vor allem Menschen mit Seheinschränkungen einen gefahrfreien Aufenthalt in der Öffentlichkeit ermöglichen. Sie regelt in erster Linie die Farbgebung bestimmter Elemente in öffentlich zugänglichen Bereichen, wie beispielsweise in Schwimmbädern, Straßen, Rathäusern, Gaststätten, auf Campingplätzen, in Hotels und Bibliotheken. Die dort aufgeführten Richtlinien können problemlos auf die Besucherführung und Beschilderung in einem Ausstellungshaus, aber auch auf die Ausstellungsgestaltung an sich bezogen werden.

Hilfreiche Methoden, physische Barrieren möglichst konsequent zu erkennen, sehen Sigrid Arnade und Hans-Günter Heiden in der Beachtung der sogenannten *Räder-Füße-Regel*. Sie geht primär auf die Bedürfnisse von körperlich behinderten Besuchern ein und stellt sicher, dass alle Angebote der Einrichtung sowohl für Rollstuhlfahrer als auch für gehende Besucher lückenlos nutzbar sind. Auch Müttern mit Kinderwagen, Nutzern von Rollatoren und anderen Fortbewegungshilfen wird so versucht, gerecht zu werden.

Die Vermittlungs- und Informationsaspekte wiederum finden zum einen mithilfe der sogenannten *KISS-Regel* Beachtung, die das Motto verfolgt „Keep It Short and Simple"[143], und zum anderen durch die *Mehr-Kanal-Methode*, nach der jegliche Information immer über mindestens zwei Sinne erfassbar sein müssen.[144]

Eine besonders vielversprechende Hilfestellung für die ganzheitliche Umsetzung der Barrierefreiheit kann auch die Durchführung eines speziellen *Mystery Visitings* sein, mit dem die teilweise sehr individuellen Hindernisse schnell zu lokalisieren sind. Dieses Marketingtool zielt darauf ab, Menschen mit verschiedenen Beeinträchtigungen als repräsentatives Kompetenzteam für einen Besuch in das zu überprü-

[143] Auer (2007), S. 50.
[144] Auer (2007), S. 50.

fende Haus einzuladen. Anhand eines Fragenkatalogs oder eines anschließenden Gesprächs kann so die Publikumsfreundlichkeit auch für diese spezielle Besuchergruppe abgefragt und es können Probleme schneller erkannt werden. Es ist zwar einzusehen, dass nicht jede potenzielle Besuchergruppe mit so einem Tool abgefragt werden kann, allerdings ist es im Fall der extrem heterogenen Personengruppe mit Beeinträchtigungen sicher besonders sinnvoll, da es sich für das zuständige Personal als beinahe unmöglich darstellt, sich vollkommen in diese speziellen Lagen zu versetzen. Es empfiehlt sich daher generell, Kontakt zu Betroffenen aufzunehmen und Hilfe anzunehmen.[145] Auch der Kontakt zu Vereinen bietet sich an, um professionellen Rat einzuholen.

Ein herausragendes Vorbild für die Umsetzung eines *Mystery Visitings* sind in dieser Hinsicht die *Staatlichen Kunstsammlungen Dresden*, die in Kooperation mit der *Stadt AG Hilfe für Behinderte e. V. Dresden* eine Kompetenzgruppe[146] aus Menschen mit verschiedenen Behinderungen unter dem Projektnamen *Wir sind in der Mitte der Gesellschaft* zusammengestellt haben. Mithilfe eines Fragebogens und in Begleitung einer Koordinatorin haben die ehrenamtlichen Teilnehmer in mehreren Begehungen die einzelnen Museen[147] des Bundes auf ihre Hindernisse untersucht. Der Fragebogen beruhte dabei auf einem Kanon von Checklisten des *Landesverbands der Museen zu Berlin e. V.*[148] und bezieht bauliche, gestalterische und didaktische Elemente ein. Die in Zusammenarbeit mit Architekten für barrierefreies Bauen, Museumspädagogen, Museumsmitarbeitern und Ausstellungsgestaltern sowie mit Betroffenen und ihren Verbänden entstandenen Listen zur Qualitätssicherung sollen die Ausstellungsplanung von Anfang an begleiten und zusammen mit der Besucherorientierung in das Leitbild eines jeden Hauses eingehen. Aufgeteilt nach vier verschiedenen Bedürfnisgruppen im Bereich Gehen, Sehen, Verstehen und Hören wird in einem Fragenkatalog das Vorhandensein oder das Fehlen notwendiger und hinreichender Elemente in den Ausstellungsräumen abgefragt.

---

[145] Petra Lutz: Barrierefreiheit im deutschen Hygiene-Museum. Ein Praxisbericht, in: Patrick Sinclair Föhl u. a. (Hrsg.): Das barrierefreie Museum. Theorie und Praxis einer besseren Zugänglichkeit. Ein Handbuch, Bielefeld 2007, S. 281–301, hier S. 299.

[146] Das Testgremium bestand im Durchschnitt während der Laufzeit aus einer Kerngruppe von acht bis zwölf Menschen mit unterschiedlichen Behinderungen.

[147] Insgesamt handelt es sich um sieben Museen, die bis Juli 2013 evaluiert wurden. Das Projekt ist zum jetzigen Zeitpunkt noch nicht abgeschlossen.

[148] Landesverband der Museen zu Berlin e. V. (LMB), Design For All. Barrierefreie Ausstellungen in Berlin. Checkliste Verstehen. Menschen mit Behinderung der Lernfähigkeit, Berlin 2011.

Die Dresdener Koordinatorin hat über den starren Fragenkatalog hinaus in Gesprächen vor Ort Hinweise und Kommentare der Teilnehmer, die nicht durch die Checkliste abgedeckt waren, schriftlich festgehalten. Ziel des modellhaften Projekts, welches über drei Jahre von der *Aktion Mensch* gefördert wurde, ist die Erarbeitung eines praxisnahen Leitfadens, dessen Ergebnisse auf andere Museen und Institutionen im Kulturbereich übertragen werden können. Die Mitglieder der Testgruppe sollen sich mit eigenen Textbeiträgen daran beteiligen können.

Die vorläufigen Ergebnisse[149] sind bisher sehr vielversprechend und unterstreichen, wie wichtig und erfolgsversprechend der Einbezug von Menschen mit Behinderung in die barrierearme Gestaltung der Einrichtung ist. Eine Teilnehmerin mit Sehschwäche kritisierte die partiell reduzierte Beleuchtung, die ihrer Meinung nach ungünstigen Anbringungsorte der Informationsbeschilderung hinter spiegelndem Vitrinenglas sowie die fehlenden haptischen Orientierungspunkte bei Audioguides mit Touchscreen und den Objektnummerierungen[150] innerhalb der Ausstellung.[151] In der bisherigen Auswertung wurde interessanterweise beobachtet, dass die Teilnehmer des Gremiums die Barrierefreiheit nicht nur im Hinblick auf die eigene Beeinträchtigung überprüft haben, sondern auch Ideen zur Umsetzung von inklusiven Strategien für andere Behinderungsformen entwickelt haben.[152] Als natürlich sensibilisierte Zielgruppe decken sie viele bisher übersehene Missstände auf und können gleichzeitig einschätzen, wie hoch der Einschränkungsgrad durch die jeweilige Barriere ist. Auf diese Weise erhalten die Häuser nicht nur ein Feedback zu Missständen, sondern ebenfalls eine Prioritätenliste für deren Beseitigung.

---

[149] Die vorläufigen Ergebnisse stammen aus dem Jahr 2013. Ein abschließender Bericht ist bisher nicht veröffentlicht worden.

[150] An dieser Stelle sei angemerkt, dass entgegen der allgemeinen Vorstellung nicht alle blinden Menschen Braille lesen können. Es kommt dabei vor allem darauf an, zu welchem Zeitpunkt ihres Lebens sie erblindet sind. Daher empfiehlt es sich, Textausgaben nicht nur in Braille, sondern auch in einer erhabenen Schwarzschrift anzubieten, die mit größtmöglichem Kontrastwert und gleichzeitig taktil zu erfassen ist.

[151] Die Aussagen sind dem Projektbericht von Manuela Scharf und Ramona Nietzold entnommen, der am 13.05.2013 im Rahmen des Arbeitstreffens der Fachgruppe Barrierefreie Museen des Bundesverbandes Museumspädagogik e. V. zum Thema „Leichte Sprache" im Residenzschloss Dresden vorgetragen wurde.

[152] URL: http://www.museumsbund.de/de/das_museum/themen/barrierefreiheit_im_museum/inklusionslandkarte/druckversion.html (letzter Zugriff: 04.10.2015)

Unterstützung bei der Realisierung von Barrierefreiheit geben auch zahlreiche Publikationen und Leitfäden,[153] die zwar nur in wenigen Fällen explizit auf Museen und Ausstellungspraktiken eingehen, allerdings gut übertragbar sind. Obwohl im Rahmen dieser Publikation kein vollständiger Überblick über die Richtlinien sämtlicher Veröffentlichungen gegeben werden kann, sollen einige bedeutsame Schriften im Folgenden näher betrachtet werden:

Ein Leitfaden, der besondere Beachtung verdient und speziell auf die Museumsarbeit ausgerichtet ist, basiert auf den Erfahrungen des *Deutschen Technikmuseums Berlin*, das in Kooperation mit dem *Deutschen Blindenmuseum* und dem Gestaltungsbüro *Frank/Steinert GbR* zusammenarbeitet, um barrierefreie Projekte zu realisieren. Der Leitfaden *Barrierefrei Konzipieren und Gestalten*, der bereits 2008 erarbeitet und im Rahmen des Projektes *Ein Museum für Alle* veröffentlicht wurde, bietet einen Katalog von Mindestanforderungen für die Konzeption, Gestaltung und Orientierung sowie für die Vermittlung von Ausstellungsinhalten. Der Schwerpunkt liegt indes eindeutig auf der Ausstellungstechnik. Unter anderem wird neben allgemeinen physischen Barrieren auch auf das Farb- und Beleuchtungskonzept hingewiesen, das oftmals eher ästhetischen Aspekten als den Bedürfnissen der Besucher entspricht. Grundsätzlich werden hohe Kontrastwerte bei der Farbwahl empfohlen, um Sehstörungen entgegenzuwirken. Nicht immer zeichnen sich diese durch einen einfachen Verlust der Sehstärke aus, auch die weit verbreitete Rot-Grün-Schwäche ist zu berücksichtigen.[154]

Erstmals werden hier auch spezifische Anforderungen an das Ausstellungsmobiliar thematisiert. So werden Maße angegeben, um beispielsweise Vitrinen und Podeste für Rollstuhlfahrer unter- bzw. umfahrbar zu gestalten, und eine für alle gut zu erreichende Höhe für Objektbeschilderungen benannt. Damit sowohl ein Rollstuhlfahrer als auch der durchschnittliche Normalbesucher die Informationen lesen und ein Blinder eine erhabene oder Braille-Schrift abtasten kann, sollte diese bei 1,30 Meter liegen.[155]

---

[153] Vera Franke: Barrierefrei ins Museum, in: Anja Tervooren u. Jürgen Weber (Hrsg.): Wege zur Kultur. Barrieren und Barrierefreiheit in Kultur- und Bildungseinrichtungen, Schriftenreihe des Deutschen Hygiene-Museums Dresden, Bd. 9, Köln u. a. 2012, S. 202–211, hier S. 202 ff.

[154] In Europa sind etwa 10 % der männlichen und etwa 0,5 % der weiblichen Bevölkerung von einer Rot-Grün-Sehschwäche betroffen.

[155] Svenja Gaube: Barrierefrei Konzipieren und Gestalten. Leitfaden für Ausstellungen im Deutschen Technikmuseum Berlin, Berlin 2008, S. 46.

Darüber hinaus wird die Beleuchtung angesprochen, die dem Leitfaden entsprechend mindestens bei 500 Lux liegen sollte, wobei die konservatorischen Verhältnisse hier keinesfalls außer Acht gelassen werden dürfen.[156] An diesem Punkt wird klar, wo vor allem für museale Einrichtungen die Grenzen liegen. Sie sind nicht nur ihren Besuchern, sondern vor allem auch den Kunstwerken verpflichtet. Um diese nicht zu schädigen, werden Gemälde gemeinhin nicht mehr als 200 Lux ausgesetzt, bei Grafiken oder Arbeiten aus und auf Papier sind sogar nicht mehr als 50 Lux realistisch. Die Bedürfnisse der Kunstwerke und diejenigen der Besucher sind also nachweislich nicht immer in Einklang zu bringen, eine Zwickmühle, denen sich museale Institutionen stellen müssen. Diese Problematik wird im Leitfaden leider nicht angesprochen. Warum die Empfehlungen allerdings nicht mit der gängigen Ausstellungspraxis abgeglichen wurden, ist unklar.

Auch wenn dieser Leitfaden zum ersten Mal auf die spezifischen Belange eines Ausstellungshauses eingeht, wird das Thema Vermittlung leider nur im weitesten Sinne angeschnitten.

Der aktuellste und wohl umfassendste Leitfaden im musealen Kontext ist in Zusammenarbeit des *Deutschen Museumsbundes e. V.*, des *Bundesverbandes Museumspädagogik e. V.* und des *Bundeskompetenzzentrums Barrierefreiheit* erarbeitet worden. Die nationalen Verbände betreiben schon seit Jahren regelmäßig stattfindende Workshops und Arbeitsgemeinschaften und sorgen dafür, die Thematik in deutschen Museen besser zu positionieren.[157] Im Jahr 2013 veröffentlichten sie auf der langjährigen Grundlage dieser Erfahrung einen museumsbezogenen Leitfaden zur Umsetzung von Inklusion und Barrierefreiheit, der seinem Anspruch, die inklusive Museumsarbeit erstmals in allen Punkten zu thematisieren und alle wichtigen Informationen zu bündeln,[158] durchaus gerecht wird.

Im Gegensatz zu anderen Leitfäden sind die Inhalte nicht nach Behinderungsformen aufgeschlüsselt, sondern folgen dem Ablauf eines regulären Museumsbesuchs, getreu dem Motto: „Hinkommen, reinkommen, klarkommen". Durch diesen Aufbau sollen stets verschiedene Bedürfnisgruppen im Blick behalten und Nachjustierun-

---

[156] Gaube (2008), S. 60 f.

[157] Folker Metzger, Barrierefreiheit und kulturelle Bildung in Museen, in: Anja Tervooren u. Jürgen Weber (Hrsg.): Wege zur Kultur. Barrieren und Barrierefreiheit in Kultur- und Bildungseinrichtungen, Schriftenreihe des Deutschen Hygiene-Museums Dresden, Bd. 9, Köln u. a. 2012, S. 191–201, hier S. 198.

[158] Der Leitfaden wurde im November 2013 im Rahmen der *EXPONATEC COLOGNE* in Köln vorgestellt und 2014 veröffentlicht.

gen vermieden werden.[159] Entsprechend der Vorstellung von Inklusion als Querschnittaufgabe werden nicht nur konkrete Maßnahmen und Tipps in ausstellungstechnischer Hinsicht, wie zum Thema Wegeführung und Ausstellungsgestaltung, gegeben, sondern auch Informationen zur inklusiven Gestaltung verschiedener Vermittlungsformen (personal, sensorisch, medial), zum Informationsangebot, Rahmenprogramm und allgemeinen Besucherservice gegeben. Der inklusive Ausstellungsbesuch wird erstmals als Ganzes betrachtet und beginnt nicht erst mit Betreten der Ausstellungsräume, sondern setzt sehr viel früher an. Ein anschließendes Glossar klärt über sämtliche zentrale Begriffe der Inklusionsdebatte auf.

Die große Anzahl an Leitfäden und Publikationen zum Thema verdeutlichen, dass inzwischen ein stetig wachsender Markt für barrierefreie Angebote entstanden ist. Dies zeigt auch die thematisch Ausrichtung des Veranstaltungsprogramms der *EXPONATEC COLOGNE 2013*. Als Europas wichtigste Fachmesse in den Bereichen Ausstellungsgestaltung, Ausstellungsplanung, Ausstellungstechnik, Neubau und Umbau, Besucherforschung, Besucherorientierung und Öffentlichkeitsarbeit und Trendbarometer für innovative Entwicklungsmöglichkeiten, war es ein großer und wichtiger Schritt, dass die Inklusionsdebatte hier eine Plattform erhielt. Es zeigt aber auch die große Öffentlichkeits- und Medienwirkung die von der Thematik momentan ausgeht.

Mittlerweile werden auch im Kultur- und Tourismusbereich zunehmend Marktpotenzial und mögliche Wettbewerbsvorteile als Argumente für die Gewährleistung von gleichberechtigter Teilhabe angeführt. Inklusive Freizeitangebote wie auch Ausstellungsbesuche oder Workshops in Museen im Sinne des *Tourismus für Alle*-Konzepts stellen, so äußerte sich auch Bundesgesundheitsministerin Ulla Schmidt, ein wichtiges Marktsegment dar.[160]

---

[159] Bettina Scheeder: „Das inklusive Museum – Barrierefrei und demografiefest". Der Neue Leitfaden des Deutschen Museumsbundes, in: Bundesverband Museumspädagogik e. V. (Hrsg.), Standbein Spielbein. Museumspädagogik aktuell, Bd. 100: Inklusion, Hamburg 2014, S. 18.

[160] ADAC: Planungshilfe Barrierefreiheit, München 2003 (URL: http://www.behindertenbeauftragte-oal.de/fileadmin/redakteur1/Planungshilfe_Barrierefreier_Tourismus_komplett_ADAC.pdf, letzter Zugriff: 04.10.2015).

Verpflichtung zur Gewährleistung von Barrierefreiheit?

Die Gewährleistung von Barrierefreiheit und Teilhabe ist nicht nur als eine grundsätzliche ethische Pflicht der Gesellschaft zu sehen, die irgendwann umgesetzt werden sollte. Sie ist im Gegenteil vor allem für die knapp 10,2 Millionen Menschen[161] mit einer Beeinträchtigung dringend notwendig und sollte daher nach allen Kräften möglichst zeitnah umgesetzt werden.[162] Obwohl erste Maßnahmen im Sinne der Barrierefreiheit oft ohne großen Mehraufwand getroffen werden könnten, ist zu bemängeln, dass sich auch heute noch nicht darauf verlassen werden kann, „dass Barrierefreiheit ohne Weiteres in öffentlichen Einrichtungen umgesetzt wird [...] und die verfügbaren Fördermittel auch genutzt werden“[163]. Das Problem liegt nicht darin, dass es keine Möglichkeiten gibt, Barrieren zu vermeiden oder Hilfestellung zu ihrer Überwindung anzubieten. Das Problem liege, so Teervooren und Weber, in der Wirkung dieser Mittel auf die Umwelt und den Alltag, die offenbar als so gravierend empfunden werden würden, dass die Modifikationen, die sie nach sich ziehen, der tradierten Auffassung von Funktionalität und Design oft zuwiderlaufen und daher ausgeblendet oder als nicht umsetzbar abgewiesen werden würden.[164] Allerdings darf nicht außer Acht gelassen werden, dass auch durch das Behindertengleichstellungsgesetz keine konkrete gesetzliche Verpflichtung für den gesamten Kultursektor formuliert wird. Dort heißt es lediglich in §8:

> Zivile Neubauten sowie große zivile Um- oder Erweiterungsbauten des Bundes einschließlich der bundesunmittelbaren Körperschaften, Anstalten und Stiftungen des öffentlichen Rechts sollen entsprechend den allgemein anerkannten Regeln der Technik barrierefrei gestaltet werden.[165]

---

[161] Statistisches Bundesamt zum 31.12.2013.

[162] Laut statistischem Bundesamt sind im Jahr 2013 in Deutschland ungefähr 13 % der Bevölkerung Menschen amtlich als „behindert“ erfasst, von denen rund 7,5 Millionen Menschen als „schwerbehindert“ eingestuft werden. Die Gliederung in Behinderungsgrade lässt allerdings keine Aussage über Art und Schwere der Beeinträchtigung im Alltagsleben zu. Es wird zudem vermutet, dass sich nicht jeder Mensch mit einer Beeinträchtigung auch als solcher amtlich registrieren lässt. Besonders in Fällen von relativ niedrigen Behinderungsgraden, wie bei der Rot-Grün-Blindheit, wird meist davon abgesehen. So ist letztlich die genaue Zahl von Menschen mit Behinderungen nicht sicher abzuschätzen. Es kann davon ausgegangen werden, dass eine barrierefreie Gesellschaft für deutlich mehr Menschen von Vorteil ist als die angesprochenen 13 % der Gesamtbevölkerung (Statistisches Bundesamt, Dezember 2013).

[163] Tervooren u. Weber (2012), S. 16.

[164] Tervooren u. Weber (2012), S. 16.

[165] §8 BGG.

Museen, die nicht vollständig staatlich oder durch eine Stiftung des öffentlichen Rechts finanziert, sondern ausschließlich oder zumindest teilweise von privaten Trägern oder von Unternehmen der freien Wirtschaft unterhalten werden, sowie bereits bestehende Gebäude sind hier nicht angesprochen, auch wenn sie selbstverständlich von ihrer ethischen Verpflichtung nicht freigesprochen sind. Die Pflicht zur Gewährleistung von Barrierefreiheit kann sich in diesen Fällen nur im architektonischen Sinne aus anderer Quelle rechtlich erschließen. Durch das bereits angesprochene Problem der verschiedenen politischen Zuständigkeitsebenen im deutschen Rechtssystem muss zu diesem Zweck auf die einzelnen Landesbauverordnungen zurückgegriffen werden, die eine Verpflichtung sehr unterschiedlich auslegen. Für das Ballungsgebiet Nordrhein-Westfalen gilt beispielsweise, dass alle öffentlich zugänglichen Anlagen dazu verpflichtet sind, ihre Häuser sowohl zugänglich als auch nutzbar zu gestalten.[166] Sie „müssen in den dem allgemeinen Besucherverkehr dienenden Teilen von Menschen mit Behinderung, alten Menschen und Personen mit Kleinkindern barrierefrei erreicht und ohne fremde Hilfe zweckentsprechend genutzt werden können." Im weiteren Verlauf wird dies unter anderem explizit auf „Einrichtungen der Kultur und des Bildungswesens"[167] bezogen, ohne eine Einschränkung nach öffentlicher, privater, staatlicher oder kommunaler Betreiberschaft zu machen.

Leider wird diese umfassende Verpflichtung aber nicht in jedem Bundesland so konsequent formuliert. Die Verordnungen auf Landesebene bieten daher für die Bundesrepublik keine flächendeckende Lösung. Darüber hinaus bleiben in der Regel konkrete Handlungsanweisungen für die Umsetzung aus, was einem Hindernisabbau nach allgemeingültigen Bundesstandards ebenfalls im Wege steht. Dabei existiert eine dementsprechende standardisierte Grundlage zumindest im baulichen Sinne bereits in Form der sogenannten DIN-Normen, die nach bestimmten Normierungsverfahren vom *Deutschen Institut für Normung e. V.* veröffentlicht wurden.

Hervorzuheben sind im Kontext dieser Publikation vor allem die Normen DIN 18040-1 und DIN 18040-2, die als technische Baubestimmungen ganz oder teilweise im Sinne von §8 des BGG in 14 von 16 Bundesländern in die Landesbauverordnungen eingeführt sind und sich ausschließlich mit barrierefreiem Bauen beschäftigen.[168] Zwar gehen die DIN-Normen nicht auf spezifische Situationen ein,

[166] Auer (2007), S. 38 f.

[167] §55 BauO NW, Absatz 2.

[168] Die DIN 18040-1 beschränkt sich dabei auf öffentlich zugängliche Gebäude, speziell aber auf die Bereiche inklusive der zugehörigen Außenanlagen, die für die Nutzung durch die Öffentlichkeit vorgesehen sind. Enthalten sind neben allgemeinen Formulierungen auch detaillierte Angaben zu Maßen von Türöffnungen, Bodenbelägen, Stufen, Rampen, Licht-

doch sind sie in ihren Grundzügen leicht auf Museumsgebäude und Ausstellungsarchitektur zu übertragen. Bisher orientieren sich die Normen allerdings bedauerlicherweise primär an Menschen mit einer Körper- oder Sinnesbehinderung, wohl auch, da diese Einschränkungen leichter zu fassen und zu standardisieren sind. So existieren zwar auch Normen, die für die Textgestaltung und Besucherorientierung im musealen Kontext umgesetzt werden können, doch bleiben die Bedürfnisse von Hörgeschädigten und vor allem von Menschen mit kognitiven Beeinträchtigungen bisher weitgehend von den Normvorlagen ungeachtet. Dass auch eine zu komplizierte Sprache oder eine nicht aussagekräftige Beschilderung trotz Piktogrammen eine Barriere sein können, wird nur am Rande behandelt. Auch wenn seit Jahren ein neues Normierungsverfahren läuft, um die bisherigen Richtlinien zu modernisieren und zu erweitern, besteht zum jetzigen Zeitpunkt noch Nachholbedarf.

Katrin Auer zufolge liegt diese Lücke im Normensystem wohl entscheidend daran, dass in diesem Bereich noch sehr wenig Wissen vorhanden ist.[169] Da sich allerdings auf diesem Gebiet in den letzten Jahren sehr viel neues Wissen ergeben hat, bleibt vielmehr zu vermuten, dass der ausbleibende Fortschritt in der bereits genannten Pluralität und Individualität der Barrieren begründet liegt, die auf kognitiver Ebene auftreten können und oftmals stark situationsbedingt sind. Probleme und Lösungsansätze lassen sich kaum allgemeingültig definieren, wie die Steigung einer Rampe oder die Höhe eines Geländers, was eine starre Normvorlage erschwert. Zwar sollte es nicht zuletzt Aufgabe einer jeden Einrichtung selbst sein, auch die spezifischen kognitiven Barrieren in ihren Häusern auszuloten und zu beseitigen, doch sollten die DIN-Normen die kognitive Ebene nicht per se unbehandelt lassen. Eine DIN-Norm, die sich mit Sprache im öffentlichen Raum beschäftigt, ist für die Zukunft sicherlich denkbar und wünschenswert.

Die Heterogenität der Anforderungen an eine barrierefreie Umwelt führt auch in anderer Hinsicht zu Problemen bei der Erarbeitung von DIN-Verordnungen, dann nämlich, wenn sich die Bedürfnisse kreuzen. So kann die Barriere des einen für den anderen ein unverzichtbares Gut sein, schließlich „hat letztlich jede Behinderungsart ihre eigenen, behinderungsspezifischen Barrieren“[170]. Bordsteine und deren Höhe sind in diesem Zusammenhang das am häufigsten genannte Beispiel für Zielkonflikte bei

---

schaltern und jegliche andere Elemente der Innenausstattung. Für Arbeitsplätze, öffentliche Verkehrsmittel, Wohnheime und alle weiteren Lebensbereiche sind weitere DIN-Normen erarbeitet worden (Auer 2007, S. 40 f.).

[169] Auer (2007) S. 40 f.; Bösl (2012) S. 33.

[170] Leidner (2007), S. 31.

dem Barriereabbau in der städtischen Umwelt. Eine vollständig auf Fahrbahnniveau abgesenkte Bordsteinkante kann zwar für einen Rollstuhlfahrer die selbstständige Fortbewegung an den Straßenübergängen sichern, aus der Sicht eines Sehgeschädigten jedoch schnell zu einem unzumutbaren Risiko werden,[171] da der taktile Hinweis auf die Grenze zwischen Fußweg und Fahrbahn fehlt. Das Beispiel ist keinesfalls fiktiv, sondern stammt aus dem offiziellen Einspruchsverfahren zum Normentwurf für den öffentlichen Raum. Der Widerspruch zwischen den Bedürfnissen hat im weiteren Verlauf zu dem historischen Kompromiss geführt, Bordsteine an Straßenübergängen grundsätzlich auf 3 cm über Straßenniveau abzusenken bzw. anzuheben.[172] Mittlerweile wurde diese Lösung vielerorts durch den Einsatz von taktilen Bodenbelägen und akustischen Signalen weiterentwickelt.

Dieses Beispiel zeigt, dass auch in vermeintlich einfachen Problemfällen des barrierefreien Bauens Hindernisse situativ bedingt und höchst heterogen sind.[173] Aufgrund der Verschiedenheit der Menschen müssen stets Kompromisslösungen erarbeitet werden, welche die Bedingungen durch den Hindernisabbau verbessern, dabei allerdings die Bedürfnisse anderer Behinderungsarten nicht übergehen.[174] Im Anschluss sollte die Kompromisslösung jedoch nicht einfach umgesetzt, sondern im Alltag beobachtet und gegebenenfalls weiterentwickelt werden. Nicht immer ist eine Lösung auf Anhieb für alle Beteiligten ein Gewinn.

Universal Design und Design für Alle

Aktuell entwickelt sich ein neuer Leitgedanke, dass mithilfe des Hindernisabbaus nicht die Behinderung, „sondern vielmehr das ‚Behindert-Werden'"[175] überwunden werden muss. Es geht nicht mehr alleine um die Teilhabe behinderter Menschen, sondern auch darum, dass sie dies oft nur als „jemand Besonderes"[176] können. So tendiert die aktuellste Entwicklung immer stärker hin zum *Universal Design*[177], einem internationalen Konzept, welches die Forderungen der UN-Behindertenrechtskonvention als Basis einsetzt, um Produkte und Umgebungen zu gestalten und zu

[171] URL: http://nullbarriere.de/borde-nullabsenkung.htm (letzter Zugriff: 04.10.2015).
[172] DIN 18024-1, S. 5, und DIN 32984, S. 6.
[173] Leidner (2007), S. 28 ff.; Bösl (2012), S. 36.
[174] Lutz (2007a), S. 299.
[175] Bösl (2012), S. 50.
[176] Bösl (2012), S. 50.
[177] Bösl (2012), S. 45 ff.

entwickeln, „die für alle Menschen nutzbar sind – soweit irgend möglich – ohne erforderliche Anpassungen oder spezialisierte Auslegungen“[178].

Aus der amerikanischen Behindertenrechtsbewegung der 1960er-Jahre entstanden, sieht sich die *Universal Design*-Bewegung wie auch das britische Pendant *Inclusive Design* oder das deutschsprachige Konzept *Design für Alle*[179] in einer großen gesellschaftlichen Verantwortung. Vertreten wird das Konzept in Deutschland von dem Kompetenznetzwerk *Design für Alle – Deutschland e. V.* (EDAD), das Wissenschaftler und Praktiker aus unterschiedlichen Bereichen vereint, die sich mit dem Thema Design für Alle befassen.[180] Die Idee der Bewegung hat ihren kreativen Ursprung sowohl im skandinavischen Funktionalismus der 1950er-Jahre sowie im ergonomischen Design der 1960er-Jahre und zielte von Beginn an darauf ab, die gestalteten Produkte und Umwelten nicht nur für Behinderte, sondern für alle Menschen zugänglich zu machen. Im Zeitalter der Inklusion erlebt das Konzept seit einigen Jahren einen Höhepunkt, obwohl die Bewegung selbst noch immer relativ unbekannt ist.

Trotz geringfügiger Unterschiede in den länderspezifischen Konzepten verfolgt die Gestaltung im Kern stets mehrere Kriterien: Gebrauchsfreundlichkeit und Nutzerorientierung sind ebenso wichtig wie ästhetische Qualität und Marktorientierung. Vor allem aber, und hier unterscheidet sich das Konzept vom klassischen Design, wird besonders viel Wert auf die Anpassungsfähigkeit gelegt. Ein Produkt oder eine Umgebung muss so gestaltet sein, dass unterschiedliche Nutzer sie ohne Einschränkung oder Qualitätsverlust an ihre individuellen Bedürfnisse anpassen können, ohne viel Aufwand und ohne besondere Assistenz zu benötigen.[181] Die Balance zwischen diesen Elementen zu wahren ist „die Gestaltungsherausforderung des Jahrhunderts“[182] im Zeichen der Inklusion.

[178] Weimarer Erklärung der Universal-Design-Expertenkonferenz vom 12.–14. November 2009 (URL: http://www.if-universaldesign.eu/resources/charta_ud_weimar-dt.pdf, letzter Zugriff: 04.10.2015).

[179] Im Unterschied zu dem *Universal Design* (USA, Japan) oder dem *Inclusive Design* (UK) unterscheidet sich das *Design für Alle* durch die zusätzliche Berücksichtigung des Entstehungsprozesses (Entwicklungsprozess, Nutzerorientierung und Nutzereinbindung) und der Marktorientierung (Gestaltung und Vertrieb).

[180] Die EDAD ist Mitglied im europäischen Netzwerk EIDD – Design for All Europe, dessen Mitgliedsorganisationen in 23 europäischen Staaten vertreten sind.

[181] URL: http://www.design-fuer-alle.de/design-fuer-alle/ (letzter Zugriff: 04.10.2015).

[182] Weimarer Erklärung der Universal-Design-Expertenkonferenz vom 12.–14. November 2009 (URL: http://www.if-universaldesign.eu/resources/charta_ud_weimar-dt.pdf, letzter Zugriff: 04.10.2015).

Im Gegensatz zu der Realisierung der Barrierefreiheit ist das *Design für Alle*-Konzept nicht gesetzlich verankert. Die Gesetzgebung setzt mit den DIN-Normen nur Standards auf technisch-funktionaler Ebene. Bei der Festlegung von Abmessungen, Neigungen und Kontrasten sind die ästhetischen Elemente der Gestaltung untergeordnet. Das Designkonzept nimmt die Ansprüche der Barrierefreiheit auf und ergänzt diese zusätzlich durch den gestalterischen und ästhetischen Aspekt. Darüber hinaus umfasst *Design für Alle* auch Produkte und Bereiche, die von den DIN-Normen der Barrierefreiheit nicht geregelt sind.

Obwohl sich das *Design für Alle*-Konzept außerhalb des gesetzlichen Regelungsbereichs bewegt, wird es mittlerweile auch politisch wahrgenommen und unterstützt. So heißt es im 2011 veröffentlichten Nationalen Aktionsplan des Bundesministeriums für Arbeit und Soziales:

> Die Bundesregierung setzt sich deshalb für ein ‚Design für Alle' ein, das die Bandbreite menschlicher Fähigkeiten, Fertigkeiten, Bedürfnisse und Vorlieben berücksichtigt; außerdem sollen Assistenzsysteme entwickelt werden, die Menschen mit körperlichen Handicaps unterstützen. Hierfür werden Forschungsmittel zur Verfügung gestellt.[183]

Darüber hinaus wird versichert, dass die Regierung sich in Zukunft dafür einsetzen würde, „dass seitens der Hersteller von Gebrauchsgegenständen des täglichen Bedarfs der Grundsatz des ‚Designs für Alle' im Interesse älterer und behinderter Menschen stärkere Beachtung findet."[184]

Auf dieser Grundlage gab das Bundeswirtschaftsministerium im Jahr 2012 eine Studie für deutsche Unternehmen zur Umsetzung von *Design für Alle* in der Unternehmenspraxis in Auftrag. Als Reaktion auf die Empfehlung der EU-Kommission in der Richtlinie 2004/18/EG, das *Design für Alle*-Konzept als Bedingung in öffentlichen Ausschreibungen einzuführen, wurden in Deutschland bereits entsprechende Änderungen im Gesetz gegen Wettbewerbsbeschränkungen vorgenommen. Auftraggeber können nun bei der Vergabe von öffentlichen Aufträgen zusätzliche Bedingungen zugunsten der Umsetzung der Inklusion für die Ausführung des Auftrags vorschreiben.[185]

---

[183] Bundesministerium für Arbeit und Soziales: Nationaler Aktionsplan, 2011 (URL: http://www.bmas.de/SharedDocs/Downloads/DE/PDF-Publikationen/a740-nationaler-aktionsplan-barrierefrei.pdf?__blob=publicationFile, letzter Zugriff: 04.10.2015), S. 17.

[184] Bundesministerium für Arbeit und Soziales (2011), S. 78.

[185] Bundesministerium für Arbeit und Soziales (2011), S. 78.

Bundesweite Barrierefreiheit im Kulturbereich

Da die Barrierefreiheit bisher nicht überregional für alle Institutionen und Einrichtungen rechtlich fixiert ist, existiert in der Bundesrepublik bis heute noch keine „Tradition und Kultur des barrierefreien Planens und Bauens und der Konzeption und Entwicklung barrierefreier Angebote für Bibliotheks- und Museumsbesucher“[186], während andere Länder bereits sehr viel selbstverständlicher mit dieser Thematik umgehen.[187] Um eine bundesweit einheitliche Barrierefreiheit in Museen zu realisieren und Qualitätsstandards zu setzen, bietet es sich an, für die Zukunft eine Zielvereinbarung zu treffen. Diese Möglichkeit wird registrierten Verbänden der Selbsthilfe behinderter Menschen nach §4 und §13 des BGG eingeräumt und lässt sie mit einzelnen Unternehmen oder deren übergeordneten Dachverbänden über eine Vereinbarung von gemeinsam angestrebten Zielen in Verhandlung treten.

Die Tourismusbranche hat die Bedeutung von barrierefreien Angeboten schon früh erkannt. Die Zielvereinbarung zwischen verschiedenen Behindertenverbänden und dem *Deutschen Hotel- und Gaststättenverband* (DEHOGA), in dessen Rahmen Plaketten[188] für die Barrierefreiheit im Sinne der verschiedenen Behinderungsarten entworfen und seither nach einer Prüfung deutschlandweit verliehen werden, ist beispielhaft. Das Plakettensystem führt für die betroffenen Menschen nicht nur zu einer transparenteren Informationslage im Tourismusbereich, sondern schafft auch eine gewisse Vergleichbarkeit der Angebote und damit eine wirtschaftliche Motivation der Wirte, die Umsetzung von Inklusion zu fördern, um konkurrenzfähig zu bleiben.[189]

Die Möglichkeiten einer Zielvereinbarung sind zwar dadurch begrenzt, dass auch Dachverbände ihre Mitglieder nicht zur Einhaltung zwingen könnten, wodurch der gewünschte flächendeckende Effekt nicht erzielt werden kann, doch wäre eine solche Vereinbarung, beispielsweise mit dem *Deutschen Museumsbund* oder dem *Deutschen Nationalkomitee des Internationalen Museumsrates ICOM*, in der Lage, die Notwendigkeit von barrierefreien Angeboten in der Museumslandschaft noch deutlicher zu unterstreichen und Mitglieder für das Thema stärker und über das rein

---

[186] Tervooren u. Weber (2012), S. 16.

[187] Tervooren u. Weber (2012), S. 16.

[188] Der ausgearbeitete Kriterienkatalog beinhaltet Anforderungen für vier grob unterteilte Personengruppen, den Gehbehinderten, den Rollstuhlfahrern, den Sehgeschädigten und den Gehörlosen. Ein Hotel oder Gaststättenbetrieb kann sich in jedem dieser Bereiche als barrierefreie Einrichtung durch die Einhaltung der Kriterien qualifizieren und sich in dieser Kategorie schließlich als barrierefrei bezeichnen (Leidner 2007, S. 32 f.).

[189] Leidner (2007), S. 32 f.

pädagogische Interesse hinaus zu sensibilisieren. Wie auch im Tourismusbereich könnte die Vergleichbarkeit einen weiteren positiven Effekt auf das Selbstverständnis der Kultureinrichtungen haben und ein deutliches Signal setzen.

Auch die Etablierung eines Plakettensystems ist eine weitere Möglichkeit, die Inklusion flächendeckend in Kultureinrichtungen zu verankern und vorhandene Angebote bundesweit zu kommunizieren. Erste Projekte in dieser Richtung wurden bereits in einzelnen Städten und Regionen gestartet. Eines der erfolgreichsten Systeme ist die Marke *Berlin barrierefrei*[190]. Das Projekt wurde 2004 als Kampagne für mehr Barrierefreiheit durch den damaligen Berliner Landesbeauftragten für Menschen mit Behinderung, Martin Marquard, ins Leben gerufen. Jahrelang wurden in der Hauptstadt Signets an alle öffentlich zugänglichen Einrichtungen, Institutionen und Orte vergeben, die die Mindestanforderungen der Landesbauverordnung sowie die DIN-Normen umgesetzt hatten. Neben Gaststätten, Hotels, Ämtern, Verkehrsmitteln und Banken konnten sich auch kulturelle Einrichtungen wie Museen, Theater, Kinos, Freilichtbühnen, Konzertsäle und Galerien für das Siegel bewerben. In Nachfolgeschaft des Landesbeauftragten wurden die Vergabe und Prüfung des Signets seit 2012 unter dem Namen *Signet Barrierefrei* überregional durch die *Pegasus GmbH Gesellschaft für soziale und gesundheitliche Innovation* weitergeführt und weiterentwickelt. In Berlin und anderen Bundesländern[191] sind seit Projektstart bereits mehr als 900 Signets vergeben worden.[192] Signettragende Einrichtungen des musealen Sektors sind unter anderem das *Deutsch-Russische Museum Berlin-Karlshorst*, der *Berliner Dom*, das *Deutsche Historische Museum* und die *Gedenkstätte Berliner Mauer*.

Die Kriterien, welche für die Auszeichnung mit einem Siegel erfüllt werden mussten, beruhten zunächst allein auf den einschlägigen regionalen Baubestimmungen und DIN-Vorschriften. Die Anforderungen wurden dementsprechend „relativ niedrigschwellig“ angesetzt und waren eher als „Image-Kampagne zu verstehen“, so der damalige Verantwortliche für die konzeptionelle Weiterentwicklung der Aktion bei der *Pegasus GmbH* im Jahr 2013. Aus diesem Grund wurde seit Mitte 2010 zusätzlich mehr Wert auf die Einhaltung der Forderungen der UN-Behindertenrechtskonvention gelegt. Zwar war der Kriterienkatalog dadurch inhaltlich gestärkt

[190] Im Jahr 2001 wurde das Symbol des schwarz umrandeten weißen Pfeils, der vor leuchtend gelbem Hintergrund auf den Schriftzug verweist, in das Register des Deutschen Patent- und Markenamtes eingetragen.

[191] Das Signet ist derzeit auch überregional zum Beispiel in der Stadt Neuss, in Kaarst, Meerbusch, Bernau (bei Berlin) oder im Ostallgäu zu finden.

[192] URL: http://www.signet-barrierefrei.de (letzter Zugriff: 04.10.2015).

und übertraf die Mindeststandards, doch waren die Anforderungen nun auch so hoch, „dass eine Vergabe des Signets so gut wie ausgeschlossen war". Vor allem sehr komplexe Einrichtungen, wie Museen, konnten die Kriterien nicht mehr erfüllen.[193]

Seit 2014 wird das *Signet barrierefrei* in verschiedenen, durch Sterne gekennzeichneten Qualitätsstufen vergeben.[194] Ein kostenloser Selbsttest ermöglicht den Bewerbern einen ersten Eindruck, die weitere Überprüfung und Signetvergabe ist im Anschluss auf Grund von Personalkosten bedauerlicherweise kostenpflichtig. Grundlage der Bewertung bilden weiterhin die aktuellen regionalen Baubestimmungen und DIN-Normen, doch werden nun auch Empfehlungen und Hinweise von Behindertenverbänden sowie von Fachberatern aus dem Bereich barrierefreies Bauen berücksichtigt.

Ein bundesweit einheitliches Verzeichnis für barrierefreie Angebote wird seit 2014 auch durch das *Deutsche Seminar für Tourismus (DSFT) Berlin e. V.* in Kooperation mit *Tourismus für Alle Deutschland e. V. – NatKo* aufgebaut, um die Informationen aus den verschiedenen regionalen Projekten zu bündeln und die zahlreichen Signets durch eine einheitliche Kennzeichnung abzulösen. Unter dem Namen *Reisen für alle* entsteht seitdem eine umfangreiche Datenbank mit allen bundesweit erfassten barrierefreien touristischen und kulturellen Angeboten. Die Kennzeichnung selbst wurde von 2011 bis 2014 in enger Zusammenarbeit mit zahlreichen Betroffenenverbänden und touristischen Vertretern im Rahmen des vom Bundesministerium für Wirtschaft und Energie (BMWi) geförderten Projektes *Entwicklung und Vermarktung barrierefreier Angebote und Dienstleistungen im Sinne eines Tourismus für Alle in Deutschland* entwickelt.

Bewerber für die Zertifizierung werden nach klaren Qualitätskriterien in verschiedenen Einschränkungskategorien geprüft. Der Kriterienkatalog geht im Gegensatz zu dem Berliner Signet auf die verschiedenen Einschränkungskategorien ein und vergibt für jede Bedürfnisgruppe unabhängige Prüfsiegel in zwei verschiedenen Abstufungen. Im Bereich „Museen, Galerien und Ausstellungen" sind nach momentanem Stand allerdings bundesweit erst zehn Angebote verzeichnet, unter

---

[193] René Schulze, Verantwortlicher für die konzeptionelle Weiterentwicklung der Aktion *Berlin barrierefrei* bei der Pegasus GmbH, 27.05.2013.

[194] Zwischen 2006 und 2010 gab es bereits ein ähnliches Konzept auf Wettbewerbsbasis in der Schweiz. Das Projekt *museumssterne**** motivierte die Museen der Region Basel zu innovativen Angeboten in Sinne des Inklusionsgedankens und der Barrierefreiheit. Von den Einsendungen wurden während der Laufzeit acht Projekte mit einem Stern ausgezeichnet, drei erhielten einen Anerkennungspreis. (URL: http://www.museumssterne.ch/, letzter Zugriff, 04.10.2015).

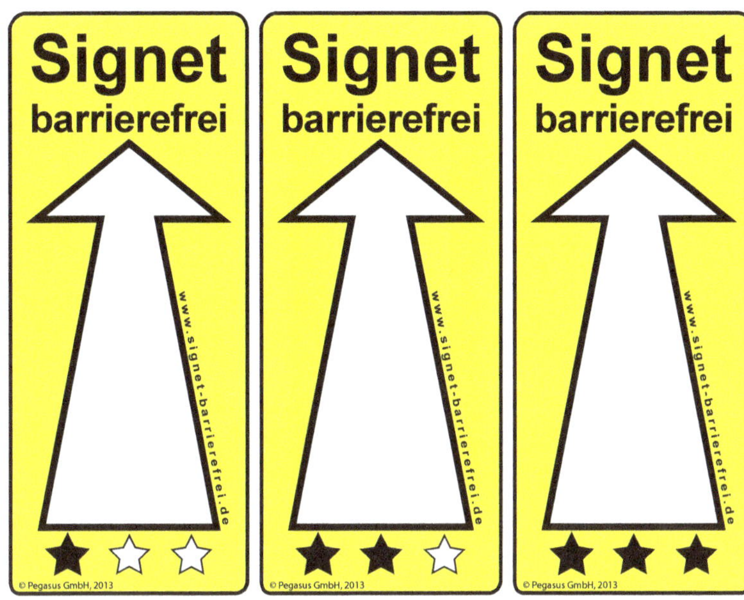

Das *Signet barrierefrei* wird durch die *Pegasus GmbH* in drei Qualitätsstufen vergeben.

anderem das *Bucerius Kunst Forum* in Hamburg, das *LVR Römermuseum* in Xanten und das *Staatliche Museum Ägyptische Kunst* in München. Wie auch das Berliner Signet wird für die Zertifizierung ein Kennzeichnungsendgeld erhoben, welches sich nach Größe und Art des Betriebes richtet.

Obwohl in den vergangenen Jahren also beachtenswerte Projekte ins Leben gerufen wurden um eine bundesweit einheitliche Qualitätssicherung für barrierefreie Angebote aufzubauen und die Ergebnisse durch eine einheitliche Plakette zu kommunizieren, ist es durchaus bedenklich und für die schnelle Umsetzung der Inklusion nicht förderlich, dass diese in ein kostenpflichtiges Lizenzgeschäft übergehen. Die Projekte zeigen das große Potenzial der Allgemeinheit, dem Inklusionsgedanken zu dienen, doch ist zu befürchten, dass die Finanzierung der Lizenzen zu einer Benachteiligung öffentlicher und nicht-kommerzieller Einrichtungen führt. Eine flächendeckende Umsetzung ist dadurch eher unwahrscheinlich. Vor allem im Kulturbereich, wo kaum Profite erwirtschaftet und die Finanzierung der Barrierefreiheit so oder so bereits problematisch ist, können die Signets nur schwer Fuß fassen. Obwohl die Lizenzen relativ gering ausfallen, würde eine bundesweit einheitliche und kostenfreie Lösung wohl am ehesten helfen, die Inklusion zu fördern.

Trotz dieser Kritikpunkte wäre zu überlegen, ob ein Plakettensystem für barrierefreie und inklusive Angebote auch europaweit umgesetzt werden könnte. Allerdings wird auch mit einem solchen System eine für alle Besucher in jeder Hinsicht barrierefreie Einrichtung vermutlich utopisch bleiben.

Es muss vor allem im Kultursektor eingesehen werden, dass die Barrierefreiheit nicht als „Sahnehäubchen für gute Zeiten“[195] gelten darf, sondern „als notwendige und unumkehrbare Querschnittsaufgabe zur Qualitätssicherung“[196] im Sinne des Besucherservices. Aus diesem Grund sollte es für jede Einrichtung im eigenen Interesse liegen, ihre Häuser in jeglicher Hinsicht zugänglich zu machen, wenn auch nur schrittweise und unter Berücksichtigung des Verhältnismäßigkeitsgrundsatzes.[197] So sollten die Bedürfnisse der verschiedenen Personengruppen während eines Museumsbesuchs im Sinne der Besucherfreundlichkeit individuell ausgelotet und zu einem Katalog von Qualitätskriterien umgesetzt werden. Schließlich ist eine barrierefrei zugängliche Umwelt für etwa 10 % der Bevölkerung zwingend erforderlich, für etwa 30 bis 40 % hilfreich, aber sicherlich für 100 % komfortabel.[198]

Barrierefreie Kommunikation und Marketing

Besucher, die besondere Bedürfnisse und Anforderungen an Kulturprogramme haben, müssen oftmals einen erheblichen Rechercheaufwand betreiben, um an die für sie dringend notwendigen Informationen zu gelangen. Wo jedoch normalerweise ein Griff zum Telefon oder der Blick in das gedruckte oder digitale Programmheft genügen, werden in der Bewerbung von musealen Ausstellungen und Veranstaltungen Menschen mit Behinderung bisher kaum als Zielgruppe wahrgenommen. Da diese im Allgemeinen nicht „als Dialoggruppe der kulturellen Public Relations und

---

[195] Sigrid Arnade u. Hans-Günter Heiden: Barrierefrei im Museum? Eine Ermutigung in zwölf Schritten und mit drei Faustregeln, in: Patrick Sinclair Föhl u. a. (Hrsg.): Das barrierefreie Museum. Theorie und Praxis einer besseren Zugänglichkeit. Ein Handbuch, Bielefeld 2007, S. 44–47, hier S. 45.

[196] Arnade u. Heiden (2007), S. 45.

[197] Jan Hoffmann: Zielvereinbarungen nach dem Behindertengleichstellungsgesetz, in: Anja Tervooren u. Jürgen Weber (Hrsg.): Wege zur Kultur. Barrieren und Barrierefreiheit in Kultur- und Bildungseinrichtungen, Schriftenreihe des Deutschen Hygiene-Museums Dresden, Bd. 9, Köln u. a. 2012, S. 281–283, hier S. 281.

[198] Dietz u. Walz (2010), S. 11.; Peter Neumann u. Paul Reuber (Hrsg.): Ökonomische Impulse eines barrierefreien Tourismus für Alle. Langfassung einer Untersuchung im Auftrag des Bundesministeriums für Wirtschaft und Arbeit, Münstersche geographische Arbeiten, Heft 47, Münster 2004, S. 13.

Kommunikation mitbedacht"[199] werden, existieren bislang kaum allgemeingültige Konzepte für inklusive und barrierefreie Öffentlichkeitsarbeit im Kulturbereich.[200] Dabei ist diese besonders im musealen Kontext von großer Bedeutung, da sie als „Beziehungsarbeit" zwischen Einrichtung und Besucher zu verstehen ist und, an der richtigen Stelle eingesetzt, zu einem wichtigen strategischen Instrument der Besuchergewinnung werden kann.[201] Leider ist auch die barrierefreie Kommunikation nur zum Teil auf juristischer Ebene festgelegt, sodass nach dem BGG[202] lediglich Formulare, Verträge, schriftliche Bescheide und Internetauftritte öffentlicher Institutionen und Ämter den Vorschriften der Barrierefreie-Informationstechnik-Verordnung unterliegen.[203]

Die Kontaktaufnahme zu Menschen mit Behinderung scheint sich zunächst aufgrund der bereits vielfach angesprochenen Heterogenität der Personengruppe kompliziert zu gestalten. Informationsmaterial wie Flyer, Broschüren und Internetauftritte dürfen von der Barrierefreiheit dennoch in keinem Fall ausgenommen werden, vor allem dann nicht, wenn Einrichtungen ihr Angebot inklusiv gestalten. Da vor allem Menschen mit einer Behinderung in der Regel darauf angewiesen sind, bereits im Vorfeld detaillierte Auskunft über die Barrierefreiheit der Einrichtung einzuholen, ist in dieser Hinsicht besonders das Internet als Quelle schnell verfügbarer Informationen von Bedeutung.[204] Sind Fragen in diesem Zusammenhang nicht oder unvollständig beantwortet, kann dies den Besuch bereits ver- oder behindern, bevor er überhaupt begonnen hat.

Viele Kultureinrichtungen versäumen scheinbar bereits den ersten Schritt in Richtung inklusiver Public Relations, da sie bei der Erarbeitung von Marketingstrategien und der Auswahl von Werbemedien wie so oft von dem Idealbesucher ausgehen und die Pluralität ihrer Besucher ignorieren. Die besonderen Bedürfnisse der unterschiedlichen Besucher[205] und die Recherche nach speziellen Wegen, diese zu befriedigen, steht hinter dem Massengedanken an. Die barrierefreie Kommunikation nach außen ist jedoch nicht nur für Menschen mit Behinderung, als vermeintliche Randgruppe,

---

[199] Michaela Braunreiter: Ausstellungen für Alle? Inklusive PR-Strategien für barrierefreie Kulturangebote, in: Bundesverband Museumspädagogik e. V. (Hrsg.), Standbein Spielbein. Museumspädagogik aktuell. Bd. 77: Das barrierefreie Museum – Theorie und Praxis, Hamburg 2007, S. 10–12, hier S. 10.

[200] Braunreiter (2007), S. 10.

[201] Auer (2007), S. 38 ff.

[202] §10 und §11 BGG.

[203] Verordnungen der BITV 2.0.

[204] Leidner (2007), S. 31.

[205] Braunreiter (2007), S. 10 f.

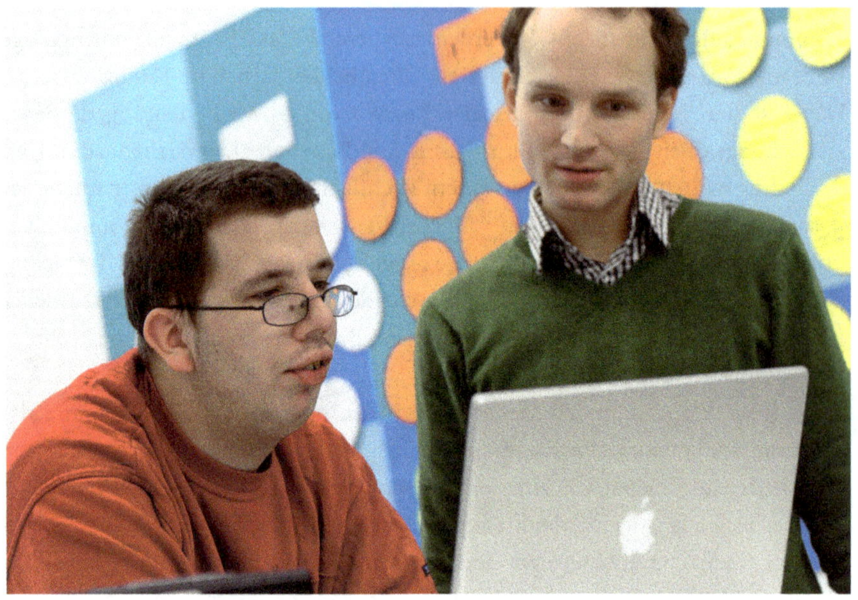

Teilnehmer des PIKSL-Labors der *In der Gemeinschaft Leben gGmbH (IGL)* in Düsseldorf, © PIKSL.

sondern auch für Besucher mit Migrationshintergrund, eines höheren Alters sowie für die nicht zu unterschätzende Zahl von Menschen, die als Analphabeten geführt werden, hilfreich und notwendig.[206] Im Falle der Besucher mit Behinderung können Verbände und Organisationen ausführlich Auskunft darüber geben, wie sich die Personengruppe in der Regel informiert und gegebenenfalls spezielle Medienformen empfehlen.

Die wichtigste Anlaufstelle ist aber auch für diese potenziellen Besucher das Internet[207]. Eine Studie des Vereins *MAIN Medienarbeit integrativ* und des *Instituts Karmasin* untersuchte im Jahr 2006 das Medienverhalten von Menschen mit Behinderung und kam zu dem Ergebnis, dass die Bedeutung des Internets für behinderte Nutzer sogar überdurchschnittlich hoch ist. So gaben 70 % der Befragten an, dass die digitalen Informationsquellen für ihren Alltag von großer Bedeutung seien[208],

---

[206] Die von der Universität Hamburg im Jahr 2011 durchgeführte *Level-One-Studie* fand heraus, dass in der Bundesrepublik Deutschland über 4% der Bevölkerung zwischen 18 und 64 Jahren als Analphabeten gelten und daher nur einzelne Wörter lesen oder schreiben können. Knapp 14 % der Bevölkerung (7,5 Millionen) gelten hingegen als „funktionale Analphabeten". Sie können zwar einzelne Sätze lesen, aber keinen Textzusammenhang verstehen. (Universität Hamburg: leo. – Level-One Studie. Presseheft. Hamburg 2011, URL: http://www.alphabetisierung.de/fileadmin/files/Dateien/Downloads_Texte/leo-Presseheft-web.pdf, letzter Zugriff: 04.10.2015).

[207] Braunreiter (2007), S. 11.

[208] Braunreiter (2007), S. 11.

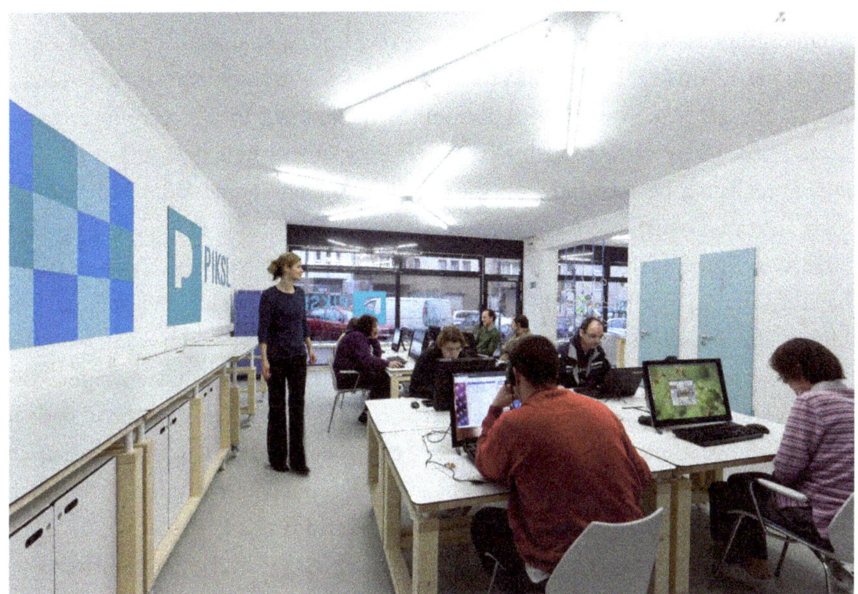

Die Räumlichkeiten des PIKSL-Labors der *In der Gemeinschaft Leben gGmbH (IGL)* in Düsseldorf, © PIKSL.

auch wenn die Nutzung von Informations- und Kommunikationstechnik in der Lebenswelt von Menschen mit geistiger Behinderung aktuell kaum fester Bestandteil sein kann, da die intellektuellen Hürden groß sind und Ihnen der Zugang aus Angst vor den Gefahren oft verweigert wird. Dieses Ergebnis zeigt aber dennoch, wie wichtig die Teilhabe für Menschen mit Behinderung an der Gesellschaft auch in virtueller Hinsicht ist.

Dies spiegelt sich unter anderem auch in der Initiierung des Düsseldorfer *PIKSL-Labors* der *In der Gemeinschaft Leben gGmbH (IGL)* wider. Das Projekt verfolgt das Ziel, moderne Informationstechnologie für Menschen mit geistiger Behinderung erfahrbar zu machen und den Zugang zu den heutigen Informationsressourcen für sie zu öffnen. In einer eigens für die Initiative eingerichteten Anlaufstelle können sich die Teilnehmer selbst an den bereitgestellten Computern und weiteren Medien ausprobieren. Primäres Ziel ist es, im Sinne der Inklusion nicht die Nutzer an die technologischen Gegebenheiten anzupassen, sondern diese auf die Bedürfnisse von Menschen mit geistiger Behinderung abzustimmen. Betroffene treten dabei selbst als Entwickler und als Referenzgruppe in Erscheinung und erarbeiten gemeinsam mit Experten aus Forschung und Wissenschaft stigmatisierungsfreie Lösungen.[209]

[209] URL: http://www.piksl.net/was-ist-piksl.html (letzter Zugriff: 04.10.2015).

Die Bedürfnisse behinderter Internetnutzer finden allerdings bei Onlineauftritten vieler Museen noch kaum Beachtung. Zwar gibt es eine positive Tendenz, indem oftmals eine Kontrastfunktion und schnell zu regelnde Vergrößerungsoptionen angeboten werden, doch wird in der Regel übersehen, dass diejenigen, die eine Sprachausgabe verwenden, keine Grafiken nutzen können oder andere ohne Computermaus surfen. So bot beispielsweise die Kunsthalle Düsseldorf im Jahr 2013 zwar Führungen für sehgeschädigte Besucher an, doch ist es schwer vorstellbar, dass die Ankündigung auf der Homepage mit der viel zu kleinen und darüber hinaus überaus schlecht lesbaren Schrift und ohne das Angebot von Kontrast- oder Vergrößerungsfunktion einen sehgeschädigten Besucher als Hauptzielgruppe informieren konnte.[210] Dabei sollte es wichtiger sein darauf zu achten, dass die so bedeutenden Informationen für die Besucher zur allgemeinen Zugänglichkeit, aber auch über spezielle Angebote im Vermittlungsbereich schnell, einfach und ausführlich zugänglich sind, als das Design möglichst ansprechend zu gestalten.

Generell ist zu beobachten, dass auch in Bezug auf die barrierefreie Informationspolitik oft nur im Hinblick auf Einschränkungen von Körper und Sinnen gehandelt wird. Ein wichtiges Instrument im Bereich des kognitiven Verständnisses ist die sogenannte „Leichte Sprache", deren Grundzüge in einem eigenen Kapitel thematisiert werden sollen, die aber auch im Bereich der Öffentlichkeitsarbeit ein wichtiges Mittel darstellt. Hier können vor allem Ämter und Behörden zum Vorbild genommen werden, die ihre Informationen oft auch in dieser Sprachform anbieten.

Auch im Bereich der Printmedien spielen Behinderungen bislang kaum eine Rolle. Zum einen bieten die wenigsten musealen Quartalsprogramme und Ausstellungsflyer inhaltliche Auskünfte über barrierefreie Zugänglich- und Nutzbarkeit, selbst wenn diese im Internetauftritt beworben werden,[211] zum anderen spielen oft auch hier ästhetische Aspekte eine Rolle, weshalb die Broschüren selbst in ihrer Gestaltung nicht auf die Bedürfnisse von Menschen mit Behinderung eingehen.

Aus den USA stammt in diesem Zusammenhang die Idee eines speziellen Flyers für die Bewerbung von barrierefreien Angeboten.[212] Dieser bietet die Möglichkeit, auch engere Vorgaben der regulären Printprodukte einzuhalten, wie beispielsweise hinsichtlich Schriftart und Farbgestaltung, also Elemente,

---

[210] URL: http://www.kunsthalle-duesseldorf.de/index.php?id=114&events=347 (letzter Zugriff: 04.10.2015).

[211] Braunreiter (2007), S. 10 ff.

[212] Ein positives Beispiel für diese Art von speziellem Printmaterial zur Bewerbung der Barrierefreiheit, aber auch für einen besonders ausführlichen Internetauftritt zu dieser Thematik bietet das *Boston Museum of Science*.

die in der Regel einem festgelegten Corporate Design oder anderen gestalterischen Konzepten unterliegen und nicht so leicht angepasst werden können.[213] Es besteht außerdem die Option, die gegebenen Informationen zusätzlich in Braille oder erhabener Schrift einzuprägen, um auch sehgeschädigten Besuchern Auskunft geben zu können. Diese Flyer sind nicht für einen großen Verteiler gedacht, sondern können gezielt eingesetzt werden.

Im deutschsprachigen Raum ist hier das Kunstmuseum Bonn hervorzuheben, das mit einer eigens konzipierten Broschüre nach US-amerikanischem Vorbild viele Aspekte des barrierefreien Museumsbesuchs berücksichtigt.[214] Auch wenn der gesonderte Informationsweg dem Inklusionsgedanken genau genommen nicht vollends entspricht, weil dieser zu einer erneuten Segration führt, ist der Aspekt der Kommunikation und Information besonders hinsichtlich eines Museumsbesuchs doch von so großer Bedeutung, dass eine angepasste Lösung hier durchaus vertretbar ist.

Zusätzlich zu dem separaten Medium sollte jedoch nicht darauf verzichtet werden, eine Zusammenfassung der wichtigsten Informationen auch für die regulären Informationswege anzubieten. Eine gute Alternative zu einem museumsbezogenen Flyer bietet zudem eine einrichtungsübergreifende Broschüre, in der die Kulturveranstaltungen und Touristeninformationen der gesamten Region oder städtischen Umgebung gesammelt herausgegeben werden. Als ein solcher Versuch der Bündelung kann der *Düsseldorfer Museumsführer für Menschen mit Behinderung*[215] gesehen werden, der sowohl online als auch in Form einer Printbroschüre sowie in Hörfassung zur Verfügung steht. Unter dem Motto *Ankommen, Reinkommen, Klarkommen* sind dreißig Museen der Landeshauptstadt übersichtlich auf jeweils zwei Seiten aufgeführt. Neben einem kurzen Informationstext mit den Kontaktdaten des jeweiligen Ansprechpartners informiert vor allem ein durchgängiges Piktogrammsystem über den Service des jeweiligen Museums. Insbesondere die Hinweise, ob Blindenhunde gestattet sind oder Leihrollstühle und Behindertenparkplätze zur Verfügung stehen, aber auch, ob es einen Audioguide und tastbare Beschriftung in den Ausstellungsräumen gibt, sind schnell zu erfassen. Nach einer Durchsicht des Kurzführers zeigt sich jedoch die aussagekräftige Bilanz, dass lediglich das Stadtmuseum Düsseldorf die Barrierefreiheit in allen acht Punkten gewährleistet. Obwohl das Piktogramm-

---

213 Lutz (2007a), S. 289.

214 Braunreiter (2007), S. 10 ff.

215 Arbeitsgemeinschaft der Vereine behinderter und chronisch kranker Menschen Düsseldorf ARGE (Hrsg.): Düsseldorfer Museumsführer für Menschen mit Behinderungen. 30 Museen auf einen Blick, Düsseldorf 2010.

System grundlegende Barrieren schnell und unkompliziert anzeigt, müsste dieses ohne Frage erweitert werden, da es ausschließlich in Bezug auf die Beeinträchtigung der Sinne oder der Mobilität steht. Ob auch die Bedürfnisse von Menschen mit kognitiven Einschränkungen, zum Beispiel durch Angebote in Leichter Sprache, erfüllt werden, wird hier beispielsweise nicht angezeigt, da ein entsprechendes Piktogramm fehlt.

Herausgegeben von der *Arbeitsgemeinschaft der Vereine behinderter und chronisch kranker Menschen Düsseldorf e. V.* liegt das größte Problem sicherlich darin, dass der Behindertenführer keine Aktualität bieten kann. Zwar wurde der Führer vor Kurzem in einer zweiten Auflage aktualisiert, doch ist es den wenigen ehrenamtlichen Mitarbeitern aufgrund der stets ungesicherten finanziellen Lage, trotz Unterstützung der Landesregierung, nicht möglich, ein regelmäßiges Erscheinen in angemessenen Jahres- oder Halbjahresintervallen zu sichern. Aus diesem Grund werden nur ständige Sammlungen berücksichtigt und viele Angaben, vor allem in Bezug auf Öffnungszeiten, Preise und Ansprechpartner, sind somit unvollständig. Auch die Idee, einen allgemeinen Kulturführer, der auch andere kulturelle Einrichtungen und Freizeitangebote in Düsseldorf aufführt, zu realisieren, kann aufgrund der knappen Ressourcen nicht umgesetzt werden. Das Problem liegt vermutlich nicht nur in der Finanzierung, sondern auch an der mangelnden Kommunikation zwischen den betreffenden Häusern und dem Verein. Informationen über Neuerungen werden dem Verein nur selten kommuniziert, was vielleicht auch daran liegen könnte, dass vielen Häusern die Existenz des Führers für Barrierefreiheit gar nicht bewusst ist.[216] Es erscheint daher notwendig, das Kommunikationsnetz zwischen den Institutionen und dem Verein auszubauen. Ein regelmäßiger beidseitiger Austausch könnte die Kommunikationswege in Zukunft erleichtern und eine bessere Zusammenarbeit auf dem Gebiet der inklusiven Museumsarbeit ermöglichen. Die Einrichtungen haben hier offensichtlich bisher eine große kostenfreie Chance versäumt, neue Besuchergruppen ganz direkt durch den Verein anzusprechen.

Der finanzielle Aspekt wird nicht völlig zu Unrecht oft als Argument genutzt, sich gegen spezielle Marketingmaßnahmen für Menschen mit Behinderung zu entscheiden. Die Zahl der betroffenen Besucher ist im Hinblick auf die Gesamtzahl bisher wohl eher als sehr gering einzuschätzen, sodass die Notwendigkeit dieser Maßnahmen oft unterschätzt wird.[217] Diese Rechnung ist jedoch tückisch, schließlich kann nicht von

---

[216] So konnte beispielsweise bisher leider auch nicht vermittelt werden, dass die *Kunsthalle Düsseldorf* Führungen für Blinde anbietet.

[217] Auer (2007), S. 38 ff.

einem grundlegenden Desinteresse seitens der betreffenden Personen ausgegangen werden. Vermutlich ist die bisherige Zusammensetzung der musealen Zielgruppen vielmehr auf eine einseitige Kommunikation nach außen zurückzuführen. Um die Häuser für alle zu öffnen und neue Besuchergruppen anzusprechen, sollte es die Mühe und Kosten wert sein, die grundlegenden Informationen in print- und digitalen Medien auf allen Ebenen zugänglich zu machen. Die inklusive Gestaltung der Webseite, mit Vorlese- und Vergrößerungsoption sowie der Bereitstellung von Informationen in Leichter Sprache, ebenso wie der Einbezug von Informationen zur Barrierefreiheit in die regelmäßig erscheinenden Quartalsprogramme oder Ausstellungsflyer, helfen vielleicht weit mehr Menschen als gedacht.

Die positiven Auswirkungen des Engagements im Bereich der barrierefreien Öffentlichkeitsarbeit können grundsätzlich nicht zu hoch eingeschätzt werden. Es kann entscheidend dazu beitragen, die so wichtige Beziehung zu besonderen Zielgruppen und Nichtbesuchern aufzubauen und zu pflegen. Vor allem Menschen mit Behinderung und ihre Familien sind aufgrund des oft erhöhten Bedarfs an Rat und Hilfe „in besonderer Weise durch vielfältige Kontakte zu Institutionen sozialisiert und gebündelt“[218]. Nicht nur die Betroffenen selbst stehen in engem Kontakt zu sozialen Einrichtungen und Vereinen, sondern auch die Familienangehörigen, die nicht selten Unterstützung bei Vereinen und Selbsthilfegruppen suchen. Wichtig sind in diesem Zusammenhang auch Organisationen im Freizeitbereich, die wenigen Einrichtungen der Erwachsenenbildung sowie Landesarbeitskreise oder Wohlfahrtsverbände. Diese „Bündelung“[219] kann als wichtiger Knotenpunkt von Multiplikatoren fungieren.[220] So bietet diese Vernetzung die Chance, durch geringen Aufwand eine relativ große Gruppe von potenziellen Besuchern anzusprechen.[221] Aus diesem Grund sollten möglichst viele verschiedene Vereine und Selbsthilfegruppen in den Presseverteiler aufgenommen werden, da sie ihre Mitglieder sehr

---

[218] Werner Schlummer: Über die Kommunikation mit sozialen Einrichtungen und Menschen mit Behinderung. Öffentlichkeitsarbeit aus verschiedenen Blickrichtungen, in: Bundesverband Museumspädagogik e. V. (Hrsg.), Standbein Spielbein. Museumspädagogik aktuell, Bd. 77: Das barrierefreie Museum – Theorie und Praxis, Hamburg 2007, S. 28–31, hier S. 29.

[219] Schlummer (2007), S. 29.

[220] Die Kommunikation zwischen Multiplikatoren und den Museen wird oft als zu einseitig kritisiert (Leßmann 2007a). Schlummer sieht dies unter anderem in der Unsicherheit der sozialen Einrichtungen begründet. Sie nehmen die Initiative der Museen oft zu selbstverständlich als Entlastung wahr. Allerdings sind auch auf Seiten der musealen Einrichtungen gewisse Hemmschwellen zu spüren (Schlummer 2007, S. 30 f.).

[221] Schlummer (2007), S. 30 f.

direkt auf das vorhandene Kulturangebot aufmerksam machen können.[222] Wichtig ist aber, dass die Informationen zu Barrierefreiheit und inklusiven Angeboten nicht ausschließlich über diese besonderen Wege Verbreitung finden, schließlich können diese Angaben auch für Nutzer von herkömmlichen Medien wichtig und hilfreich sein, weshalb sie stets auch in den regulären Pressemappen ausführlich aufgeführt werden sollten.[223]

Finanzierung inklusiver Konzepte im musealen Kontext

Selbstverständlich ist die Umsetzung der Barrierefreiheit im Museum und das Angebot inklusiver Vermittlungsprogramme nicht ohne zusätzliche Kosten möglich. Besonders für die baulichen Voraussetzungen sind diese jedoch oftmals geringer als gedacht. Viele Maßnahmen können im Zuge bereits geplanter Bau- und Modernisierungsmaßnahmen relativ kostengünstig ergriffen werden. Obgleich in vielen Fällen vor allem der Denkmalschutz einer einfachen und kostengünstigen Lösung im Wege zu stehen scheint,[224] müssen die anfallenden Kosten eines barrierefreien Umbaus stets als Investition für die Zukunft gesehen werden.[225] Wenn die Barrierefreiheit erst einmal im baulichen Sinne gewährleistet ist, profitieren viel mehr Besucher von den Veränderungen als angenommen und die Inklusion kann auch in anderen Bereichen wie der Vermittlungsarbeit umgesetzt werden. Zudem können viele Ressourcen gespart werden, indem bereits während der Konzeption eines neuen Projekts frühzeitig über die besonderen Bedürfnisse der Besucher nachgedacht wird.[226] Einmal gefundene, individuell auf das Haus bezogene Lösungen und Vorgehensweisen können standardisiert und auch für zukünftige Projekte herangezogen werden, wie beispielsweise im *LWL-Musum für Kunst und Kultur* in Münster, wo nach der Neueröffnung im Jahr 2014 ein umfassendes Konzept für barrierefreie Ausstellungen verfolgt wird.

Komplizierter gestaltet sich die Situation hingegen für die inklusive Kunstvermittlung, da dieser Bereich auf materielle und personelle Ressourcen angewiesen

[222] Michael H. Faber: Kommunikation von Museen mit Benachteiligten, in: Lotte E. Sturm (Hrsg.): Erlebnis Museum. Ein Handbuch für Besucher mit Behinderungen, Essen 1992, S. 29–42, hier 39.

[223] Lutz (2007a), S. 288.

[224] Arnade u. Heiden (2007), S. 44.; siehe hierzu auch das Kapitel „Barrierefreiheit im Ausstellungswesen“.

[225] Arnade u. Heiden (2007), S. 45.

[226] Arnade u. Heiden (2007), S. 44.

ist, die laufende Kosten verursachen.[227] Aus ökonomischer Sicht rentiert es sich demnach sicherlich selten, alle Menschen das lernen und erleben zu lassen, was sie für die ungehinderte Entfaltung ihrer Persönlichkeit brauchen.[228] Gemessen am wirtschaftlichen Erfolg erscheint die Inklusion, die wirklich alle Menschen einbezieht, in manchen Augen sogar regelrecht unsinnig. Diese Sichtweise der heutigen erfolgsorientierten Gesellschaft zeigt sich vor allem auch in Kultureinrichtungen, die trotz ihres Bildungsauftrags immer weniger finanzielle Mittel zu seiner Erfüllung zur Verfügung gestellt bekommen[229] und daher viel zu oft gezwungen sind, nach dem reinen Kosten-Nutzen-Prinzip zu entscheiden. Das Augenmerk von Museumsleitungen und Kuratorengemeinschaften liegt primär auf einer positiven Medienresonanz und der quantitativen Besuchergewinnung, die leider „nach wie vor die Hauptwährungen" darstellen, „an denen der Erfolg von Museen und Ausstellungen gemessen wird"[230]. Damit aber nicht nur diejenigen Besuchergruppen profitieren, die zahlenmäßig überlegen sind, müssten sich zunächst die politischen Rahmenbedingungen ändern. Da von dem Kostenaufwand nicht nur eine, sondern alle Besuchergruppen profitieren, müsste der musealen Inklusion wie anderen Bereichen der Museumsarbeit möglichst ein festes Budget im Haushalt eingeräumt werden. Eine weitere Möglichkeit ist bereits in Berlin, den Niederlanden und England realisiert worden. Dort wird die Höhe der finanziellen Zuwendungen unter anderem davon abhängig gemacht, wie groß das Spektrum der erreichten Besuchergruppen ist.[231] Hier zählt nicht länger nur die Quantität, sondern auch die Vielfalt der Besucher.

Da in den vergangenen Jahrzehnten aber tendenziell eher immer weniger Mittel aus kommunaler Hand sowie von Landes- und Bundeshaushalt in die kulturellen Institutionen fließen, muss bereits der normale Museumsbetrieb immer öfter durch zusätzliche Finanzmittel und Sponsoren gewährleistet werden. Daher ist es in der Vergangenheit auch für kulturelle Einrichtungen unerlässlich geworden, Marketingstrategien zu erarbeiten und professionelle Mittelakquisition zu betreiben. Vermeintliche Großprojekte wie die Sicherstellung von Barrierefreiheit auf der Vermittlungsebene erscheinen dahingehend ein vermeintlicher Mehraufwand, der zudem nicht einmal in absehbarer Zeit abzuschließen, sondern ständig auf dem neuesten Stand zu halten ist.[232] Die quantitative Besuchergewinnung ist „in Zeiten

[227] Arnade u. Heiden (2007), S. 44.
[228] Klauß (2012), S. 142.
[229] Klauß (2012), S. 142.
[230] Metzger (2014), S. 15.
[231] Metzger (2014), S. 15.
[232] Stefanie Erdrich: Finanzierungsmöglichkeiten für barrierefreie Projekte im Museum,

leerer öffentlicher Kassen [...] und dem damit verbundenen Legitimationsdruck“[233] daher zwar ein nachvollziehbares Motiv, aber es darf in kulturellen Einrichtungen nicht nur darum gehen, „Quote zu machen“[234]. Die Besucherorientierung muss vielmehr als „Visitor's Bill of Rights“[235] im Sinne der UN-Behindertenrechtskonvention gesehen werden. Die gesetzlich verpflichtende Umsetzung der Inklusion legitimiert nicht nur die Kosten, sondern bietet in dieser Hinsicht auch viele Chancen, die durch professionelles Fundraising individuell ausgelotet werden müssen. Zwar wächst die Konkurrenz um Sponsoren und Fördermittel stetig an, doch fordern öffentliche und private Geldgeber, besonders im Rahmen der zahlreichen und höchst aktuellen Aktionspläne der einzelnen Stadtverwaltungen, immer häufiger vor allem die Einbindung von Menschen mit Behinderung. Da die Teilhabe von Menschen mit Behinderungen und die leichte Zugänglichkeit der Museen sowohl auf der baulichen als auch auf der inhaltlichen Ebene ein breiteres Publikum betreffen, ist die Prägnanz der Thematik sehr gut an potenzielle Geldgeber vermittelbar.[236]

Auch als Querschnitt zur nicht weit entfernten Tourismusbranche birgt die museale Inklusion beispielsweise ein großes Finanzierungspotenzial. So wird in einigen Bundesländern ein Förderprogramm für barrierefreien Tourismus vergeben, wie beispielweise durch den *Europäischen Fonds für regionale Entwicklung (EFRE).*[237]

Neben der Förderung auf öffentlicher Kommunaler-, Landes-[238] oder Bundesebene[239] können auch Sponsoren aus der freien Wirtschaft akquiriert werden. Das

---

in: Patrick Sinclair Föhl u. a. (Hrsg.): Das barrierefreie Museum. Theorie und Praxis einer besseren Zugänglichkeit. Ein Handbuch, Bielefeld 2007, S. 147 ff.

233 Annette Noschka-Roos: „Visitor's Bill of Rights“ als Maßstab für die Besucherorientierung, in: Beatrix Commandeur u. Dorothee Dennert (Hrsg.): Event zieht – Inhalt bindet. Besucherorientierung von Museen auf neuen Wegen, Bielefeld 2000, 159–168, hier 159 f.

234 Noschka-Roos (2000), S. 160.

235 Noschka-Roos (2000), S. 160.

236 Erdrich (2007), S. 147 ff.

237 Scheeder (2014), S. 19.

238 Generell können Programme eine Förderung durch das Kulturministerium der jeweiligen Landesregierung erfahren, im Bereich von Barrierefreiheit kann allerdings auch aus Mitteln des Ministeriums für Soziales, Familie und Gesundheit oder anderen Ministerien eine Fördermöglichkeit entstehen. Das Projekt sollte aber im Allgemeinen von regionalem oder Landesinteresse sein (Erdrich 2007, S. 153).

239 Die Förderung aus Bundesmitteln erfolgt ausschließlich für Projekte und Einrichtungen, die von großer Bedeutung für das Land sind und zu dessen repräsentativer Kulturpolitik gehören. Im Kultursektor können in diesem Fall zum Beispiel Fördermittel über die Bundeskulturstiftung, die Stiftung des Bundes oder über den Hauptstadtkulturfonds und selbstverwaltete Kulturfonds beantragt werden (Erdrich 2007, S. 152).

Verhältnis von Sponsor und Kultureinrichtung beruht dabei stets auf gegenseitigen Vorteilen. So kann ein Unternehmen ein kulturelles oder soziales Projekt einer Einrichtung durch Geld-, Sach- oder Dienstleistungen unterstützen und profitiert durch seine Zusammenarbeit mit diesem Sympathieträger gleichzeitig vom Imagetransfer. Wichtig für die Auswahl potenzieller Sponsoren im Wirtschaftsbereich ist nicht nur die stimmige Unternehmensphilosophie, sondern auch eine möglichst große Konformität der Zielgruppen.

Die wichtigsten Kulturförderer sind jedoch mittlerweile Vereine, Verbände und Stiftungen. Wichtig ist hier, dass bei dieser Form der Förderung oftmals ein gewisses Eigenkapital, Eigenleistungen oder eine Kofinanzierung durch zusätzliche Sponsoren erwartet wird.[240] Auskunft über die Ausrichtung der Stiftungen und Vereine finden sich, ebenso wie die genauen Förderbedingungen, in den Stiftungssatzungen. Besonders erwähnenswert für den Kulturbereich sind vor allem die *Stiftung Mercator*[241] und das *NRW KULTURsekretariat*[242] als interkommunale Fördermöglichkeit, aber auch die *Stiftung Kunst, Kultur und Soziales* der Sparda Bank West als Beispiel aus der Wirtschaft, die mit einem eigenen Förderprogramm „Initiativen zur Verbesserung der Barrierefreiheit und zur Förderung der Teilhabe behinderter Menschen am gesellschaftlichen Leben in den Bereichen Kunst, Sport und Freizeit unterstützt“[243]. Doch auch kulturelle Vereine oder Freundeskreise sind oft an Sponsorenverbindungen mit Museen interessiert. Vorbildliches Beispiel ist der *Lions Club Bonn*, der seit einigen Jahren inklusive Vermittlungsprogramme im Kunstmuseum Bonn unterstützt, die zu einem späteren Zeitpunkt ausführlich vorgestellt werden.[244]

Da Kultursponsoring als „eine Disziplin der Kommunikation“[245] gesehen werden muss, ist generell zu bedenken, dass Sponsorenverbindungen langfristige Prozesse

---

[240] Zuverlässige Informationen über die passenden Stiftungen können besonders im Kontext der Inklusion die großen Wohlfahrtsverbände oder Behindertenorganisationen geben. Gesucht werden kann aber auch in den etablierten Sponsorendatenbanken: www.stiftungsindex.de und www.maecenata.de.

[241] Eine der größten Stiftungen in Deutschland ist die *Stiftung Mercator*, die vor allem Projekte im Rahmen ihrer drei Kompetenzzentren Wissenschaft, Bildung und internationale Verständigung fördert.

[242] Das *NRW KULTURsekretariat* ist eine öffentlich-rechtliche interkommunale Kulturförderinitiative der 21 größten Städte in Nordrhein-Westfalen. Gelenkt durch die Vollversammlung aller Kulturdezernenten können vor allem Komplementärmittel für gemeinsame und überregionale Vorhaben beantragt werden.

[243] URL: https://www.sparda-sw.de/kunst-und-kultur_projekte.php (letzter Zugriff: 04.10.2015).

[244] Erdrich (2007), S. 155 ff.

[245] Erdrich (2007), S. 155 ff.

sind, die mindestens ein Jahr Vorlauf brauchen. Kurzfristige Projekte können so nur selten finanziert werden. Die meisten Ausstellungsprojekte benötigen heutzutage aber auch aus anderen Gründen einen langen Planungsvorlauf, so muss die Frage der Barrierefreiheit nur frühzeitig gestellt werden. Wenn sich die Frage der Finanzierung eines musealen Projektes stellt, sollte stets genau abgewogen werden, welche Strategie den wohl größten Erfolg verspricht. Neben der Finanzierung durch die öffentliche Hand oder den privaten Mitteln von Sponsoren oder Stiftungen ist es oft am sinnvollsten, eine Mischfinanzierung zu erarbeiten, um möglichst viele Mittel auszuschöpfen. Für die Inklusion in Kultureinrichtungen können sogar gleich auf mehreren Ebenen – der sozialen, der kulturellen und der bildungspolitischen Ebene – Fördermittel eingeworben werden.

Barrierefreiheit in Form von inklusiven, musealen Angeboten darf nicht als freiwilliger Luxus oder „Sahnehäubchen für gute Zeiten"[246] angesehen werden, sondern stellt einen ethisch notwendigen Service im Sinne der Besucherfreundlichkeit dar, der finanziert werden muss. Die Vielzahl von Möglichkeiten und der Aufwand zur Akquise mag vor allem für Museen nur schwer zu händeln sein, wenn keine eigene Abteilung im Hause greifbar ist, doch sollte hierin nicht der Grund liegen, die Inklusion als unfinanzierbar abzulehnen. Besonders durch die aktuellen kultur- und sozialpolitischen Entwicklungen der Inklusionsbewegung sollte sich eine geeignete Finanzierungsmöglichkeit bieten.[247]

[246] Arnade u. Heiden (2007), S. 45.

[247] Erdrich (2007), S. 159 f.

3. Museen zwischen Bildungsauftrag und Erlebniswelt?

Noch nie, seit der Museumsreform der 1960er-Jahre, haben kulturelle Einrichtungen „in so kurzer Zeit so hohe Anpassungs- und Modernisierungsleistungen erbracht wie in den vergangenen drei Jahrzehnten“[248]. Besonders in den 1990er-Jahren sind viele Institutionen neue Wege gegangen.[249] Schlüsselbegriffe wie „kulturelle Bildung“, „lebenslanges Lernen“ und „Erlebnisorientierung“ haben seither Hochkonjunktur im Museumssektor, stellen die Einrichtungen regelmäßig vor neue Herausforderung und bilden die Grundlage ihres Selbstverständnisses.

Da sich die Gesellschaftsstruktur aber in einem ständigen Wandel befindet, müssen die Museen nicht nur immer neue Anforderungen an ihr Personal stellen, sondern auch ihr Arbeits- und Aufgabenfeld kontinuierlich überdenken.[250] Aktuell befinden sich die Museen auf einer Gratwanderung zwischen der Erfüllung ihres kulturpolitischen Bildungsauftrages und der geforderten Erlebnisorientierung, die sich in ihren Zielen zwar per se nicht ausschließen, aber dennoch unterschiedliche Anforderungen stellen. Um mögliche Anknüpfungspunkte für inklusive Angebote zu finden, ist es sinnvoll, die aktuelle Ausgangslage der musealen Aufgabenfelder vor allem im Hinblick auf die Vermittlungsfunktion näher zu betrachten und die Umsetzung inklusiver Ziele auch in anderen Bereichen des Alltags zu beobachten.

Die schulische Inklusion, als Wiege der Inklusionsdebatte, ist in den vergangenen Jahren in die Kritik geraten und spaltet derzeit noch immer die Fachwelt. Lassen sich Fortschritte und Probleme der dortigen Umsetzungsversuche trotz der grundsätzlichen Unterschiede zur kulturellen Bildung teilweise übertragen? Was unterscheidet die Umsetzungswege in den Einrichtungsarten und wo liegen die Chancen und besonderen Herausforderungen für Museen?

---

[248] Hartmut John: Hülle mit Fülle. Museumskultur für alle – 2.0, in: Ders. u. Anja Dauschek (Hrsg.): Museen neu denken. Perspektiven der Kunstvermittlung und Zielgruppenarbeit, Bielefeld 2008, S. 15–64, hier S. 15.

[249] John (2008), S. 15.

[250] Jocelyn Dodd: Whose museum is it anyway. Museums education and the community, in: Hooper-Greenhill, Eilean (Hrsg.): The Educational Role of the Museum, London, New York 1994, S. 3.

Was sagt uns die schulische Inklusion?

Besonders problematisch für die Umsetzung der Inklusion im gesellschaftlichen Alltag sind die für viele Bereiche bisher noch fehlenden oder mangelhaften praxisorientierten Anleitungen und gültige Qualitätsstandards. Am weitesten fortgeschritten scheint der Umsetzungsprozess bisher im Schulsystem, das oftmals auch in Bezug auf inklusive Maßnahmen in Kultureinrichtungen als gutes Beispiel angeführt wird. Eigentlich ist dies nicht verwunderlich, liegt hier doch der Ursprung der Inklusionsdebatte, und wenn es dort klappt, gelingt dies sicherlich auch in anderen Bereichen. Doch auch in dem Sektor, in dem alles begann, muss der Enthusiasmus mit aller Vorsicht gesehen werden. Zwar haben die meisten Einrichtungen bereits mit der Realisierung des Inklusionskonzeptes begonnen, doch wird bei näherer Betrachtung klar, dass noch immer ein weiter Weg bevorsteht und der Prozess noch lange nicht abgeschlossen ist. Da die schulische Inklusion auch im Kultursektor oft mit einem wachen Auge beobachtet wird, soll dem dortigen Stand der Dinge im Folgenden zunächst mehr Aufmerksamkeit geschenkt werden.

Laut eines *Spiegel Online*-Artikels aus dem Jahr 2013 galten in Deutschland knapp eine halbe Million Kinder und Jugendliche im schulfähigen Alter als behindert. Von ihnen wurden vor zwei Jahren nur rund 22 % an einer regulären Schule unterrichtet. Die restlichen 78 % wurden im Sinne des viel kritisierten Sonderlebenslaufs noch immer auf Sonder- oder Förderschulen verwiesen, die sie zumeist ohne Abschluss und Berufsperspektiven verließen.[251] Eine Bilanz, die im internationalen Vergleich kein zufriedenstellendes Ergebnis lieferte, lag der internationale Durchschnitt von Kindern mit Behinderung an regulären Schulen, laut Bertelsmann-Stiftung doch bereits damals bei 85 %.[252] Nur in wenigen deutschen Kommunen und Städten gelang es, eine deutlich höhere Inklusionsrate in ihrem Schulsystem zu gewährleisten.[253]

[251] Ende 2015 wird die nächste Erhebung des Statistischen Bundesamtes zu dieser Thematik erwartet. Doch sprechen aktuelle Zahlen des Ministeriums für Schule und Weiterbildung bereits jetzt von lediglich knapp 5.000 Schülerinnen und Schüler mit sonderpädagogischem Förderbedarf an allgemeinen Schulen im Schuljahr 2014/2015. Derzeit nehmen von ihnen nur knapp 3.000 am gemeinsamen Unterricht teil.

[252] Lena Greiner: Integration behinderter Kinder. „Alle sind überfordert", erschienen als Spiegel-Online-Artikel am 11.01.2013, 11:39 Uhr (URL: http://www.spiegel.de/schulspiegel/inklusion-probleme-bei-integration-behinderter-kinder-in-regelschulen-a-876847.html, letzter Zugriff: 04.10.2015).

[253] In Köln setzt im Jahr 2015 bereits jede dritte Schule (knapp 100 Einrichtungen) auf inklusiven Unterricht. Hierzu werden die Regelschullehrer in den Hauptfächern durch Sonderpädagogen unterstützt werden. Dennoch fehlt es weiterhin an Personal (Inklusion mit Hürden: Lokalzeit aus Köln vom 28.05.2015,

Worin liegen also die großen Probleme in der Umsetzung der schulischen Inklusion und welche Konsequenzen können für den Kultursektor daraus gezogen werden?

Ein großer Faktor ist unumstritten die Herausforderung der Aus- und Weiterbildung des Personals. Diese obliegt nach Aussagen des Ministeriums für Schule und Weiterbildung nicht nur in Bezug auf die Inklusion den einzelnen Schulen selbst, wenn auch in Zusammenarbeit mit den schulischen Gremien und Kompetenzteams. Den Einrichtungen stehe es dabei frei, staatliche Maßnahmen zu buchen oder nicht-staatliche Fortbildungen[254] aus dem zur Verfügung stehenden Budget[255] zu finanzieren.[256] Doch scheinen noch längst nicht alle Einrichtungen im nötigen Maße von dem Weiterbildungsangebot des Ministeriums Gebrauch zu machen. Ohne eine praxisorientierte Weiterbildung aber sieht sich das Lehrpersonal einer kaum zu bewältigenden Aufgabe gegenüber.

Noch 2013 beklagten Lehrkräfte die Situation in einem Zeitungsartikel[257]. Viele Lehrer befänden sich in einem Dilemma: Zwar befürworten sie die Reform[258] und wollen die Inklusion unterstützen, doch seien alle mit der Situation überfordert, sagte Norbert Grewe, Psychologieprofessor an der Universität Hildesheim und Leiter

[254] Die Suchmaschine für Lehrerfortbildung des Landes Nordrhein-Westfalen beinhaltete im Oktober 2015 über 980 Fortbildungsangebote im Kontext Inklusion und es werden täglich mehr (URL: http://www.suche.lehrerfortbildung.schulministerium.nrw.de/search; letzter Zugriff: 04.10.2015).

[255] Derzeit sieht der Aktionsplan des Ministeriums für Schule und Weiterbildung des Landes Nordrhein-Westfalen beispielsweise zwar vor, dass durch finanzielle Zusatzaufwendungen zum einen bauliche Barrierefreiheit gewährleistet und zum anderen personelle Zusatzkosten für Sonder- oder Sozialpädagogen getragen werden sollen, die Weiterbildung des regulären Lehrpersonals ist hier aber nicht explizit genannt und daher nicht verpflichtend geregelt. Der Unterricht mit einem oder mehreren Lehrern sowie einem unterstützenden Pädagogen solle den inklusiven Unterricht ermöglichen. In einem ersten Zwischenbericht spricht das Ministerium im Jahr 2014 von jährlich 25 Millionen Euro und einer Inklusionspauschale für unterstützendes Personal in Höhe von jährlich 10 Millionen Euro, die den Kommunen über die Dauer von fünf Jahren für die Umsetzung der schulischen Inklusion bereitgestellt werden. (Erster Bericht über die Förderung kommunaler Aufwendungen für die schulische Inklusion. Ministerin Löhrmann: Zuweisungen des Landes an Kommunen auskömmlich, Pressemitteilung des Ministeriums für Schule und Weiterbildung des Landes Nordrhei-Westfalen, Düsseldorf, 21.05.2015). Doch ist es fraglich, ob die Inklusion nach einer so kurzen Zeit in allen Schulen gleichermaßen der Realität entspricht oder ob diese Mittel nicht nur ein Tropfen auf den heißen Stein sind.

[256] Email des Ministeriums für Schule und Weiterbildung NRW, Referat 511 (14.07.2015).

[257] Greiner (2013), o. S.

[258] Grundsätzlich befürworteten 54 % der befragten Lehrer in NRW den gemeinsamen Unterricht von Kindern mit und ohne Handicap, bundesweit sprachen sich 57 % dafür aus. (Umfrage des Meinungsforschungsinstituts Forsa im Auftrag des Verbandes Bildung und Erziehung (VBE), 2015).

der Beratungslehrerausbildung in Niedersachsen. Eine Lehrerin berichtete, sie und ihre Kollegen würden sich große Sorgen machen, den Kindern mit Förderbedarf nicht gerecht werden zu können. Viele seien trotz Engagement sehr unzufrieden „mit den eigenen Wirkungsmöglichkeiten".[259]

Auch im Jahr 2015 scheint sich die Situation noch nicht merklich verbessert zu haben. Bestätigt wird dies von einer repräsentativen Umfrage des Meinungsforschungsinstituts *Forsa* im Auftrag des *Verbandes Bildung und Erziehung (VBE)*. Hierin heißt es, dass 77 % der befragten Lehrer das Fortbildungsangebot zum Thema Inklusion als „weniger gut" oder „gar nicht gut" bewerten. Keine guten Aussichten, bestätigt die Studie doch auch, dass die Inklusionsgrundlagen für 82 % der Studienteilnehmer kein Bestandteil der Ausbildung waren. So gaben rund 57 % an, dass sie über keinerlei sonderpädagogische Kenntnisse verfügen. Viele Lehrer sehen sich daher schlichtweg nicht in der Lage, die Inklusion im gebotenen Maße umzusetzen, auch weil die Ausstattung der Schulen in dieser Hinsicht mangelhaft sei.[260]

Auch die systematische Aufnahme der Inklusion in die reguläre Ausbildung des Lehrpersonals ist nicht von oben geregelt, sondern liegt in den Händen der einzelnen Hochschulen. Es ist daher kaum verwunderlich, dass sich auch die Ausbildung des Nachwuchses im Hinblick auf das Wissen um die Inklusion und deren Umsetzung stark voneinander unterscheiden. Zu beobachten ist, dass in den vergangenen Jahren vermehrt spezielle Hochschulabschlüsse für Lehrpersonal mit Inklusionsschwerpunkt angeboten werden. Diese Entwicklung lässt vermuten, dass die Inklusion noch nicht ausreichend in die reguläre Ausbildung einfließt, würde dies doch einen speziellen Ausbildungsweg unnötig machen. Um die Inklusion aber überall gleichermaßen umsetzen und realisieren zu können, müssten eine einheitliche Regelung der Aus- und Weiterbildungsmaßnahmen in Verbindung mit gültigen Standards beschlossen und vor allem praxisorientierte Handlungsanweisungen bereitgestellt werden. Der Inklusionsgedanke läuft ansonsten Gefahr, als unglaubwürdig verworfen zu werden, wenn die wichtigen Fragen der Praxis ungeklärt bleiben.[261] So ist der Umsetzungsstatus in einer Regelschule in der zwar offiziell Inklusionsklassen angelegt und Schüler mit Förderbedarf aufgenommen werden, jedoch das Fachwissen seitens des Lehrpersonals noch weitestgehend fehlt, zu hinterfragen.

---

[259] Greiner (2013), o. S.

[260] Florian Pfitzner: Umfrage des VBE. Lehrer fühlen sich von Inklusion überfordert, erschienen als Artikel in der Neuen Osnabrücker Zeitung am 18.05.2015 (URL: http://www.noz.de/deutschland-welt/nordrhein-westfalen/artikel/576653/lehrer-fuhlen-sich-von-inklusion-uberfordert#comments-jump-to, letzter Zugriff: 04.10.2015).

[261] Klauß (2012), S. 145 f.

Man muss vorsichtig sein, dass das Prädikat „Inklusive Schule“ keine ähnlich ambivalente Nutzung erfährt wie die Auszeichnung „barrierefrei“. Die Frage, wann eine Einrichtung tatsächlich inklusiv ist, stellt sich dabei nicht nur im schulischen Bereich.

Diese Problematik bleibt jedoch nicht die einzige. Eine weitere Schwierigkeit liegt in der Forderung nach einer möglichst umfangreichen und eigenständigen Teilhabe und der gleichzeitigen Aufgabe sämtlicher etikettierender Handlungen. Es bleibt eine Tatsache, dass eine dauerhafte medizinische Betreuung vor allem bei schweren physischen und geistigen Einschränkungen unerlässlich ist[262] In der Forschung als *Förderungs-Etikettierungs-* oder *Ressourcen-Etikettierungs-Dilemma* bekannt, ergibt sich hieraus die missliche Lage, dass durch die notwendige Assistenz ganz automatisch die Andersartigkeit des Betroffenen herausgestellt wird[263] und dadurch die Gefahr einer erneuten Etikettierung besteht. Kann die „Zwei-Gruppen-Theorie“ der Integration also überhaupt vollständig gebannt und in eine allgemeine inklusive Heterogenität umgewandelt werden oder müssen wir uns den Grenzen der „Nicht-etikettierung“ stellen?

Wenn für bestimmte Menschen bestimmte Ressourcen nötig sind, um einen Nachteil auszugleichen und die Teilhabe dadurch zu ermöglichen, sei sie materieller, physischer oder psychischer Natur, wie soll dann bei der Verteilung dieser Ressourcen auf eine Kategorisierung bzw. eine Etikettierung verzichtet werden? Hans Wocken formuliert es sogar noch drastischer. Er schreibt: „Ein persönliches Budget bekommt eben nicht jedermann, sondern nur der, der nachweislich und amtlich bescheinigt ‚behindert‘ ist“. An einer Etikettierung von Menschen mit Behinderungen komme demnach auch die Inklusion nicht vorbei.[264]

Es zeigt sich, dass die Weichen für die Inklusion im schulischen Bildungsbereich gestellt sind, doch noch viel Arbeit und ein langer Weg bevorstehen, damit das Vorhaben gelingen kann. Bei allem Enthusiasmus darf nicht aufgehört werden, Konzept und Maßnahmen der Inklusion zu hinterfragen und nach Lösungsansätzen zu suchen. Nur so können Schwachstellen erkannt und der Inklusion eine realistische Chance eingeräumt werden, in allen Bereichen des Alltags nach bestem Gewissen realisiert zu werden.

Die Schwachstellen des Konzeptes im schulischen Bereich können aber letztlich nur bedingt auf den Kultursektor übertragen werden, da sich die Voraussetzungen von musealen Einrichtungen im Zusammenhang mit der kulturellen Bildung grundsätzlich anders gestalten.

---

[262] Dreher (1996), S. 2.

[263] Leidner (2012), S. 10.

[264] Hans Wocken: Von der Integration zur Inklusion. Ein Spickzettel für Inklusion. In: Gemeinsam leben. Zeitschrift für integrative Erziehung. 4/2009, S. 216–219.

Das Selbstverständnis der Museen als Zentren der kulturellen Bildung

Die vom *Internationalen Museumsrat* (ICOM) als größtes und bedeutendstes Netzwerk erarbeitete Museumsdefinition und die allgemein anerkannten *Ethischen Richtlinien für Museen* bilden weltweit die Grundlage der professionellen Museumsarbeit.[265] Darin verankert finden sich unter anderem die zentralen Aufgabenbereiche, die zwar nicht juristisch verpflichtend, aber dennoch als Basis für das moderne Museum fungieren:

> A museum is a non-profit, permanent institution in the service of society and its development, open to the public, which acquires, conserves, researches, communicates and exhibits the tangible and intangible heritage of humanity and its environment for the purposes of education, study and enjoyment.[266]

In der Vergangenheit wurde viel über eine Hierarchisierung dieser zentralen Aufgabenfelder debattiert. Obwohl der Bildungsgedanke seit jeher eng mit dem öffentlich zugänglichen Museum verbunden ist,[267] standen die klassischen Gebiete des Sammelns, Bewahrens und Erforschens lange Zeit im Mittelpunkt. Erst auf der Basis des 1971 formulierten *Apell zur Soforthilfe* der *Deutschen Forschungsgemeinschaft* und der 1974 in gleichem Auftrag erstellten *Denkschrift zur Lage der Museen in der Bundesrepublik und Berlin (West)* ist eine leichte Gewichtsverlagerung auf den Präsentations- und Vermittlungssektor zu beobachten,[268] wenn auch zunächst primär in Form des „musischen Unterrichts“[269] für Schulklassen.

Bis zu diesem Paradigmenwechsel, der die „Museumsarbeit generell und die kulturelle pädagogische Vermittlungsarbeit im Besonderen stetig und entscheidend

---

[265] Internationaler Museumsrat Deutschland ICOM: Ethischen Richtlinien für Museen, 2010 (URL: http://www.icom-deutschland.de/client/media/364/icom_ethische_richtlinien_d_2010.pdf, letzter Zugriff: 04.10.2015).

[266] Internationaler Museumsrat Deutschland ICOM (2010).

[267] Eva M. Reussner: Wissensvermittlung im Museum – ein überholtes Konzept?, in: Kultur und Management im Dialog. Das Monatsmagazin von Kulturmanagement Network, 5/2007, Schwerpunkt: Kultur. Wissen. Bildung, S. 20–23, hier S. 20.

[268] Gisela Staupe: Einführung: Museen – Orte des Sehens und des Lernens, der Musse und der Bildung, in: Dies. (Hrsg.): Das Museum als Lern- und Erfahrungsraum. Grundlagen und Praxisbeispiele, Schriften des Deutschen Hygiene-Museums Dresden, Bd. 10, Wien u. a. 2012a, S. 7–15, hier S. 10.

[269] Hermann Auer u. Kurt Böhner u. a. (Hrsg.): Denkschrift Museen. Zur Lage der Museen in der Bundesrepublik Deutschland und Berlin (West), Deutsche Forschungsgemeinschaft, Bonn 1974, S. 137.

verändern sollte"[270], hatten sich die musealen Einrichtungen und ihre pädagogischen Angebote in erster Linie an „sozial privilegierte Schichten"[271] gewandt. Nachdem allerdings gefordert wurde, „die Rolle des Museums [...] zu überdenken"[272], es gegen seinen Ruf als elitäre Einrichtung „der gesamten Gesellschaft"[273] zu öffnen und „seine klassischen Bildungs- und Forschungsaufgaben im Sinne einer *education permanente* aus[zuweiten]"[274], trat die Museumspädagogik aus ihrem Schattendasein hervor und brachte den Gedanken mit sich, das Museum als besonderen Lernort zu begreifen.[275]

Im Zuge der gesellschaftlichen Forderung nach einer „Kultur für alle" wurde der Ruf nach mehr Bildung im musealen Kontext schließlich zum kulturpolitischen Auftrag.[276] Dennoch änderte sich in der Praxis bis weit in die 1980er-Jahre nur wenig. Die Museumspädagogik fungierte weiterhin als bloßer Übersetzer, deren Aufgabe es war, fachwissenschaftlich konzipierte Präsentationen für das Laienpublikum, vor allem aber im schulischen Kontext, zu decodieren. Der Großteil der Ausstellungen „vermittelte [...] ihre Inhalte [...] weiterhin von der Kanzel und schloss fast alle Fragen – an die Gegenwart, aber auch an die Art der Repräsentation der Dinge – aus."[277] Erst im Laufe des Jahrzehnts wurden erste theoretische Grundlagen für die museale Vermittlungsarbeit geschaffen und das Besucherspektrum sukzessiv ausgeweitet. Das erstarkende Bewusstsein für die empirische Besucherforschung führte schließlich zu einer kontinuierlichen Professionalisierung des Arbeitsfeldes und leitete mit der Jahrtausendwende das moderne Leitziel der Besucherorientierung ein. Heute ist die Kunstvermittlung ein integraler und „selbstverständlicher Teil der museologischen Debatte"[278]. Hinsichtlich ihrer modernen Definition wird daher betont, dass die von *ICOM* formulierten Aufgabenbereiche aufgrund ihrer komplexen gegenseitigen Durchdringung in einer wechselseitigen Beziehung stehen und keinesfalls isoliert

---

[270] Staupe (2012a), S. 9.

[271] Staupe (2012a), S. 8.

[272] Deutsche UNESCO-Kommission: Museologie. Bericht über ein internationales Symposium. Veranstaltung vom deutschen Nationalkomitee des Internationalen Museumsrates in Zusammenarbeit mit der UNESCO-Kommission, Pullach und München 1973, S. 5.

[273] Deutsche UNESCO-Kommission (1973), S. 5.

[274] Deutsche UNESCO-Kommission (1973), S. 5; Staupe (2012a), S. 9.

[275] Staupe (2012a), S. 9.

[276] Reussner (2007), S. 20.

[277] Staupe (2012a), S. 10.

[278] Annette Noschka-Roos: Die neue Rolle der Museumspädagogik in der Vermittlungsarbeit der Museen, in: Landschaftsverband Rheinland (Hrsg.): Das besucherorientierte Museum, Köln 1997, 83–90, hier S. 90.

voneinander, sondern ausschließlich miteinander existieren können.[279] Obwohl sich dabei keine klar strukturierte Hierarchie ergibt, ist eine tendenzielle Verschiebung der Gewichtung in Richtung Vermittlungsarbeit nicht zu leugnen.[280]

Obwohl die klassische mittel- und langfristige Ausstellungskonzeption mit der heutigen Dynamik der schnelllebigen Informations- und Kommunikationsgesellschaft zu kämpfen hat, beherzigen die Museen den Bildungsauftrag noch immer und „halten ihn sogar für relevanter denn je"[281]. So betonte der *Bundesverband Museumspädagogik e. V.* in einer Stellungnahme aus dem Jahr 2004 das hohe Potenzial „für individuelles, gezieltes aber auch informelles Lernen und kreatives, innovatives und sozial verantwortliches Handeln"[282]. Die Ergebnisse der PISA-Studie hätten gezeigt, dass die komplexer werdende Lebenswelt neue Qualifikationen und Schlüsselkompetenzen fordere. Der Bildungs- und Vermittlungsarbeit käme aus diesem Grund innerhalb der vier klassischen Säulen der Museumsarbeit eine erweiterte und stärkere Bedeutung zu.[283]

Bildung wird im musealen Kontext allerdings keinesfalls als bloßer Wissenserwerb verstanden. Moderne Vermittlungsmodelle liegen fernab der klassischen Rollenverteilung des Lehrenden und Lernenden und binden das vom Besucher mitgebrachte spezifische Vorwissen, die Vorerfahrungen, seine individuellen Interessen und Ziele so ein, dass er den Museumsbesuch aktiv beeinflusst und mitgestaltet. Das Museum sucht den „gleichberechtigten Dialog"[284] zu dem einst entmündigten Besucher, der nun einen individuellen Museumsbesuch geboten bekommt. Dieser partizipative Lernansatz der „subjektiven Konstruktion von Wissen"[285] bildet einen der Grundzüge des kulturpolitisch begründeten Konzepts der kulturellen Bildung. Im musealen Kontext lässt sich dieser Ansatz besonders gut umsetzen, da bei einem Besuch neben fachlichen und museumsspezifischen stets auch methodische, soziale und persönli-

[279] Julia Rombach: Kultureinrichtungen als informelle Lernorte aufgezeigt am Beispiel des Museums, Dissertation zur Erlangung des akademischen Grades eines Doktors der Philosophie am Fachbereich Erziehungswissenschaften der Universität Hamburg, Hamburg 2006, S. 68.

[280] Noschka-Roos (2000), S. 159.

[281] Reussner (2007), S. 20.

[282] Bundesverband Museumspädagogik e. V., Stellungnahme zum Bildungsauftrag der Museen, 2004 (URL: http://www.museumspaedagogik.org/fileadmin/user_upload/bund/PDF/2_9_4_KMK2004.PDF, letzter Zugriff: 04.10.2015).

[283] Bundesverband Museumspädagogik e. V. (2004)

[284] Petra Schuck-Wersing u. Gernot Wersig: Marketing und konsequente Besucherorientierung – neue Schubkraft für die Museumskultur?, in: Landschaftsverband Rheinland (Hrsg.): Vom Elfenbeinturm zur Fußgängerzone. Drei Jahrzehnte Museumsentwicklung, Opladen 1996, S. 151–164, hier S. 162.

[285] Reussner (2007), S. 22.

che Kompetenzen erschlossen werden. Dies zeigt sich vor allem im Hinblick auf das Museum als außerschulischen Lernort im Kinder- und Jugendalter. Hier wird mit allen Sinnen wahrgenommen, es werden Experimente in authentischer Umgebung durchgeführt, es wird Beobachtetes bewertet, formuliert, transferiert oder dargestellt und das „[selbst]verantwortliche Handeln innerhalb einer Gemeinschaft bzw. Gruppe – ganz praktisch während einer Veranstaltung, aber auch im übertragenden Sinne durch die Auseinandersetzung mit entsprechenden Themen" gefördert.[286]

Obwohl nach ähnlichem Prinzip in jedem Alter Kompetenzen geschult werden könnten, die „einen kreativen Umgang mit den Anforderungen unseres Alltags ermöglichen"[287], spielt die kulturelle Bildung im Erwachsenenalter bislang nur eine untergeordnete Rolle in der Öffentlichkeit. Um dem Konzept zu neuer Aktualität zu verhelfen und die Methoden, Inhalte, Ziele und Absichten, die mitunter weit auseinandergehen, konkreter zu formulieren, erarbeitete die UNESCO im Jahr 2006 in Lissabon einen offiziellen Leitfaden, der schließlich im Jahr 2010 in Seoul beschlossen wurde.[288] Darin werden Kunst und Kultur als „unerlässliche Bestandteile einer umfassenden Bildung"[289] beschrieben, die jedem die Möglichkeit zur freien Entfaltung eröffnen und daher als Menschenrecht anerkannt werden müssen.[290] Zur Legitimation dieser Forderung verweist die UNESCO auf Untersuchungen,[291] die gezeigt haben, dass die Beschäftigung und Beteiligung an künstlerischen Prozessen und die Einbindung der eigenen Kultur bei jedem Einzelnen „den Sinn für Kreativität und Initiative, eine fruchtbare Vorstellungskraft, emotionale Intelligenz und moralische Leitlinien ebenso fördert, wie die Fähigkeit zu kritischer Reflexion, Selbständigkeit, Gedanken- und Handlungsfreiheit"[292].

---

[286] Arbeitsstelle Kulturelle Bildung in Schule u. Jungendarbeit NRW, Museum. Information für Kooperationen mit Schule und Jugendarbeit, Merkheft 1, Düsseldorf 2010, S. 15.

[287] Richard Stang: Kulturelle Erwachsenenbildung, Bundeszentrale für politische Bildung, 2009 (URL: http://www.bpb.de/gesellschaft/kultur/kulturelle-bildung/59927/kulturelle-bildung-fuer-erwachsene, letzter Zugriff: 04.10.2015).

[288] Sven Scherz-Schade: Facetten und Aufgaben kultureller Bildung, Bundeszentrale für politische Bildung, 2009 (URL: http://www.bpb.de/gesellschaft/kultur/kulturelle-bildung/59913/facetten-und-aufgaben, letzter Zugriff: 04.10.2015).

[289] Deutsche UNESCO-Kommission: Leitfaden für kulturelle Bildung. Schaffung kreativer Kapazitäten für das 21. Jahrhundert, Bonn 2007, S. 3.

[290] Deutsche UNESCO-Kommission (2007), S. 3.

[291] Für Forschungsbeispiele siehe die Berichte der vorbereitenden Treffen zur *World Conference on Arts Education;* LEA International und Educating for Creativity: Bringing the Arts and Culture into Asian Education, Report of the Asian Regional Symposia on Arts Education, UNESCO 2005.

[292] Deutsche UNESCO-Kommission (2007), S. 4.

Im Kontext der Inklusion besonders interessant ist die Betonung, der Ansatz sei als „Form ethischer und gesellschaftlicher Bildung“[293] ein „Grundinstrument der sozialen Integration“[294] und spiele „eine tragende Rolle in der Therapie behinderter Kinder“[295]. Diese Aussage basiert vermutlich auf dem offenen und flexiblen Charakter der kulturellen Bildung, die im musealen Kontext vor allem auf dem informellen Lernweg umgesetzt wird und dadurch einen besonders vielversprechenden Ansatz für inklusive Vermittlung darstellen könnte.

Das Museum als Ort informellen und lebenslangen Lernens

Das Museum wird heute in vielerlei Hinsicht als informeller Lernort gesehen, dem in der modernen Wissensgesellschaft eine wichtige Bedeutung zukommt. Diese Art des Lernens beinhaltet, im Gegensatz zu der formalen, einem Curriculum folgenden, in der Regel in öffentlichen Bildungseinrichtungen institutionalisierten und gesellschaftlich anerkannten Wissensaneignung, alle außerhalb dieses formalisierten Bildungssystems stattfindenden Lernprozesse. Das informelle Lernen wird nicht ausschließlich als „bewusste kognitive Verarbeitung von Informationen verstanden“[296], sondern umfasst eine „ganzheitliche, bewusste und unterbewusste, intentionale und nichtintentionale/beiläufige, theoretische und praktische Verarbeitung von Umweltreizen, Informationen, Erlebnissen [und] Präsentationen“[297]. Bereits bestehendes Wissen oder Halbwissen wird in einem komplexen Prozess mit neuen Situationen oder Informationen verknüpft. Das daraus resultierende kognitive Wissen ist dabei immer mit dem emotionalen Gedankengut verknüpft. Das informelle Lernen akzeptiert dadurch in seiner Definition die aktive Rolle des individuellen Denkens und wertet persönliche Vorkenntnisse als wichtigen Bestandteil der Meinungsbildung

[293] Deutsche UNESCO-Kommission (2007), S. 17.

[294] Deutsche UNESCO-Kommission (2007), S. 17.

[295] Deutsche UNESCO-Kommission (2007), S. 17.

[296] Renate Freericks: Erlebniswelten. Mobilisierung informellen Lernens, in: Wolfgang Nahrstedt u. a. (Hrsg.): Lernen in Erlebniswelten. Perspektiven für Politik, Management und Wissenschaft, Fachtagung am 4. und 5. Dezember in Hannover, IFKA-Schriftenreihe, Bd. 22, Bielefeld 2002, S. 18.

[297] Freericks (2002), S. 18.

und des Lernens.[298] Es ist daher als „lebenslange Lernposition“[299] in den Alltag der Menschen integriert und nicht auf spezifisch definierte Lernmomente beschränkt.[300]

Der in den 1970er-Jahren entstandene Ansatz des lebenslangen Lernens wurde im Jahr 2000 vom Europäischen Rat im Rahmen der Lissabon-Strategie[301] offiziell festgelegt, um die Entwicklung der Europäischen Union zu einer „dynamischen und wettbewerbsfähigen Wissensgesellschaft“[302] zu fördern.[303] Eines der zentral formulierten Ziele ist der Ausbau von Möglichkeiten, sich auch noch lange nach der klassischen Lebensphase der Ausbildung weiterzubilden. Der Ansatz umfasst daher „alles Lernen während des gesamten Lebens, das der Verbesserung von Wissen und Qualifikationen dient und im Rahmen einer persönlichen, bürgergesellschaftlichen, sozialen bzw. beschäftigungsbezogenen Perspektive erfolgt“[304]. Bedingt durch seine Offenheit gilt das informelle Lernen als besonders effektiv. Im deutschsprachigen Raum ist der Ansatz bezogen auf die Erwachsenenbildung noch immer kein alltägliches Format, obwohl einer Eurostat-Umfrage aus dem Jahr 2003 zufolge 90 % der Befragten angaben, dass lebenslanges Lernen für sie von großer Bedeutung sei.[305] Besonders vor dem Hintergrund, dass der größte Teil der Bevölkerung aus Erwachsenen besteht, die kaum noch in klassische formale Lernorte eingebunden sind,[306] und daher nachweislich etwa 70 % aller Lernprozesse außerhalb von gängigen Bildungsinstitutionen stattfinden,[307]

---

[298] Jocelyn Dodd: The Generic Learning Outcomes. A Conceptual Framework for Researching Learning in Informal Learning Environments, in: Giasemi Vavoula u. a. (Hrsg.): Researching Mobile Learning. Frameworks, methods and research design, Oxford 2009, S. 221–240, hier S. 226.

[299] Dodd (2009), S. 226.

[300] Dodd (2009), S. 226.

[301] Die Lissabon-Agenda bezieht sich auf den Sondergipfel der europäischen Staats- und Regierungschefs im Jahr 2000 in Lissabon. Das dort verabschiedete Programm setzte sich zum Ziel, die EU bis 2010 zum wettbewerbsfähigsten und dynamischsten wissensgestützten Wirtschaftsraum der Welt zu machen.

[302] John (2008), S. 10.

[303] John (2008), S. 10.

[304] Ellinor Haase: Lebenslanges Lernen als neuer gesellschaftlicher Imperativ und der Beitrag der Museen, in: Hartmut John u. Anja Dauschek (Hrsg.): Museen neu denken. Perspektiven der Kulturvermittlung und Zielgruppenarbeit, Bielefeld 2008, S. 88–92, hier S. 88.

[305] Haase (2008), S. 89 f.

[306] Haase (2008), S. 89 f.

[307] Günther Dohmen: Das informelle Lernen. Die internationale Erschließung einer bisher vernachlässigten Grundform menschlichen Lernens für das lebenslange Lernen aller, Bundesministerium für Bildung und Forschung (Hrsg.), Bonn 2001, S. 7.

sollte das Konzept des lebenslangen Lernens auch im Museumssektor noch viel mehr Raum einnehmen, als es durch das Angebot an regulären Führungen auf dem formellen Lernweg bisher der Fall ist.

Besonders im Museum ist zu beobachten, dass die Vermittlungsarbeit bisher tendenziell im Zusammenhang mit klassischer Schul- und Erziehungspädagogik stattfindet und die Einrichtung daher lediglich in diesem Kontext als außerschulischer Lernort begriffen wird. Die professionelle Weiterbildung über die Altersgruppe der Kinder- und Jugendlichen hinaus und das Selbstverständnis der Einrichtungen als „Agenturen lebensbegleitenden Lernens“[308] konnte sich bisher in der deutschen Museumslandschaft noch nicht vollständig durchsetzen[309], obwohl einige Museen derweil auch vermehrt Angebote für Erwachsene abseits von regulären Führungen anbieten und mehr Wert auf eine didaktisch ausgearbeitete Ausstellungsgestaltung legen.

Museale Einrichtungen bieten sich als Orte für das postschulische Lernen in besonderem Maße an, da der Lernvorgang hier einem völlig anderen Konzept unterliegt. Hier steht, anders als im schulischen Kontext, in der Regel die nichtpersonale Vermittlung im Fokus, die zwar bei Bedarf um personelle Vermittlungsangebote ergänzt werden kann, allerdings in erster Linie autonom funktionieren muss. Mithilfe des architektonischen Raums, der Konzeption der Ausstellungsinhalte sowie durch verschiedene Formen von didaktischen Materialien wie Wandtexte, Medienstationen, Audioguides oder Begleithefte wird ein Informationsraum konstruiert, indem besucherorientierte offene Vermittlungsprozesse angeregt werden.[310] Dem Publikum wird eine Auswahlmöglichkeit geboten, die es seinem persönlichen Interesse und den eigenen individuellen Informationskompetenzen entsprechend für sich nutzen kann.[311] Das Umfeld des Museums ist durch diese Vielfalt des Angebotenen sehr viel reichhaltiger und anregender als klassische Lernumgebungen. Durch die aktive Auseinandersetzung mit authentischen Objekten und Hands-on-Angeboten „wird das Lernen [zusätzlich] in besonderer Weise verkörperlicht und versinnlicht“[312]. Mit

---

[308] John (2008), S. 33.

[309] John (2008), S. 33.

[310] Doris Lewalter: Bedingungen und Effekte von Museumsbesuchen, in: Hannelore Kunz-Ott u. a. (Hrsg.): Kulturelle Bildung im Museum. Aneignungsprozesse – Vermittlungsformen – Praxisbeispiele, Bielefeld 2009, S. 45–56, hier S. 45.

[311] Stephan Schwan: Lernen und Wissenserwerb in Museen, in: Hannelore Kunz-Ott u. a. (Hrsg.): Kulturelle Bildung im Museum. Aneignungsprozesse - Vermittlungsformen - Praxisbeispiele, Bielefeld 2009, S. 33–43, hier S. 39.

[312] Stephan Schwan: Lernpsychologische Grundlagen zum Wissenserwerb im Museum, in: Gisela Staupe (Hrsg.): Das Museum als Lern- und Erfahrungsraum. Grundlagen und Praxisbeispiele, Schriften des Deutschen Hygiene-Museums Dresden, Bd. 10, Wien u. a. 2012, S. 46–59, hier S. 47.

diesem offenen Lernprozess und den speziellen Bedingungen verbunden sind nicht nur eine gewisse Freiwilligkeit und Eigeninitiative, sondern auch ein gesteigertes Motivations- und Aufmerksamkeitsverhalten. Das Lernen basiert hier dementsprechend stark auf der aktiven Auseinandersetzung mit den Ausstellungsinhalten und erfolgt im Wesentlichen intentional und oft ohne explizite Lernabsicht.[313] Im Gegensatz zu den festgelegten Lernzielen im Kontext klassischer Bildungseinrichtungen kann ein Museumsbesuch zwar durchaus dazu beitragen, Fachwissen zu erweitern und zu vertiefen, doch lässt er sich eben nicht darauf reduzieren.

Dennoch zeigt eine breit angelegte Studie der *Smithsonian Institution* in Washington, wie wichtig der Wissenserwerb für einen Museumsbesucher ist. Die Studie untersuchte die verschiedenen Aspekte eines aus Publikumssicht zufriedenstellenden Museumsbesuchs und kommt zu der Erkenntnis, dass dem Wissenserwerb und dem vertiefenden Verständnis durchaus eine große Bedeutung beigemessen wird, die sich sogar mit der Bedeutung der ausgestellten Objekten selbst messen lässt. Die intellektuelle Erfahrung eines Ausstellungsbesuchs wird nicht nur von 36 % der Befragten als besonders positiv erlebt, sondern sogar bei einem Besuch vorausgesetzt. Diese Erwartungshaltung basiert vor allem darauf, dass Museen gemeinhin als äußert glaubwürdige und authentische Informationsquellen angesehen werden.[314]

Dennoch ist die Wissensvermittlung seit Jahren schon nicht mehr der einzige Faktor, der den Museumsbesucher beeinflussen und aktivieren kann, sondern nur einer von vielen individuellen Effekten. Dies zeigte die im Jahr 2003 ins Leben gerufene Initiative *Inspiring Learning for All* des britischen *Museums, Libraries and Archives Council (MLA)*, in dessen Rahmen das *Research Centre for Museums and Galleries* der Universität von Leicester beauftragt wurde, einen professionellen Ansatz zu entwickeln, um individuelle Lernergebnisse von Museumsbesuchen, Archiven und Bibliotheken sichtbar und messbar zu machen. Der offene und komplexe Charakter des informellen Lernens erwies sich als besondere Herausforderung, da das bereits bestehende Wissen oder Halbwissen in einem komplexen, meist unbewusst stattfindenden Prozess mit neuen Erkenntnissen und Erfahrungen verknüpft wird. Das daraus resultierende kognitive Wissen ist dabei immer mit dem emotionalen Gedankengut verknüpft. Es gibt zwar bereits unzählige Studien, die die Lernerfolge im Rahmen formeller Bildungsumgebungen untersucht haben, doch musste ein ähnliches System für das informelle Lernen einen sehr viel weiter gefassten Lern-

[313] Lewalter (2009), S. 46.

[314] Reussner (2007), S. 21; Andrew J. Pekarik u. Zahava D. Doering u. David Karns: Exploring Satisfying Experiences in Museums, Curator 42(2), 1999, S. 152–173.

begriff berücksichtigen.[315] Zu diesem Zweck wurde eine interdisziplinäre Gruppe von Forschern als *Learning Impact Research Project* (LIRP) berufen, der es trotz der komplexen und höchst individuellen Prozesse des informellen Lernens gelang, ein konzeptuelles Rahmenwerk auf der Basis ihrer Studien zu gestalten. Gefiltert wurden fünf umfassende Lernkategorien, die sogenannten „Generic Learning Outcomes" (GLO). Neben dem klassischen Lernbereich „Wissen und Verstehen" bestehen diese aus den Kategorien „Entwicklung oder Verbesserung von Fähigkeiten" sowie „Vergnügen, Inspiration und Kreativität", bei der die Besucher zum Erforschen und Experimentieren sowie zu innovativen und kreativen Ideen inspiriert werden. Weitere Kategorien betreffen die Förderung oder Weiterentwicklung von „Verhaltensweisen und Wertevorstellungen" sowie den Bereich „Handlungen, Verhalten und kontinuierliche Entwicklung". Letztere beinhaltet die nachhaltig beeinflusste Wahrnehmung, die Stärkung des Selbstwertgefühls oder die Förderung von Empathie, Toleranz oder Motivation.[316]

Seit ihrer Entwicklung sind die GLOs in vielen britischen Museen erfolgreich angewendet worden. So wurden zwischen 2006 und 2007 beispielsweise Projekte des *UKDCMS/DCSF National/Regional Museums Partnership Programm* mithilfe der GLOs untersucht. Dabei standen lediglich die Lernerfolge von Besuchern, die an gruppenbezogenen Museumsprogrammen teilgenommen hatten, im Mittelpunkt. Es wurden Fragebögen konzipiert, die auf das Alter der Teilnehmer zugeschnitten und dazu bestimmt waren, direkt nach dem Museumsbesuch ohne viel Aufwand ausgefüllt zu werden. Gezielte Fragen, die mit *Ja*, *Nein* oder *Ich weiß nicht genau* beantwortet oder mithilfe einer Skala eingeschätzt werden konnten, reflektierten die fünf GLOs. Neben dem Sprachniveau wurden auch die Fragen selbst an das Alter des Besuchers angepasst. Bei den Bögen für die jüngeren Teilnehmer der Studie wurden aus diesem Grund zusätzliche Felder in Form von Sprechblasen eingefügt, die ihnen die Möglichkeit boten, „to respond using their own words or drawing to something significant about the visit"[317]. Für die Gruppenbetreuer, sofern es welche gab, wurden separate Fragekataloge ausgeteilt, auf denen sie nicht nur ihre persönlichen Lernerfolge, sondern auch die ihrer Gruppe einschätzen sollten.[318]

[315] Dodd (2009), S. 226 ff.
[316] Dodd (2009), S. 228 f.; Reussner (2007), S. 22.
[317] Dodd (2009), S. 226 ff.
[318] Dodd (2009), S. 226 ff.

Eine der Teilnehmerinnen, Lisa, fiel bei der Studie in besonderer Weise auf. Während des Projekts *Image and Identity* der *Manchester Art Gallery* sollten Jugendliche ihre Identitäten durch eigene Bildnisse erkunden. Das 13-jährige Mädchen lebte nach einer fehlgeschlagenen Adoption und einigen erfolglosen Versuchen, sie in einer Pflegefamilie unterzubringen, in einem Kinderheim. Berichten ihrer Betreuer zufolge hatte sie psychische Probleme im Sinne von Bindungs- und Kommunikationsstörungen, bevor sie an dem Projekt teilnahm.[319] Die Betreuer werteten Lisas Teilnahme an dem Projekt als vollen Erfolg, der sie in jeglicher Weise sowohl „emotionally, on her mental health, physically and on her ability to manage situations“[320] positiv beeinflusst hatte.[321] Auch die Auswertung der Fragebögen konnte zeigen, dass sie sich im Rahmen des Museumsprogramms in jeder der fünf Lernkategorien positiv entwickelt hatte. So konnte Lisa nicht nur ihre körperliche Leistungsfähigkeit steigern,[322] sondern auch in ihren Problembereichen Fortschritte machen. Sie konnte sich selbstständig ausdrücken und ihr Selbstwertgefühl deutlich steigern. Litt Lisa vor ihrer Teilnahme am Projekt noch an Bindungs- und Kommunikationsstörungen, so bezeugen die Ergebnisse der GLOs und auch die Berichte ihres Sozialarbeiters, dass sie nun ausreichend Selbstvertrauen gewonnen hatte, Freundschaften einzugehen oder sich in einer großen Gruppe Erwachsener zu unterhalten.[323] Lisas Erfahrungen sind ein gutes Beispiel für das Potenzial des informellen Lernens in kulturellen Einrichtungen.

Die Vielfalt macht das Museum zu einem besonders fruchtbaren Lernumfeld und bietet aus diesem Grund vielversprechende Möglichkeiten für Menschen mit kognitiven Beeinträchtigungen, da der intellektuelle Wissenserwerb hier nicht primäres Ziel ist. Vielmehr sieht sich das Museum als „ein Freiraum, ein Erfahrungsraum, ein Denkraum, ein Ort für Gespräche und gemeinsame Erlebnisse; ein Ort der sinnlichen Erfahrung und ein öffentlicher Ort [...], in dem die Gegenwart gesucht wird“[324].

[319] Dodd (2009), S. 232.
[320] Dodd (2009), S. 237.
[321] Jocelyn Dodd weist darauf hin, dass die Ergebnisse der GLOs mit den Aussagen von Lisas Sozialarbeiter übereinstimmen.
[322] Dodd (2009), S. 237.
[323] Dodd (2009), S. 237.
[324] Staupe (2012a), S. 11.

Die Einrichtung ist dabei „nicht bestrebt [...] etwas Bestimmtes beizubringen, es vermittelt vielmehr [...] einen ‚Akkord von Wissen, Identität und Aufklärung'"[325], wobei eine Auseinandersetzung „sowohl auf kognitiver als auch auf emotionaler Ebene"[326] angestrebt wird.

Die Institutionen haben zu diesem Zweck eine Vielzahl von Instrumenten, mithilfe derer sie die Erlebnisse für den Besucher kanalisieren können, doch ist dieser nach wie vor auch selbst gefordert. Durch Sichtachsen, aber auch durch das individuelle Interesse und die menschliche Neugier wird die Aufmerksamkeit des Besuchers gelenkt, was dazu führt, dass der Lernprozess nie kontinuierlich, sondern stets auf einzelne individuelle Episoden konzentriert stattfindet. Mehrere Umfragen haben in diesem Zusammenhang belegt, dass Besucher vor allem Exponate schätzen, die multisensorische und interaktive Erfahrungen ermöglichen und Informationen anschaulich erläutern, eine Tatsache, die vor allem kunsthistorische Museen zu kreativen Lösungen zwingt, da dieser Wunsch hier aus konservatorischen Gründen niemals von den Originalen selbst erfüllt werden kann, sondern die Vermittlung immer auf zusätzliches Material angewiesen ist.[327]

Das Museum bietet eine Lernumgebung, die entgegen klassischer Lernorte „durch zahlreiche, durch wechselseitig beeinflusste Aspekte geprägt ist"[328], aber auch stark von der Individualität und Persönlichkeit der Besucher abhängt. Diese kommen mit unterschiedlichsten Erwartungen, Interessen, Vorwissen, Erfahrungen und Motivationen ins Haus. Wichtig ist daher, dass die persönlichen Voraussetzungen und die bevorzugten Lernstile anerkannt und die daraus resultierenden individuellen Lernergebnisse stets gewürdigt werden, auch wenn diese nicht immer mit den ursprünglichen Vermittlungszielen der Einrichtung übereinstimmen.

Dieser bereits angesprochene individuelle Kontext, in dem sich jeder Lernprozess bewegt, wird von John Howard Falk und Lynn Diane Dierking in einem Modell aufgeschlüsselt, das auf den Erkenntnissen aus der Beobachtung von realen Besuchern in realen Schauplätzen basiert.[329] Nach ihrem im Anschluss konzipierten *Contextual Model of Learning in Museum* ist der museale Lernprozess von drei sich

---

[325] Staupe (2012a), S. 7; Ulrich Borsdorf: Sammlung und Vermittlung. Der Beitrag des Museums im gesellschaftlichen Diskurs, in: Deutscher Museumsbund e. V. (Hrsg.): Museumskunde, Bd. 74, 2/2009, S. 37–41, hier S. 39.

[326] Lewalter (2009), S. 46.

[327] Schwan (2012), S. 48.

[328] Lewalter (2009), S. 47.

[329] John H. Falk u. Lynn D. Dierking: Learning from museums. Visitor experiences and the making of meaning, Walnut Creek u. a. 2000, S. 10.

überschneidenden und zusammenhängenden Aspekten beeinflusst: dem persönlichen, dem soziokulturellen und dem physischen. Das Konzept des Lernens gestaltet sich aus der Interaktion dieser drei Aspekte. Der persönliche Aspekt beruht auf dem Hintergrund, dass Lernen eine höchst persönliche Erfahrung darstellt[330], die abhängig ist von der individuellen Motivation, Erwartung, dem Vorwissen, Interessen, der Wahl und Kontrolle des Besuchers.[331] Der soziokulturelle Kontext beinhaltet Aspekte, die durch die Besuchergruppe selbst oder durch das Personal gegeben werden: „[…] much of what they [Humans] learn is mediated through conversation, gestures, emotions, the observation of others, and the use of culturally and historical overlays of social beliefs, values, and norms."[332] Der physische Kontext besteht schließlich aus Orientierungshilfen, dem Design sowie „verstärkenden Ereignissen und Erfahrungen außerhalb des Museums"[333].

Das Modell verdeutlicht, dass Ausstellungsbesuche nicht isoliert, sondern vielmehr als kurze Phase in der persönlichen Erfahrungswelt gesehen werden müssen. Noch Tage, Wochen oder Monate nach dem Besuch können vervollständigende Faktoren auf den Wissenserwerb im Museum einwirken. So betonen Falk und Dierking nach einer qualitativen Einzelfallstudie, dass das erlangte Wissen einige Wochen nach einem Museumsbesuch höchst unterschiedlich entwickelt sein kann, auch wenn die Ausgangslage ursprünglich vermeintlich gleich erschien.[334] Die Nachbereitung oder das anschließende Reflektieren eines Besuchs ist demnach von großer Bedeutung und kann nicht nur im schulischen Kontext zu einem gesteigerten Wissenserwerb führen. Die Untersuchungen zeigen außerdem, dass der Wirkung von Museumsbesuchen vielschichtige Erlebnisse auf kognitiver, introspektiver, objektbezogener und sozialer Ebene zugrunde liegen.[335] Das Museum als Lernort hebt sich durch die besondere Konstellation von Merkmalen deutlich von anderen Wissensorten ab. Die Vielschichtigkeit der Einflüsse, die während eines Museumsbesuchs wirken, verdeutlichen darüber hinaus, welches Potenzial hier auch im Hinblick auf inklusive Projekte liegt.

---

[330] Falk u. Dierking (2000), S. 13–15.
[331] Lewalter (2009), S. 47.
[332] Falk u. Dierking (2000), S. 138.
[333] Lewalter (2009), S. 47.
[334] Lewalter (2009), S. 47.
[335] Lewalter (2009), S. 47.

Erlebnisorientiertes Lernen als Kontrast zum Bildungsauftrag?

Im Rahmen des durch die UNESCO eingeleiteten pädagogischen Wandels vom formalen zum informellen Lernen, von der Belehrung zum selbstgesteuerten Lernen in „lernfördernden Umwelten“[336], manifestiert sich seit Jahren ein neuer Leitgedanke in der Museumswelt. Als sogenannte Erlebniswelten erweitern die Museen den Lernbegriff, indem der seit der Industrialisierung und der damit einhergehenden Verschulung zunehmend dominierende kognitive Lernbegriff zwar erneut gestärkt, aber gleichzeitig mit den Formen des emotionalen und handlungsorientierten Lernens ganzheitlich verbunden wird.[337]

Gemein sind den sogenannten Erlebnisorten, dass sie „Angebote und Strukturen im Schnittfeld von Lernen und Unterhaltung und Konsum“[338] kombinieren. Vor allem der daraus resultierende emotionale Charakter ist für das Lernen in erlebnisorientierten Lernorten zentral[339] und führt dazu, dass die Museen, die dieses Konzept verfolgen, zu einem neuen Typ „nichtgenuiner Bildungseinrichtungen“[340] im Sinne des lebenslangen Lernens werden. Der Lernprozess wird in den Freizeitsektor verlagert, was nur auf den ersten Blick mit dem kulturpolitischen Bildungsauftrag kontrastiert, sondern im Sinne des Konzeptes des ganzheitlichen Lernens[341] vielmehr als Ergänzung zu klassischen Wegen zu sehen ist. Aus diesem Grund wurde die bildungspolitische Bedeutung der Erlebnispädagogik im musealen Kontext bereits 1974 durch den Deutschen Bildungsrat offiziell anerkannt.[342]

Die Entwicklung dieses neuen Lernformats mit hybriden Ansätzen gilt als „neuer Schlüssel zum Bildungsraum der Wissensgesellschaft“[343], da er auf die aktuellen gesellschaftlichen Anforderungen des Wissenstransfers und der Wissensaneignung antwortet. Schließlich gilt es als Tatsache, dass es trotz einer kontinuierlich wachsenden Angebotsvielfalt seit den 1990er-Jahren nicht mehr gelungen ist, mehr als 10 % der Bevölkerung als regelmäßige Konsumenten kultureller Angebote zu aktivieren.

---

336 Wolfgang Nahrstedt: Interesse Wecken – Kompetenz entwickeln: Lernen in Erlebniswelten, in: Beatrix Commandeur u. Dorothee Dennert (Hrsg.): Event zieht – Inhalt bindet. Besucherorientierung von Museen auf neuen Wegen, Bielefeld 2000, S. 29–37, hier S. 35.

337 Nahrstedt (2000), S. 29.

338 Nahrstedt (2000), S. 32.

339 Wolfgang Nahrstedt u. a.: Lernort Erlebniswelt. Neue Formen informeller Bildung in der Wissensgesellschaft; Endbericht des Forschungsprojektes: Erlebnisorientierte Lernorte der Wissensgesellschaft. Bielefeld, IFKA-Schriftenreihe, Bd. 20, Bielefeld 2002, S. 60 ff.

340 Nahrstedt (2000), S. 33.

341 Nahrstedt (2000), S. 32.

342 Nahrstedt (2000), S. 33.

343 Nahrstedt (2000), S. 33.

Da Museumsbesucher scheinbar zu einem äußerst raren, schwer zu haltenden und deshalb kostbaren und hart umkämpften Gut geworden sind, müssen die Einrichtungen den Kreis derjenigen erweitern, die an Kunst und Kultur teilhaben wollen, und damit besonders die Nichtbesucher ansprechen.[344] Hartmut John plädiert aus diesem Grund nachdrücklich dafür, auch „weniger kulturaffine Zielgruppen für Kunst und Kultur zu interessieren, sie zu ermutigen und nachhaltig dabei zu unterstützen, am kulturellen Leben aktiv teilzunehmen“[345]. Die besondere Funktion der erlebnisorientierten Einrichtung liegt im „Wecken von Interessen als Voraussetzung und Anregung für längerfristige interessengesteuerte Lernprozesse zum Erwerb von Kompetenzen“[346]. So sollten unter anderem auch Menschen mit einer Beeinträchtigung als Chance gesehen werden, neue Besucherschichten zu akquirieren, auch wenn noch immer der Glaube vorherrscht, die Interessentenzahl innerhalb dieser Personengruppe sei relativ klein.

Da zu dem Spektrum der erlebnisorientierten Lernorte in der Forschung neben Museen, Science Centern und Zoologischen Gärten allerdings auch Freizeitparks, Brandlands und sogar Urban Entertainment Center gehören,[347] ist das Konzept vor allem in Bezug auf Kultureinrichtungen umstritten. Der US-amerikanische Medienwissenschaftler Neil Postman sah das Problem bereits Mitte der 1980er-Jahre darin liegend, dass der Gesellschaft mittlerweile jedes Thema als Unterhaltung präsentiert werde. Wo aber nur noch Unterhaltung regiere, verschwinde alle Verbindlichkeit, die Menschen würden ihrer Werte beraubt und verlören damit ihre Urteilskraft.[348] Gefürchtet wird nicht nur, dass der Unterhaltungscharakter einer Ausstellung zu Lasten der Glaubwürdigkeit geht, einem Faktor, der wie bereits beschrieben nach Umfragen von vielen Besuchern als besonders wichtig empfunden wird, sondern dass das bisherige, vielleicht als traditionell zu bezeichnende Stammpublikum durch die modernen erlebnisorientierten Maßnahmen

---

[344] Hartmut John fordert zu diesem Zweck ein effektives *Audience-Developing-Programm,* wie es auch in Großbritannien bereits erfolgreich eingesetzt wird, um neue Besuchergruppen zu erschließen und die Einrichtungen für alle Menschen zu öffnen. (John 2008, S. 33).

[345] John (2008), S. 32.

[346] Nahrstedt (2000), S. 29.

[347] Renate Freericks: Lernen in Erlebniswelten. Erlebnisorientierte Lernorte und ihre Potenziale für ein nachhaltiges Lernen, in: DIE Zeitschrift für Erwachsenenbildung. Deutsches Institut für Erwachsenenbildung, 4/2006, S. 32–35, hier S. 33 ff.

[348] Hermann Schäfer: Das Museum als „Erlebnisarrangement“, in: Wolfgang Nahrstedt u. a. (Hrsg.): Lernen in Erlebniswelten. Perspektiven für Politik, Management und Wissenschaft. Fachtagung am 4.–5. Dezember in Hannover. IFKA-Schriftenreihe, Bd. 22, Bielefeld 2002, S. 137–145, hier S. 137 ff.

abwandern könnte. Fakt ist jedoch, dass sich die Gesellschaft wandelt und mit ihr auch die Museumslandschaft.

Der Besucherforscher Chandler Screven argumentiert hingegen, dass das Publikum bereits heute eine Ausstellung häufig aus dem bloßen Wunsch heraus besuche, um „sich gut zu unterhalten“[349]. Daher müsse man den Besucher „dort abholen, wo er (kenntnismäßig) steht“[350], und „nicht von dort ausgehen, wo nach Meinung der Fachleute der Besucher beginnen sollte“[351]. Er vertritt die radikale Ansicht, dass das Publikum eine Ausstellung links liegen lasse, sollte das Lernen nicht in irgendeiner Art vergnüglich und motivierend sein. „Ausstellungen zu besuchen muß Spaß machen“[352], so Screven.[353]

Ein Kunstmuseum kann und darf allerdings nicht auf einer intellektuellen Ebene mit einem Freizeitpark gesehen werden. Sogar der Vergleich mit einem naturwissenschaftlichen Museum oder einem Science Center ist schwierig, da die dortigen Ausstellungen und Exponate naturgemäß besser zum Mitmachen und Anfassen geeignet sind. Das Kunstmuseum hingegen ist ein Ort, der seinem eigentlichen Sinn, nämlich der Betrachtung und Besprechung von Originalen, nicht zugunsten des Entertainmentfaktors entsagen sollte. Dies unterstreicht auch der ebenfalls in den USA tätige Michael Cassin, Direktor des *Center for Education* des *Sterling and Francine Clark Institute in Williamstown, Massachusetts.* Er warnt davor, dass diese „theme-park approach“[354] zur Folge haben könne, dass nicht mehr die Sammlung des Museums und deren Vermittlung im Vordergrund stünden, sondern das bloße Vergnügen des Publikums.[355] Diese Entwicklung sei, einmal begonnen, nicht mehr aufzuhalten. Auch wenn diese Art von Museumsprogrammen viel Spaß bringen und mehr Besucher ins Haus locken, sollten die Museen auf das eigentlich essenzielle ihrer Einrichtung vertrauen und das eigene Potenzial nutzen. Trotz des pädagogischen Grundgedankens dürfen die pädagogischen Angebote nur dann eingesetzt werden, wenn sie das Kunstverständnis der Teilnehmer effektiv fördern. Denn finden die

[349] Chandler D. Screven: Lernen und Motivation von Besuchern in Ausstellungen. Folgerungen für die Planung, in: Bernhard Graf u. Günter Knerr (Hrsg.): Museumsausstellungen, Planen, Design, Evaluation, München und Berlin 1985, S. 12.

[350] Screven 1985, S. 12 f.

[351] Screven 1985, S. 12 f.

[352] Screven 1985, S. 14; John (2008), S. 36.

[353] Screven 1985, S. 14 f.

[354] Cassin Michael: Sensibility and Social Commitment, Vortrag bei: The New Technologies as Means of Dissemination, DEAC Museums National Seminar, Las Palmas, November 2006, S. 6.

[355] Cassin (2006), S. 3.

Institutionen einen selbstbewussten Weg, den Reiz ihrer Sammlung zu vermitteln, mit den Besuchern zu kommunizieren, sie einzubinden und sie anzuregen, sich mit der Kunst zu beschäftigen, werden die Menschen auch den ganz eigenen Spaßfaktor des Museums erkennen und ein tieferes Kunstverständnis entwickeln, das der gesamten Gesellschaft zugutekommt.[356]

Es bedarf eines schwierigen Balanceakts der musealen Einrichtungen, um ihren kulturpolitischen Bildungsauftrag zu erfüllen, die Besucher in Konkurrenz zur Mediengesellschaft zu halten und dabei einer drohenden „MacDonaldisierung“[357], wie es Volker Kirchberger formuliert, zu entgehen. Die Befürchtung der Kritiker, dass Museen degradiert und dass Programme und Ausstellungen durch den gestärkten Unterhaltungscharakter auf oberflächliche Popularität getrimmt werden, um beim Publikum nicht durchzufallen,[358] ist allerdings zumindest hierzulande weitgehend unbegründet. Allein durch die Gebundenheit der finanziellen öffentlichen Mittel ist es nicht möglich, „in Augenhöhe mit den kommerziellen Anbietern auf der ‚Event-Welle‘ mitzuschwimmen“[359]. Zumal die Kombination von Erlebnis und Lernort auch für eine kulturelle Einrichtung sehr fruchtbar sein kann.[360] Schließlich kann „das Museum [...] durch eine Mitmach-Aktion sinnlicher und kommunikativer“[361] werden. Solange das Vermittlungsprogramm und die darin eingebundenen Events unmittelbar an Ausstellungsinhalte anknüpfen und nicht beliebig ausgewählt werden, können auch weiterhin Museumserlebnisse mit einem hohen Qualitätsanspruch entstehen, die nicht als „beliebiges Spektakel“[362] abgetan werden, sondern dem eigentlichen Aufgabenbereich eines Museums vollständig gerecht werden.

[356] Cassin (2006), S. 1.

[357] Volker Kirchberger: Die MacDonaldisierung deutscher Museen. Zur Diskussion einer Kultur- und Freizeitwelt in der Postmoderne, in: Tourismus Journal, 1/2000, S. 117–143, hier S. 119.

[358] Kirchberger (2000), S. 118.

[359] John (2008), S. 27.

[360] Freericks (2006), S. 33.

[361] Freericks (2006), S. 35.

[362] John (2008), S. 29.

Die aktuelle Museumsarbeit im Hinblick auf inklusive Tendenzen

In den vergangenen Jahrzehnten sind im Zuge des viel diskutierten musealen Bildungsauftrags auch Kooperationen mit Förder- oder Sonderschulen entstanden. Der entscheidende Impuls dafür ging in der Regel von den museumspädagogischen Abteilungen oder den Schulen selbst aus, weshalb die inklusive Teilhabe und Barrierefreiheit in den meisten Museen ausschließlich als Aufgabenfeld dieser Protagonisten gesehen werden.[363] Besonders im Hinblick auf die nötige Ganzheitlichkeit der Thematik ist es allerdings bedenklich, dass die Herstellung verschiedenster Zugangsmöglichkeiten auf einzelne Bereiche der Museumsarbeit abgewälzt wird, vielmehr muss sie zu einem intern formulierten Allgemeinziel erklärt werden, um ein abteilungsübergreifendes Ergebnis erzielen zu können.

Folker Metzger, Sprecher der Arbeitsgruppe *Barrierefreie Museen*[364], fordert daher eine diesbezügliche intensivere Auseinandersetzung mit dem Ziel, „die Umsetzung von Barrierefreiheit in Museen als obligatorischen Teil ihres Aufgabenspektrums zu etablieren“[365]. Durch die einflussreichen Museumsverbände und -gemeinschaften ist dies jüngst vor allem durch die Publikation des Leitfadens des *Deutschen Museumsbundes* geschehen, aber auch durch verschiedene Tagungen zu der Thematik. So fand im Jahr 2014 die, durch den *Landesverband Museumspädagogik Nordrhein-Westfalen e. V.* und den *Bundesverband für Museumspädagogik e. V.* organisierte Fachtagung *Inklusive Bildung im Museum: Herausforderung, Anforderung, Überforderung* in Bonn statt, bei der die zahlreichen anwesenden Vertreter von Kultureinrichtungen und Betroffenenverbänden gemeinsam „vier grundlegende Forderungen für die Entwicklung inklusiver Museen formuliert[en]: inklusives Denken, kontinuierliche Zusammenarbeit mit Betroffenenverbänden, Nachhaltigkeit [sowie] eine Vielfalt an Angeboten.“[366]

Trotz der intensiven Bemühungen von Seiten der nationalen Verbände, fehlen allerdings bislang noch immer entsprechende Schritte auf internationaler Ebene der ICOM. Die Problematik ist dort zwar grundsätzlich erkannt worden, doch spiegeln die zahlreichen Richtlinien und Leitfäden dies nur am Rande wider. So weist Metzger auch darauf hin, dass der Aufbau barrierefreier Museen außerhalb des

[363] Wichelhaus (2007), S. 106.

[364] Die Arbeitsgruppe wurde im Jahr 1995 durch Mitglieder des Bundesverbandes Museumspädagogik e. V. gegründet, um die Entwicklung der Museen zu barrierefreien Institutionen zu unterstützen.

[365] Metzger (2012), S. 192.

[366] Carola Rupprecht u. Susanne Weckwerth: Inklusion – auch in Museen? Überlegungen für die Praxis mit Menschen mit Behinderung, Kulturelle Bildung Online, 2015.

Bundesverbandes für Museumspädagogik und des Museumsbundes zurzeit noch zu wenig Aufmerksamkeit von politischen Entscheidungsträgern auf sich zieht. Die Forderung nach Angeboten im Bereich der kulturellen Bildung hat hingegen während der letzten Jahre sehr viel internationale und politische Aufmerksamkeit auf sich gezogen und bietet daher einen guten Ansatzpunkt.[367]

Auch in Stellungnahmen und Erhebungen wird nur selten explizit auf Menschen mit Behinderungen eingegangen, obwohl sich die Maßnahmen zur Förderung kultureller Bildung und der Inklusionsgedanke eigentlich nicht ausschließen, sondern vielmehr begünstigen. So zählt die UNESCO in ihrem Leitfaden neben Migranten und kulturellen Minderheiten auch Menschen mit Behinderungen zu den bislang isolierten Personengruppen, deren Recht auf kulturelle Bildung berücksichtigt werden müsse. Obwohl der Leitfaden zwar grundsätzlich jedes Land auffordert, die kulturelle Bildung als ein wichtiges Ziel und verpflichtenden Bestandteil in das eigene Bildungsprogramm aufzunehmen[368] und dadurch „jedem Kind und Erwachsenen das Recht auf Bildung und Teilnahme am kulturellen und künstlerischen Leben zu garantieren“[369], geht er nur im Rahmen der allgemeinen Menschenrechte punktuell auf Menschen mit Behinderungen ein. Details der besonderen Bedürfnisse der „von Bildung Ausgeschlossenen“[370], die bei der Umsetzung der Forderungen unbedingt zu beachten wären, führt das Dokument hingegen nicht an. Vielleicht liegt hier einer der Gründe dafür, dass die Forderungen nach kultureller Bildung und die Inklusionsdebatte noch nicht allerorts zusammengefunden haben. Dabei sieht Metzger zu Recht besonders in dem nahezu flächendeckenden Netz musealer Einrichtungen ein großes, bisher ungenutztes Potenzial.[371] Es sollte explizit auf die dringend notwendige Schaffung verschiedener Zugänge zur Kultur eingegangen werden, die über die erwähnte multikulturelle Praxis hinausgeht.[372] Dieser Aspekt dürfe „an so prominenter Stelle“[373] keinesfalls vernachlässigt werden.

Ausschlaggebend für die Vernachlässigung des Inklusionsthemas in der Debatte um kulturelle Bildung liegt zumindest für die Bundesrepublik vermutlich auch in

---

367 Metzger (2012), S. 191 ff.

368 Deutsche UNESCO-Kommission: Kulturelle-Bildung für Alle. Von Lissabon 2006 nach Seoul 2010, Bonn 2008, S. 16 f. (URL: https://www.unesco.de/fileadmin/medien/Dokumente/Bibliothek/Kulturelle_Bildung_fuer_Alle.pdf, letzter Zugriff: 04.10.2015).

369 Deutsche UNESCO-Kommission (2008), S. 16.

370 Deutsche UNESCO-Kommission (2008), S. 16.

371 Metzger (2012), S. 194 f.

372 Metzger (2012), S. 200.

373 Metzger (2012), S. 195.

dem Bericht der Enquete-Kommission *Kultur in Deutschland.* Zwar wird betont, dass „es einer Kulturpolitik [bedarf], die insbesondere den Prozess der kulturellen Partizipation vorantreibt“ [374], „um der Bedeutung von Kunst und Kultur für Individuum und Gesellschaft gerecht zu werden“[375], doch sind Menschen mit Behinderung hier ebenfalls nur beiläufig erwähnt.[376]

Gleiches gilt für die 2010 veröffentlichte Infrastrukturerhebung *Bildungsangebote in klassischen Kultureinrichtungen* des *Zentrums für Kulturforschung.* Die Ergebnisse der Untersuchung sind als wichtiges Barometer für die Qualität von Vermittlungsprogrammen in deutschen Museen zu sehen. Gegenstand der Erhebung waren neben Angeboten von Museen auch Vermittlungsprogramme in Opernhäusern, Theatern, Bibliotheken und sonstigen kulturellen Institutionen, wobei lediglich personelle Angebote, wie beispielsweise Führungen, eruiert wurden. Die wesentlich zur Barrierefreiheit und Vermittlungsarbeit gehörenden spezifischen Maßnahmen im Rahmen der Ausstellungsdidaktik wurden hier jedoch nicht berücksichtigt. [377]

Da bis zu diesem Zeitpunkt noch keine umfassende quantitative Analyse in diesem Bereich veröffentlicht worden war, galten die Ergebnisse der Erhebung für die Kulturpolitik als richtungsweisend. Umso erstaunlicher ist die Herangehensweise der Untersuchung, da die Besucher in verschiedene Zielgruppen unterteilt wurden. Dieses selektive Vorgehen ist verwunderlich, gilt doch die allgemeine Absicht, durch Kulturangebote Menschen verschiedenster Generationen und sozialer Herkunft zusammenzuführen. Ein besonderer Schwerpunkt wird, begründet durch den gesellschaftlichen und demografischen Wandel, auf ältere Besucher sowie auf Migranten gelegt. Menschen mit Behinderungen werden ohne besondere Erklärung aus der Erhebung ausgeschlossen.[378] Da Angebote für Besucher mit Behinderung, wenn vorhanden, nicht explizit untersucht wurden, konnte die Problematik nicht wissenschaftlich belegt werden und fand daher kaum Einzug in die bildungspolitischen Debatten.

Wenn also seitens der Politik keine Besserung eingeleitet wird, so liegt die Verantwortung, die Problematik zu erkennen und durch Handlungsanweisungen Hilfestellung bei deren Lösung anzubieten, bei den großen Kultur- und Museums-

---

[374] Schlussbericht der Enquete-Kommission „Kultur in Deutschland“, Bundesdrucksache 16/7000, Berlin 2007, S. 49, (URL: http://dip21.bundestag.de/dip21/btd/16/070/1607000.pdf, letzter Zugriff: 04.10.2015).

[375] Schlussbericht der Enquete-Kommission (2007), S. 49.

[376] Metzger (2012), S. 200.

[377] Metzger (2012), S. 198 f.

[378] Metzger (2012), S. 198 f.

verbänden. Hervorzuheben ist in diesem Zusammenhang der *Verband deutscher Museumspädagogik e. V.*, der 1995 eine eigene Arbeitsgemeinschaft zu dieser Thematik gegründet hat, die seither regelmäßige Tagungen und Fortbildungen ausrichtet und die Entwicklung der Museen zu barrierefreien Institutionen unterstützt. Auch der *Deutsche Museumsbund e. V.* ist in diesem Bereich äußerst aktiv. So werden die Bedürfnisse von Menschen mit Behinderungen als „besondere Zielgruppen“[379] in den allgemeinen Qualitätskriterien für die museale Vermittlungsarbeit, die von beiden Verbänden in Kooperation erstellt wurden, berücksichtigt. Danach gehört es „zu den Aufgaben der Vermittlungsarbeit, allen Menschen durch unterschiedliche Angebote einen intellektuell, sozial, sinnlich und physisch barrierefreien Zugang zum Museum und seinen Inhalten zu ermöglichen.“[380] Ausführlich wird hier auch auf die Checklisten verwiesen, die vom *Landesverband der Museen zu Berlin e. V.* erstellt worden sind und mit denen die Forderung in konkrete Handlungsanweisungen umgesetzt wird.

Mit der Erarbeitung und Veröffentlichung der umfassenden Broschüre „Das Inklusive Museum“ führte der Verband seine Aufklärungsarbeit schließlich weiter und trug entscheidend zu einer deutlichen Sensibilisierung der Einrichtungen für die Problematiken bei. Der Leitfaden gibt seither nicht nur einen Überblick über das Wissenswerte, sondern ist auch ein deutliches Statement des Dachverbandes. Ob er in Zukunft dabei helfen kann, dass die Inklusion in deutschen Museen flächendeckende Umsetzung findet, bleibt zu hoffen.

Über die Fortschritte könnte die seit 2011 öffentlich zugängliche Inklusionslandkarte aufklären, die unter anderem durch das *Bundesministerium für die Belange behinderter Menschen* unterstützt wird. Die Landkarte bietet Einrichtungen, die beweisen, dass Inklusion in der Praxis gelingen kann, eine virtuelle Plattform. Unter dem Motto *Inklusion bewegt Deutschland* sollen die engagierten Projekte ihrem Vorbildcharakter gerecht werden können, andere Institutionen zum Nachahmen anregen, „Mauern in den Köpfen durchbrechen und Barrieren überwinden“[381]. Zurzeit umfasst die Karte knapp über 540 inklusive Beispiele aus verschiedenen Lebensbereichen, die speziell erarbeiteten Kriterien entsprechen. War die Gruppe der Museen und Galerien im Jahr 2013 einzig durch das *Landesmuseum Mainz* und

[379] Deutscher Museumsbund e. V., Bundesverband Museumspädagogik e. V. u. a., Qualitätskriterien für Museen: Bildungs- und Vermittlungsarbeit, Berlin 2008, S. 13.

[380] Deutscher Museumsbund e. V., Bundesverband Museumspädagogik e. V. (2008), S. 14.

[381] URL: http://www.museumsbund.de/de/das_museum/themen/barrierefreiheit_im_museum/inklusionslandkarte/druckversion.html (letzter Zugriff: 04.10.2015).

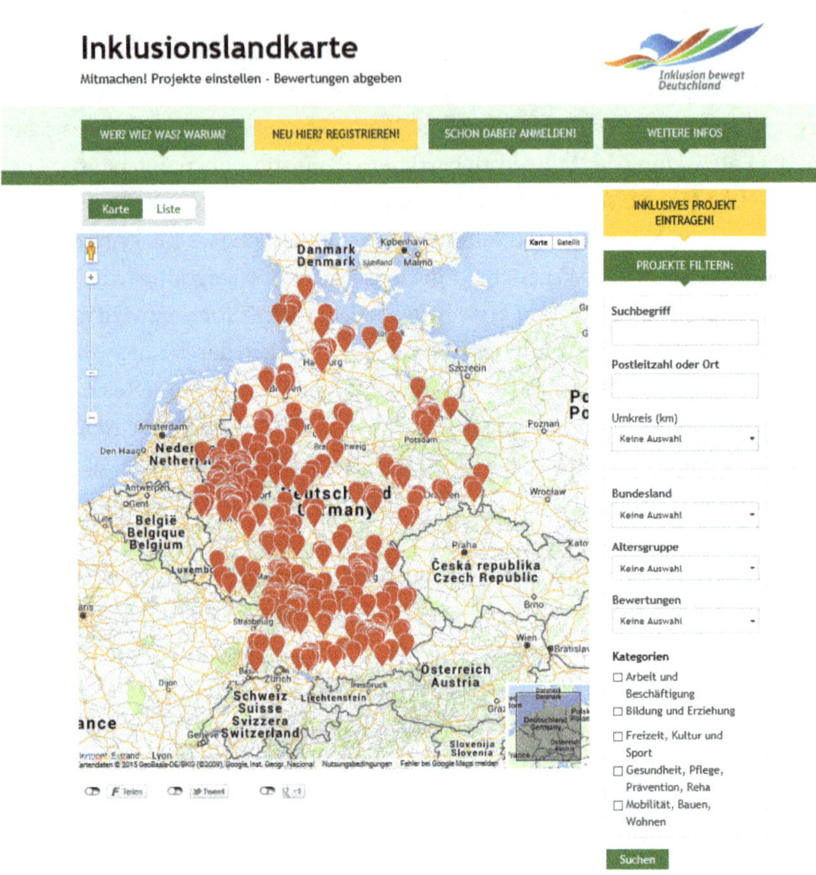

Verzeichnis inklusiver Orte und Projekte auf der Homepage der „Inklusionslandkarte" im Oktober 2015.

die *Staatlichen Kunstsammlungen Dresden* vertreten, sind in den vergangenen Jahren neben einzelnen temporären Projekten auch das *Kunstmuseum Bayreuth*, das *Stadtmuseum Kaufbeuren* und das *Deutsche Hygiene-Museum* eingetragen worden. Ob sich bisher noch keine anderen Einrichtungen für die Aufnahme in die Karte beworben oder diese die Kriterien nicht erfüllt haben, bleibt offen. Zwar steht fest, dass lange nicht alle musealen Einrichtungen, die sich für die Umsetzung der Inklusion einsetzen, hier verzeichnet sind, doch bleibt die Frage nach dem warum? Um als inklusives Haus Teil des Verzeichnisses zu werden, können sich diese selbstständig auch mit einzelnen Projekten bewerben oder extern vorgeschlagen werden. Die Landkarte kann somit zumindest im Kultursektor bedauerlicherweise keine Auskunft über den aktuellen Stand der Umsetzung geben.

Da auf nationaler Verbandsebene durch den Deutschen Museumsbund bereits wichtige Schritte unternommen wurden, sollte davon ausgegangen werden können, dass die international agierenden Organe ähnliche Maßnahmen ergriffen haben oder sogar noch sehr viel weiter entwickelt sind. Schließlich sind die Länder des angelsächsischen Sprachraums in Bezug auf die Inklusion in Kultureinrichtungen bereits sehr viel erfahrener.

Als wohl bedeutendste museale Gemeinschaft befasst sich der *Internationale Museumsrat ICOM* bisher allerdings kaum explizit mit behinderten Besuchern, obwohl der Rat im Rahmen der allgemeinen gesellschaftlichen Entwicklung „für einen besseren und bewussteren Umgang mit Minderheiten“[382] einsteht und von den Einrichtungen fordert, sich für alle Gesellschafts- und Personengruppen zu öffnen. Die von ICOM publizierten *Ethischen Richtlinien* weisen zwar sehr deutlich auf die Notwendigkeit hin, Museen und ihre Räumlichkeiten auch für Menschen mit Behinderungen zugänglich zu machen,[383] in welcher Form dieser Auftrag allerdings erfüllt werden soll, wie genau die spezifischen Bedürfnisse dieser Besuchergruppen aussehen und dass neben der Zugänglich- auch die Nutzbarkeit der Angebote von Bedeutung ist, wird hier nicht erörtert.

Da vor allem Inklusion und Teilhabe durch Einzelmitglieder bereits explizit thematisiert werden[384] und die *Ethischen Richtlinien* ebenfalls eine, wenn auch nicht umfassende Empfehlung abgeben, ist es verwunderlich, dass der Rat bis heute keine explizit auf diese Thematik ausgerichteten Handlungsanweisungen oder Richtlinien veröffentlicht hat und sich bisher nur punktuell an dieser Debatte beteiligt. So hob die Brasilianerin Tereza Scheiner bereits 2009 die besondere Rolle der Zusammenarbeit unterschiedlichster Gesellschaftsgruppierungen hervor, wenn es um die Gestaltung von pädagogischen Konzepten im Vermittlungsbereich geht, und betonte die Notwendigkeit von Toleranz und inklusiver Museumsarbeit: „The key concepts are acceptance of difference: accessibility, connection and tolerance. This theme demonstrates the concept of an inclusive ICOM, one that supports and defends

[382] Metzger (2012), S. 196.

[383] Obwohl der *Internationale Museumsrat ICOM* selbst in seiner Definition der Museumsaufgaben die Vermittlungsarbeit als eines der zentralen Aufgabenfelder sieht, wird die Ganzheitlichkeit der Barrierefreiheit in der Übersetzung der ethischen Richtlinien der deutschsprachigen Mitgliedsstaaten missverständlich formuliert. Die Forderung in dieser Hinsicht betrifft hier lediglich die Zugänglichkeit für körperlich beeinträchtigte Besucher (Internationaler Museumsrat: ICOM Schweiz, ICOM Deutschland, ICOM Österreich: Ethische Richtlinien für Museen von ICOM, [2]2006, S. 9).

[384] Metzger (2012), S. 195 ff.

inclusive museums, acting in collaborative networks."[385] Darüber hinaus wurde die Inklusionsdebatte im Jahr 2011 sogar zum Schwerpunkt für das regelmäßig erscheinende ICOM-Magazin, in dessen Rahmen der ICOM-Präsident Hans-Martin Hinz und der Generaldirektor Julien Anfruns forderten: „We must open our minds, embrace new ideas, and truly consider what the role of the museum is today and how it can encourage inclusion."[386] Dennoch sollte ICOM diese wichtige Thematik als internationale Dachorganisation auch in Form von konkreten Qualitätskriterien zur musealen Inklusion für die Mitgliedsstaaten formulieren und so seiner Rolle als internationaler Dachverband gerecht werden.

Allgemein kann die Auffassung, die Aufgabe einer barrierefreien Vermittlung sei „so gut wie nicht benannt und schon gar nicht eingefordert"[387], im Jahr 2015 nur noch teilweise bestätigt werden. Im Hinblick auf die bedeutendsten internationalen und nationalen kulturpolitischen Stellungnahmen und Leitlinien sind allerdings deutliche Unterschiede festzustellen. Auf nationaler Ebene sind hier sicherlich bisher mehr Maßnahmen getroffen worden, als vom *Internationalen Museumsrat ICOM* gefordert werden. Im kulturpolitischen Zusammenhang werden die besonderen Bedürfnisse von Menschen mit Behinderung oft nur dann benannt, wenn diese sich im Rahmen des prognostizierten demografischen Wandels mit den Ansprüchen von älteren Besuchern decken. Es macht den Eindruck, als stelle die Personengruppe der Besucher mit Behinderung im Kontext von kultureller Bildung derzeit noch keine potenzielle Zielgruppe dar. Stets werden die quantitativ stärksten Besuchergruppen der Kinder, Jugendlichen, Senioren und derjenigen mit Migrationshintergrund zum Ausgangspunkt für kulturelle Projekte herangezogen. Die Idee, die Standardbesuchergruppen zu erweitern oder die Frage, warum bestimmte Menschen nur selten in Museen anzutreffen sind, kommt in diesem Zusammenhang selten auf. Metzger fordert daher zu Recht, dass die kulturelle Bildung so konzipiert werden müsse, dass sie im Sinne der Inklusion von der Diversität der Menschen ausgehe. Er stellt fest, dass besonders in diesem musealen Bereich eine Orientierung an verschiedenen Zielgruppen, bei der zugleich ein Austausch zwischen den Teilnehmern verschiedener Besuchergruppen ermöglicht wird, realisierbar wäre.[388] Dazu dürfe der Lösungsweg allerdings „nicht allein in einer nach Zielgruppen differenzierenden

[385] Tereza Scheiner: Contributing to a better world, in: ICOM News. Newsletter of the international Council of Museums 62/2009, Heft 2, S. 5.

[386] Hans-Martin Hinz u. Julien Anfruns: Editorial, in: ICOM News. Newsletter of the international Council of Museums 64/2011, Heft 2, S. 2.

[387] Metzger (2012), S. 200.

[388] Metzger (2012), S. 199 ff.

Ausrichtung der Museumsarbeit gesucht werden“[389], sondern müsse im Sinne des Inklusionsgedankens sicherstellen, dass möglichst oft „verschiedene Gruppen gemeinsam an Programmen [...] teilnehmen können“[390].

Die aktuelle Situation wird sich sicher erst dann verändern, wenn auch wissenschaftliche Erhebungen auf alle Menschen eingehen und keine Personengruppen ausgeschlossen werden. Solange diese allerdings in sich selektiv arbeiten, können sie der Inklusion nur wenig dienlich sein und weder Notwendigkeit, noch Potenziale und Erfolge sichtbar machen.

[389] Metzger (2012), S. 200.

[390] Metzger (2012), S. 201.

4. Inklusive Möglichkeiten in der musealen Kunstvermittlung

Durch Behinderungen beeinträchtigte Menschen haben neben rein körperlichen auch psychosoziale Schwierigkeiten, die mit gesellschaftlichen Einschränkungen verbunden zu einem „erheblichen Verlust an kultureller Identität führen“[391] können. Museen bieten zwar die Möglichkeit, durch ihre besonderen Eigenschaften als Orte des emotionalen, sozialen, kommunikativen und kognitiven Lernens diesen Nachteil auszugleichen, doch obwohl die Debatte um die Gewährleistung von Barrierefreiheit und kultureller Teilhabe in den letzten Jahren ausführlich diskutiert wird, ist die allgemeine Zugänglichkeit vor allem auf diesem Gebiet noch lange nicht selbstverständlich.

Zu diesem Zweck müssen neben der allgemeinen räumlichen und organisatorischen Barrierefreiheit auch die Angebote im museumspädagogischen Bereich überdacht werden.[392] Mit viel Aufwand, Einsatz und Energie wird hier ein anspruchsvolles und ausstellungsbezogenes Informations- und Vermittlungsprogramm erarbeitet, das zweifelsohne eine große Anzahl der Besucher anspricht, in der Regel aber individuellen Bedürfnissen kaum gerecht wird.[393] Zwar ist es seit den späten 1990er-Jahren im Zusammenhang mit einer erstarkenden Sensibilisierung für die Inklusionsthematik bereits zu einer wachsenden Zahl an Angeboten für Besucher mit besonderen Bedürfnissen gekommen, doch finden diese noch immer häufig hinter verschlossenen Türen statt. Menschen mit Behinderungen werden oft in Einzelprojekten betreut, die auf Anfrage zwar viele Einrichtungen anbieten, doch ist dieses Angebot nur selten ausführlich beworben. Zudem stehen sie in ihrem isolierenden Charakter vielfach noch im „Zeichen einer weiteren Ausdifferenzierung von Besuchergruppen“[394] und sind eher der veralteten Vorstellung der Rehabilitation und Fürsorge verschrieben.

Die speziell für bestimmte Personengruppen ausgerichteten Programme in Form von Führungen oder Workshops stellen zwar eine wichtige Komponente der inklusiven Museumsarbeit dar, doch sind die Einrichtungen auf spontane Einzelbesuche, vor allem von Menschen mit kognitiven Beeinträchtigungen, selten vorbereitet. Um allerdings ein Museum für jeden zugänglich zu gestalten, ist es anzustreben, dass

[391] Wichelhaus (2007), S. 106.
[392] Wichelhaus (2007), S. 106.
[393] Arnade u. Heiden (2007), S. 46.
[394] Metzger (2014), S. 14.

eine Ausstellung auch selbstständig und ohne Anmeldung genutzt werden kann[395], unabhängig von individuellen Fähigkeiten, möglichen Einschränkungen, ethnischer wie sozialer Herkunft, Geschlecht oder Alter. Die speziell ausgerichteten Vermittlungsprogramme sind nur eine einzige Form der musealen Inklusion, können aber vielleicht ein nötiger Zwischenschritt auf dem Weg zur generellen Teilhabe im Ausstellungswesen sein.

Lernprozesse von Menschen mit kognitiver Beeinträchtigung

Ein großes Problem scheint vor allem das noch immer weit verbreitete Vorurteil, dass Menschen mit einer geistigen Behinderung nur bedingt aufnahmefähig seien. Allerdings gilt es heute als erwiesen, dass sie auch noch im hohen Erwachsenenalter „lernfähig sind, Lücken schließen, Retardationen aufholen, neue Fähigkeiten und Fertigkeiten erwerben [und] vor allem an sozialer Kompetenz gewinnen“[396]. Der Begriff des Lernens bezieht sich auch für diesen Personenkreis daher nicht nur auf das schulische Lernen, sondern auch auf das bereits angesprochene lebenslange Lernen. Aus diesem Grund muss es eine Selbstverständlichkeit werden, dass jeder Mensch lernen kann, was für ihn wichtig ist, um die Fähigkeiten zu entwickeln, die in ihm stecken.[397]

Da oft davon ausgegangen wird, dass die basale Hauptlernphase aufgrund des geringeren Lerntempos vor allem bei Menschen mit einer geistigen Beeinträchtigung länger andauert, muss ihnen im Erwachsenenalter die Möglichkeit geboten werden, „durch Lernen das nachzuholen, was ihnen infolge ungünstiger Umstände versagt war, in ihrer Kindheit zu erlernen“[398]. Besonders Museen können hier einen entscheidenden Beitrag leisten. Insbesondere weil es hier, wie gezeigt wurde, nicht allein um das Erlernen von Wissen, sondern genauso um „[...] die Herausbildung von Persönlichkeitseigenschaften, von sensorischen und motorischen Leistungen, Besonderheiten des Wertens, Strebens, Wollens, des Erwerbs von Überzeugungen,

[395] Auer (2007), S. 38.

[396] Horst Suhrweier: Geistige Behinderung. Psychologie, Pädagogik, Therapie, Neuwied 1999, S. 108.

[397] Klauß (2012), S. 147 f.

[398] Otto Speck: Erwachsenenbildung bei geistiger Behinderung. Eine Grundlegung, in: Ders. (Hrsg.): Behindertenhilfe durch Erziehung, Bd. 12: Erwachsenenbildung bei geistiger Behinderung. Grundlagen – Entwürfe – Berichte, Behindertenhilfe durch Erziehung, München 1982, S. 11–42, hier S. 16.

Einstellungen, Emotionen, Motiven, des Charakters, sozialer Verhaltensweisen [...]“[399] geht, bietet es auch für Menschen mit kognitiven Schwierigkeiten einen Ort des vielfältigen Lernens und Erlebens. Es muss allerdings davor gewarnt werden, in alte, rehabilitationsgesteuerte Muster zu verfallen. Museen dürfen in keinem Fall als therapeutische Einrichtungen gesehen werden, an die Menschen mit Behinderung verwiesen werden, um Leistungen und Fähigkeiten zu verbessern und ein Defizit auszugleichen. Es muss bei einem Ausstellungsbesuch vor allem um eines gehen: die Betrachtung der Originale und den freiwilligen Genuss des ganzheitlichen kulturellen Erlebnisses. Die beschriebenen Lernbereiche sind zwar durchaus als positive Auswirkungen der Auseinandersetzung mit einer Ausstellung ernst zu nehmen, dürfen den primären Sinn allerdings nicht dominieren.[400] Ziel für die betreffende Besuchergruppe sollte es vielmehr sein, „neue Räume zu betreten, Kompetenzen für Grenzüberschreitungen zu erwerben und die Kunst als Motor für diesen Schritt zu nutzen“[401].

Horst Suhrweier erforscht seit vielen Jahren die Lernfähigkeit von Menschen mit einer geistigen Behinderung. Die Personengruppe definiert er im Hinblick auf die Problematik der Lernfähigkeit in Anlehnung an Heinz Bach:

> Als geistigbehindert gelten Personen insofern und solange, als ihr Lernverhalten nicht nur vorübergehend wesentlich hinter der am Lebensalter orientierten Erwartung liegt und durch ein Vorherrschen des anschaulich-vollziehenden Aufnehmens, Verarbeitens und Speicherns von Lerninhalten und eine Konzentration ihrer Lerninteressen auf direkter Bedürfnisbefriedigung Dienendes gekennzeichnet ist [...].[402]

Obwohl sich diese Auslegung primär auf Kinder und Jugendliche mit einem Intelligenzquotienten von höchstens 55 oder 60 bezieht, haben die von ihm im Anschluss aufgeführten Kennzeichnungskriterien in der Regel auch noch im Erwachsenenalter Gültigkeit.[403] Hier bestätigt sich die einleitend geäußerte Vermutung, dass die Lernsituation von Menschen mit kognitiver Beeinträchtigung keinesfalls an Altersgrenzen festzumachen ist. Die Probleme, die für diese Menschen in einer Lernsituation beobachtet werden können, liegen allgemein in der geringen Aufmerksamkeitsspanne

---

[399] Suhrweier (1999), S. 165.
[400] Suhrweier (1999), S. 165.
[401] Leßmann (2007a), S. 352.
[402] Suhrweier (1999), S. 163; zitiert nach: Heinz Bach: Pädagogik der Geistigbehinderten, in: Ders. (Hrsg.): Handbuch der Pädagogik, Bd. 5, Berlin 1979, S. 3.
[403] Suhrweier (1999), S. 163.

und Abstraktionsfähigkeit, einer resignativen Aufgaben- und Motivationshaltung sowie damit einhergehend in einem begrenzten Durchhaltevermögen. Darüber hinaus werden ihnen eine große Abhängigkeit von vitalen Lebensbedürfnissen, eine sachverhaftete Anschaubarkeit, ein geringes Lerntempo und eine begrenzte Fähigkeit zu Transferleistungen zugeschrieben. Eva Studinger von der *Staatlichen Kunsthalle Karlsruhe* weist zudem darauf hin, dass oftmals auch Probleme in der Sprachentwicklung auftreten, welche die Vermittlungsarbeit deutlich erschweren können.[404] Da Betroffene häufig auch keine selbstständige Aufgabengliederung vornehmen können und oftmals mit Gedächtnisschwäche leben, seien sie „vor allem während der Lernprozesse sehr führungsbedürftig“[405], ergänzt Suhrweier.[406]

Diese Feststellungen dürfen zwar aufgrund der Heterogenität der Personengruppe sicherlich nicht verallgemeinert werden, denn nicht alle Menschen mit kognitiven Einschränkungen sind von gleichen Symptomen betroffen, doch sind diese Eigenschaften im weiten Feld der geistigen Behinderungen auffällig weit verbreitet und können daher zumindest grobe Anhaltspunkte geben, an welchen Stellen mit Schwierigkeiten zu rechnen ist.

Wichtig ist, dass für einen Ausstellungsbesuch oder ein Vermittlungsprogramm keine festgelegten Zielvorstellungen formuliert werden können und sollen. Dem Konzept des informellen und lebenslangen Lernens folgend kann und darf es nicht primär darum gehen, zum Ende des Besuchs bestimmtes Wissen oder bestimmte Fähigkeiten erlernt zu haben. Ziel ist, was auch immer die Besuche bei den Menschen mit kognitiven Problemen individuell bewirken – denn dass sie etwas bewirken, steht außer Frage. Obwohl der Lernprozess und das emotionale Erleben, wie gezeigt wurde, unmittelbar zusammenhängen, sollte der Wissenserwerb im wissenschaftlichen Sinne stets hintenanstehen.

[404] Eva Studinger: Zwischen den Stühlen. Museumspädagogik für Menschen mit geistiger Behinderung, Frankfurt a. M. 2002; Wichelhaus (2007), S. 108 f.

[405] Suhrweier (1999), S. 163.

[406] Suhrweier (1999), S. 163.

Neurodidaktische Grundlagen

Die Neurodidaktik zeigt, wie wichtig die Ergebnisse der modernen Hirnforschung für die allgemeine Didaktik sind, wenn es darum geht, ihre pädagogische Anwendbarkeit zu überprüfen.[407] Während in den USA bereits die 1990er-Jahre als das „Decade of the Brain"[408] bezeichnet und parallel auch in der Pädagogik die ersten Ansätze eines „Brain-Based Learning and Teaching"[409] entwickelt wurden, fanden die neurodidaktischen Erkenntnisse im deutschsprachigen Raum bis zur Jahrtausendwende nur wenig Beachtung. Erst im Zuge der Debatte um die PISA-Studie wurde die Forderung nach einer gehirngerechten Lehrmethode lauter. Die Neurodidaktik, welche die pädagogischen Konzepte unter wesentlicher Berücksichtigung von Erkenntnissen der Neurowissenschaften und der neueren Hirnforschung zu praxisorientierten Ansätzen verknüpft, bietet eine „neue Sicht auf Voraussetzungen, Strukturen und Prozesse von Gedächtnis und Lernen"[410]. Die neuen Erkenntnisse und die Verknüpfung von Erziehungszielen mit neuropsychologischen Begriffen stießen seitens der akademischen Erziehungswissenschaft jedoch auch auf Ablehnung, da es sich um „zwei grundverschiedene [...] Erkenntnisgegenstände"[411] handele. So habe „die Hirnforschung bisher nicht mehr zutage gefördert [...], als erfahrene reflektierte Pädagogen schon wussten"[412], so die Kritiker. Die Gehirnforschung könne die Pädagogik zwar in Theorie und Praxis auf Chancen, Schwierigkeiten und Erfolgsaussichten bei der Organisation von Lern- und Verstehensprozessen aufmerksam machen, „ihr jedoch [...] die Erarbeitung lernwirksamer Umgebungen, Materialien, Medien und Prozeduren nicht abnehmen [...]"[413].

---

[407] Gerhard Friedrich: Allgemeine Didaktik und Neurodidaktik. Eine Untersuchung zur Bedeutung von Theorien und Konzepten des Lernens, besonders neurobiologischer, für die allgemeindidaktische Theoriebildung, Bielefeld 2005, S. 8.

[408] Nicole Becker: Die neurowissenschaftliche Herausforderung der Pädagogik, Berlin 2006, S. 18.; Schmidt (2012), S. 9.

[409] Becker, (2006), S. 201; Schmidt (2012), S. 9.

[410] Ulrich Herrmann: Neurodidaktik. Neue Wege des Lehrens und Lernens, in: Ders. (Hrsg.): Neurodidaktik. Grundlagen und Vorschläge für gehirngerechtes Lehren und Lernen, Weinheim ^{2}2009, S. 9–16, hier S. 9.

[411] Becker (2006), S. 213.

[412] Herrmann (2009), S. 10; Vgl. nach: Henning Scheich: Lernen unter der Dopamindusche, in: DIE ZEIT, 39/2003, 18.09.2003, S. 38. (URL: http://www.zeit.de/2003/39/Neurodidaktik_2, letzter Zugriff: 04.10.2015).

[413] Ulrich Herrmann: Gehirnforschung und die Pädagogik des Lehrens und Lernens. Auf dem Weg zu einer „Neurodidaktik"?, in: Zeitschrift für Pädagogik, 4/2004, Weinheim 2004, S. 471–475, hier S. 474.

Dennoch erscheint die Betrachtung einiger neurodidaktischer Erkenntnisse sinnvoll, da sie eine Möglichkeit bieten, Vorgänge im Gehirn zu verstehen, die für das emotionale Erleben und den damit zusammenhängenden Lernprozess essenziell sind. Auch wenn diese bei jedem Menschen individuell und vor allem bei einer geistigen Behinderung schwer einzuschätzen sind, können sie wichtige Anhaltspunkte für die direkte und indirekte Wissensvermittlung auch im musealen Kontext liefern.

Das Gehirn kennt verschiedene Verfahren, um Lerninhalte im Gedächtnis zu ordnen: Das *deklarative* Gedächtnis speichert Fakten, das *semantische* ist für Bedeutungen zuständig, das *prozedurale* für die Routine, Abläufe und Fertigkeiten und das *emotionale* dementsprechend für die Gefühlswelt. Zusammen begünstigen sich diese Bereiche gegenseitig und bilden einen Funktionszusammenhang, der in seiner ganzen Bandbreite genutzt werden sollte, indem die Informationen möglichst in einen Bedeutungsrahmen gebettet erscheinen.[414] Dennoch ist Lernen „ein sehr langsamer Prozess“[415]. Nur durch häufige Wiederholung und kontinuierliche Übung können neuronale Verbindungen stabilisiert und das Gelernte immer schneller aus dem Gedächtnis abgerufen werden.[416] Dieser Vorgang braucht bei Menschen mit geistiger Behinderung aufgrund der oftmals vorherrschenden Gedächtnisschwäche im Durchschnitt zusätzliche Zeit, was dazu führen kann, dass auch nach mehreren Lerneinheiten kaum noch Erinnerungen abrufbar sind.

Ist dann aber erst ein Gedächtnis in einer Sache aufgebaut, stellt es die denkbar wichtigste Voraussetzung dar, um Neues zu lernen. Im besten Fall laufen diese beiden Phasen der Informationsaufnahme und -sicherung im zeitlichen Wechsel.[417] Aus diesem Grund ist das Gehirn nicht als reiner Datenspeicher, sondern vielmehr als „ein autonomer Datenerzeuger“[418] zu sehen, „der auf seine Weise Informationen bewertet und zu Bedeutungszusammenhängen verknüpft“[419]. Dabei entwickelt jedes Gehirn „seine individuelle erfahrungsgeschichtliche Prägung“[420] und „schreibt neuen Informationen zunächst einmal seine lebensgeschichtliche Bedeutung zu“[421]. Lernen ist somit ein aktiver Prozess, auf den wir kaum Einfluss haben, da dieser unbewusst abläuft und durch externe Faktoren gesteuert wird. Zu diesen zählen unter

414 Herrmann (2009), S. 14.
415 Herrmann (2009), S. 11.
416 Herrmann (2009), S. 11.
417 Herrmann (2009), S. 11.
418 Herrmann (2009), S. 15.
419 Herrmann (2009), S. 15.
420 Herrmann (2009), S. 11.
421 Herrmann (2009), S. 11.

anderem die individuellen kognitiven und emotionalen Lernvoraussetzungen, die Motivation, das Vorwissen und frühere Erlebnisse sowie der aktuelle emotionale Zustand und der spezifische Lehr- und Lernkontext.[422]

Das Gehirn wird auch als „soziales Organ“[423] bezeichnet, das stets nach förderlichen Beziehungen und einer freundlichen Umgebung sucht. Folglich können sich bestimmte Rahmenbedingungen begünstigend auf den Erfolg des bewussten oder unbewussten Lernprozesses auswirken.[424] Da nachgewiesen werden konnte, „dass das Gehirn umso besser funktioniert, je attraktiver die Lernsituation empfunden wird“[425], gelten eine entspannte Atmosphäre, Spiel und Vertrauen als grundlegende Voraussetzungen für die Entfaltung von Neugier und Kreativität im Lernprozess.[426]

Was aber kann attraktiver wirken als der mit Dopamin angereicherte „Aha-Effekt“? Da das körpereigene Belohnungssystem durch den Spaß am Gelingen[427] aktiviert wird, ist „nichts […] erfolgreicher als eine neurodidaktisch argumentierte ‚Spaßpädagogik‘: Eine lust- und spaßbesetzte Leistungsherausforderung, die Erfolgserlebnisse vermittelt!“[428]. Da das körpereigene Opiat Dopamin neben den Hormonen auch die Aufmerksamkeit steuert, machen die selbstständige Wissensaufnahme und der eigene Erfolg nicht nur Lust auf mehr, sondern das Gehirn auch noch aufnahmefähiger.[429] Das Erfolgserlebnis ermutigt und stärkt darüber hinaus das Selbstbewusstsein und verhindert dadurch den drohenden Motivationsverlust, der insbesondere bei Menschen mit kognitiven Einschränkungen schnell eintreten kann.[430]

---

422 Gerhard Roth: Warum sind Lehren und Lernen so schwierig?, in: Zeitschrift für Pädagogik, 4/2004, Weinheim 2004, S. 496–506, hier S. 496.

423 Herrmann (2009), S. 11.

424 Herrmann (2009), S. 11.

425 Herrmann (2009), S. 14.

426 Herrmann (2009), S. 9 ff.

427 Herrmann (2009), S. 14.

428 Herrmann (2009), S. 14.

429 Herbert Beck: Neurodidaktik oder: Wie lernen wir?, in: Erziehungswissenschaft und Beruf, Heft 3/2003

430 Herrmann (2009), S. 11.

Das Freizeitverhalten von Menschen mit geistiger Behinderung
Freizeit ist unumstritten eine unverzichtbare Komponente menschlichen Lebens. Ausgezeichnet durch die freie Verfügbarkeit, Wahlmöglichkeit und Zwanglosigkeit und im Zeichen der Selbstbestimmung stehend, beeinflusst sie die Identitätsfindung, trägt maßgeblich zur persönlichen Lebensgestaltung bei und ist „Ausdruck von Lebensqualität, sozialer Anerkennung und des Integriert-Seins“[431]. Ein Museumsbesuch ist für viele Menschen ein ganz natürlicher Teil ihrer persönlichen Freizeitgestaltung. Sie fassen den Entschluss, eine bestimmte Einrichtung, eine Sammlung oder eine Sonderausstellung zu besuchen und in diesem Rahmen vielleicht ein Vermittlungsangebot in Anspruch zu nehmen. Diese Freiheit sowie die Wahlmöglichkeiten, Verfügbarkeit und Zwanglosigkeit stehen im Zeichen der Selbstbestimmung und sind zentrale Bestandteile des gängigen Freizeitverständnisses.[432] Besonders für Menschen mit Behinderung sind Selbstbestimmung, Mobilität und Flexibilität allerdings nicht die Regel. Der generelle Vorwurf von Initiativarmut und Unselbstständigkeit,[433] muss ebenso kritisch betrachtet werden wie das Vorurteil, der geistig Behinderte sei per se nicht fähig, allein und aktiv sein gesamtes Leben zu bewältigen und benötige ständige Anregungen und engagierte Hilfe.[434] Diese Thesen sind Relikte des Rehabilitationsgedankens der Vergangenheit und treffen heute sicherlich nicht mehr in diesem Maße zu, zumal es Menschen mit kognitiven Einschränkungen sehr wohl möglich ist, ohne Assistenz und externe Anregungen zu leben.

Die Freizeit oder die Person sind nicht das eigentliche Problem, vielmehr geht es um die ökonomischen und sozialen Benachteiligungen, welche die Teilhabe an individuellen und gesellschaftlichen Freizeitbeschäftigungen erschweren.[435] Ihre freie Zeit mit Inhalten zu füllen, die den persönlichen Interessen entsprechen, sei für Menschen mit Behinderung schließlich genauso wichtig wie für Nichtbehinderte, betont Reinhard Markowetz.[436] Das Freizeitverhalten von Menschen mit Behinderung wird wie auch bei anderen Menschen allerdings von zahlreichen internen und externen Faktoren bestimmt. Das Lebensalter spielt in dieser Hinsicht genauso eine

---

[431] Reinhard Markowetz: Inklusion im Lebensbereich. Freizeit durch Freizeitbildung und Freizeitassistenz, in: Andreas Hinz u. a. (Hrsg.): Von der Integration zur Inklusion. Grundlagen – Perspektiven – Praxis, Marburg [3]2012, S. 201–217, S. 202.

[432] Heinz Wieland (Hrsg.): Zur Integration geistig behinderter Menschen in verschiedenen Lebensbereichen, Handbücherei für die Unterrichtsplanung und Unterrichtsgestaltung in der Schule für Geistigbehinderte, Bd. 19, Dortmund 1985, S. 112–113.

[433] Suhrweier (1999), S. 112.

[434] Suhrweier (1999), S. 113.

[435] Markowetz (2012), S. 204.

[436] Markowetz (2012), S. 202.

Rolle wie das Einkommen, die Arbeitsverhältnisse, soziale Kontakte und regionale Gegebenheiten.[437] Nicht zuletzt geht es aber um den Grad der Beeinträchtigung und ihrer Sichtbarkeit, da vor allem die Mobilitäts- und Kommunikationsfähigkeit Auswirkungen auf die Freizeitmöglichkeiten haben können. Wohingegen Beeinträchtigungen von Mobilität, Bewegung und Sprachfähigkeit bis zu einem gewissen Punkt kompensiert werden können,[438] sind vor allem die gesellschaftlichen Vorurteile, auf die Menschen treffen, problematisch. Markowetz empfiehlt daher, dass Betroffene nicht einzig „nach technisch-apparativen (Barrierefreiheit), sondern nach sozialintegrativen Lösungen (Abbau der Barrieren im Kopf, Entstigmatisierung)"[439] suchen sollten, um ihren Freizeitbedürfnissen gerecht zu werden. Aber auch die Lebens- und Wohnsituation sind wichtige Variablen des Freizeitverhaltens. Besonders wenn die Menschen von einem externen Pflegedienst oder wohngruppeninternen Tagesabläufen abhängig sind, kann sich dies auf die Freizeitgestaltung auswirken.[440] Diese obliegt in diesen Fällen den begleitenden Diensten und den Betreuern. Vor allem in Wohnheimen sind individuelle Aktivitäten außerhalb dieser Gruppierung nur in wenigen Fällen möglich. Negativ wirken sich hier bekanntermaßen insbesondere die fehlenden finanziellen Mittel, Planstellen und Fortbildung der Betreuer sowie gesellschaftliche Vorurteile aus, die den Ausbau von individueller Freizeit verhindern.[441] Für die im Elternhaus lebenden Kinder und Erwachsenen mit Behinderung gilt ebenso oft die Vermutung, „daß passiv-rezeptive Tätigkeiten überwiegen [und] außerhäusliche Kontakte oft fehlen"[442]. Dieser These werden zwar keinerlei konkreten Belege hinzugefügt, doch schreibt Suhrweier, dass die sogenannten „‚Elternwohner'

[437] Markowetz (2012), S. 204.

[438] Markowetz (2012), S. 204.

[439] Reinhard Markowetz: Freizeit und Erwachsenenbildung für Menschen mit Lernschwierigkeiten, in: Helmut Schwalb (Hrsg.): Inklusion, Partizipation und Empowerment in der Behindertenarbeit. Best-Practice-Beispiele: Wohnen – Leben – Arbeit – Freizeit, Stuttgart 2009, S. 176–188, hier S. 178.

[440] Das *Wallraf-Richartz-Museum & Fondation Corboud* in Köln hat beispielsweise einen bundesweit einzigartigen Service ins Leben gerufen, um kunstinteressierte, weniger mobile Senioren ins Museum zu bringen. In Kooperation mit der Toyota Deutschland GmbH und dem Caritasverband Köln wurde zu diesem Zweck ein eigenes Wallraf-Auto angeschafft, in dem Menschen, die sonst aus mangelnder Mobilität nicht zu dem Museum gelangen könnten, durch ehrenamtliche Mitarbeiter gefahren werden. Ein ähnlicher Service wäre für Menschen mit Behinderung sinnvoll, wenn auch zu diesem Zweck ein barrierefreies Auto dafür bereitgestellt werden müsste.

[441] Suhrweier (1999), S. 116.

[442] Suhrweier (1999), S. 115.

[…] zumeist ihre Abhängigkeit vor allem von der Mutter“[443] beklagen, weshalb auch in diesen Lebenssituationen die „Gefahr der Überhütung und der Gängelung im Freizeitverhalten“[444] besteht.

Die allgemeine Abhängigkeit vom betreuenden Umfeld bedeutet für Menschen mit einer Behinderung oft, dass die eigene Freiheit stark davon abhängig ist, was Betreuer und Familie zulassen.[445] Vor allem Menschen mit einer kognitiven Behinderung werden oft auch in ihrem Freizeitverhalten entmündigt. Die daraus resultierende Isolation in diesem Bereich macht Suhrweier an einer Befragung fest, die bereits in den 1970er-Jahren durchgeführt wurde und das Freizeitverhalten von Menschen mit einer kognitiven Beeinträchtigung abfragte. Am häufigsten wurden hier Musikhören, Handarbeiten, Basteln, Lesen, Kreuzworträtsellösen und die Beschäftigung mit Spielzeug oder Tieren als Zeitvertreib angegeben, erst im Anschluss wurden Sport und Theaterbesuche als externe Freizeitbeschäftigungen genannt.[446] Die Vermutung, dass sich die Situation seit den 1970er-Jahren aufgrund der fortgeschrittenen Behindertenbewegung verbessert hat, widerlegen Aussagen großer Behindertenverbände. Auch wenn es bereits eine Vielzahl von Freizeitangeboten für Menschen mit Behinderung gäbe, seien besonders der Freizeit- und Reisesektor noch immer eher „Sonderangebote“, die in vielerlei Hinsicht „eher exklusiv als inklusiv“[447] seien, hieß es vonseiten der *Aktion Mensch* noch im Jahr 2013.

Menschen mit Behinderung wollen als gleichberechtigte Bürger „mitten im Leben stehen“[448] und durch Entscheidungs- und Handlungsfreiheit Einfluss auf ihre Lebensgestaltung nehmen.[449] Die Bildungskommission des *Deutschen Bildungsrates* betonte schon Anfang der 1970er-Jahre, dass die soziale Eingliederung von Menschen mit geistigen Beeinträchtigungen vor allem im Erwachsenenalter primär im Freizeitbereich stattfände.[450] Zu diesem Zweck ist es allerdings notwendig, die Isolation

443 Suhrweier (1999), S. 115.

444 Suhrweier (1999), S. 115.

445 Bundesvereinigung Lebenshilfe für Menschen mit geistiger Behinderung e. V.; Bundeskompetenzzentrum Barrierefreiheit (Hrsg.): Kriterienkatalog. Barrierefreiheit für Menschen mit kognitiven Einschränkungen, 2011, S. 8.

446 Suhrweier (1999), S. 115; zitiert nach Angelika Thannhäuser: Zur Situation geistig behinderter Erwachsener aus der Sicht ihrer Mütter, Bern 1976.

447 URL: http://www.aktion-mensch.de/inklusion/in-der-freizeit.php (letzter Zugriff: 08.06.2013), Dokumentiert: URL: http://www.behindert-barrierefrei.de/inklusion_und_kultur_sind_fuer_uns_sehr_wichtig/ (letzter Zugriff: 04.10.2015).

448 Markowetz (2012), S. 214.

449 Markowetz (2012), S. 214.

450 Suhrweier (1999), S. 113.

dieser Personengruppe so weit wie möglich aufzuheben und ein gemeinschaftliches Freizeitangebot für Menschen mit und ohne Behinderung zu schaffen. Durch dieses Miteinander in Gruppen und gemeinsamen Freizeitaktivitäten würde sich die Einstellung bei allen Beteiligten wandeln, „Ängste abgebaut, irrige Vermutungen und Vorurteile beseitigt, neue Einsichten gewonnen und Motive und Absichten zur Kommunikation entwickelt“[451], prophezeite der Heilpädagoge Walter Zielnick bereits in den 1980er-Jahren.

Besonders hervorzuheben sind die zahlreichen und intensiven Bemühungen der Behindertenverbände, wie beispielsweise der *Bundesvereinigung Lebenshilfe e.V.*, die im Rahmen ihrer finanziell eingeschränkten Möglichkeiten versuchen, ein möglichst breites Freizeitangebot zu schaffe, obgleich sich dieses ebenfalls primär an Menschen mit Behinderung richtet und zu selten inklusiv ausgelegt ist.

Das Museum bietet sich als vielfältiger Lern- und Erfahrungsraum für eine gemeinsame Freizeitgestaltung im Sinne der Inklusion in besonderem Maße an. Vor allem aber können museale Vermittlungsangebote denjenigen, die in Behindertenwerkstätten tätig sind, einen aktiven Ausgleich zu den oftmals repetitiven und monotonen Arbeitsprozessen und der einseitigen physischen Beanspruchung bieten.[452] Aus ihren sonst sehr eingeschränkten Lebens- und Freizeitmöglichkeiten heraus erfahren sie die Kunstwerke in einer „besonderen Intensität“[453]. Da ihr Leben zudem überwiegend „im Zusammensein immer mit den gleichen auch geistig Behinderten ab[läuft]“[454], ist das Museum als Ort der Begegnung und des Austausches darüber hinaus prädestiniert ihrem Wunsch, „auch mal normale Leute [zu] treffen“[455], zu entsprechen. So berichtet die Museumspädagogin Renate Friedländer von den positiven Auswirkungen eines solchen Museumsbesuchs:

> Diese kreativen Stunden im Museum waren ein beliebter Ausgleich für die sonst eintönige Arbeit des Alltags, was durchaus dazu führen kann, dass Besucher mit Behinderungen ein sehr starkes Interesse, gepaart mit einem unglaublichen Durchhaltevermögen zeigen. Informationen und Wissen werden wie ein Schwamm aufgesaugt.[456]

[451] Walter J. Zielniok (Hrsg.): Gestaltete Freizeit mit geistig Behinderten, Heidelberg ³1983, S. 23.
[452] Suhrweier (1999), S. 114.
[453] Friedländer (1992), S. 10.
[454] Suhrweier (1999), S. 114.
[455] Bernd Frauendorf: „Wir wollen mehr als nur dabei sein!“, in: Andreas Hinz u. a. (Hrsg.), Von der Integration zur Inklusion. Grundlagen – Perspektiven – Praxis, Marburg ³2012, S. 125–129, hier S. 128.
[456] Friedländer (1992), S. 11.

Ansätze für die museale Vermittlungsarbeit

Es ist wahrlich schwierig, eine allgemein gültige Antwort auf die Frage zu finden, wie Inklusion im Kontext der musealen Kunstvermittlung aussehen muss, vor allem, da jedes Angebot und jedes Haus grundlegend verschieden sind. Den allgemeinen Grundzügen des Inklusionsgedankens entsprechend wären in der Theorie Vermittlungsprogramme und Ausstellungen gemeint, die alle Besucher, unabhängig von ihren individuellen Fähigkeiten, ethnischer wie sozialer Herkunft, Geschlecht oder Alter, vollständig und gleichberechtigt und ohne fremde Hilfe nutzen können. Ebenso wie ein für alle zugängliches Schulsystem ist dies jedoch in der Realität nur in Teilen durchführbar. Viele Einrichtungen betonen zwar auf Anfrage hin, dass ihre Angebote diesen Anforderungen entsprächen, da Ausstellungen und personelle Vermittlungsprogramme selbstverständlich für alle Besucher, auch für Menschen mit Behinderung, offen stünden.[457] Doch sind diese tatsächlich so gestaltet, dass sie auch für alle Menschen zugänglich und nutzbar sind oder wirken sie durch ihre an dem Durchschnittsbesucher orientierte Konzeption schließlich doch exklusiv?

Es gibt leider keine grundlegenden Erhebungen, die den Anteil von Besuchern mit besonderen Bedürfnissen an den regulären Vermittlungsangeboten in Museen erfassen. Sicherlich würde ihnen eine Teilnahme an einer regulären Führung oder an einem Workshop nicht verweigert werden, doch muss von einer gewissen Hemmschwelle seitens dieser Besuchergruppe ausgegangen werden. Die Angst zu versagen oder jene vor den Reaktionen anderer Teilnehmer mögen vermutlich ebenfalls ein Hindernis sein. Besucherstudien in Großbritannien haben gezeigt, dass Menschen in der Regel durch finanzielle und physische, aber vor allem auch durch soziale und psychische Barrieren von einem Kulturbesuch abgehalten werden. Vor allem die Angst, durch fehlende Bildung oder Vorwissen „nicht dazu zu gehören"[458] und sich zu blamieren, sei dafür verantwortlich, bestätigt die Studie.[459]

Letztlich muss auf eine explizit formulierte Einladung an alle Menschen auch eine Veranstaltung folgen, die zumindest versucht, auf individuelle Bedürfnisse einzugehen. Doch kann ein Museum diesen Anforderungen überhaupt in vollem Maße

---

[457] So antwortete beispielsweise der Museumsdienst Köln auf die Frage, warum auf der Homepage keine Angaben zu speziellen Angeboten gemacht werden: „Extra führen wir kein Programm, diese Besucher sind ganz selbstverständlich integriert" (Email vom 15.02.2013).

[458] Birgit Mandel: Kontemplativer Museumstempel, Bildungsstätte und populäres Entertainment-Center. Ansprüche an das Museum und (neue) Strategien der Museumsvermittlung, in: John Hartmut u. Anja Dauschek (Hrsg.): Museen neu denken. Perspektiven der Kulturvermittlung und Zielgruppenarbeit, Bielefeld 2008, S. 75–87, hier S. 78.

[459] Mandel (2008), S. 78.

gerecht werden oder ist ihre vollständige Zugänglichkeit vielleicht ein utopischer Gedanke? Schließlich sind insbesondere menschliche Begegnungen durchweg individuell und daher von einem relativen Charakter.[460]

Da die Inklusion als angestrebtes Ziel als Menschenrecht juristisch legitimiert ist, sollte sie nach bestem Gewissen umgesetzt werden. Um den Anforderungen nachzukommen, muss sich jedes Ausstellungshaus darüber klar werden, wie der Inklusionsgedanke bestmöglich realisiert werden kann, wo die Perspektiven, aber auch die Grenzen liegen. Zunächst müssen jedoch die Grundlagen für ein inklusives Museumsumfeld geschaffen werden, so werden Menschen mit Behinderung aus verschiedenen, bereits aufgezeigten Gründen bisher oft erst gar nicht als Zielgruppe dieser Einrichtungen wahrgenommen und demnach in der Kommunikation nach außen nicht als solche angesprochen.

Bisherige museale Ansätze bleiben zumindest im deutschsprachigen Raum derzeit noch überwiegend „einer *Integrationslogik* verpflichtet, die sich zum einen in Bestrebungen um die Herstellung von Barrierefreiheit unter dem Aspekt der Zugänglichkeit bemühen und zum anderen sich auf die Konzeption von zielgruppenspezifischen Angeboten für Menschen mit spezifischen besonderen Bedürfnissen konzentrieren."[461] Sie tragen zwar „unzweifelhaft zur Qualitätssicherung und Verbesserung kultureller Angebotsspektren bei"[462], doch können diese speziell ausgerichteten Sonderprogramme dem Inklusionsgedanken, so die Kritiker, aufgrund ihres isolierenden Charakters nur bedingt nachkommen.[463]

Indem sie die Teilnehmer allerdings langsam an das ungewohnte Umfeld heranführen und Hemmungen und Versagensängste abbauen, unterstützen sie die Inklusionsvorstellungen auf indirektem Wege. Die Vermutung, dass sich Teilnehmer nach einem speziell ausgerichteten Workshop nicht mehr als benachteiligt gegenüber Nichtbehinderten, sondern als gleichwertig sehen und anschließend den Mut aufbringen, sich gestärkt durch Vorwissen, Erfahrung und Selbstvertrauen, auch der Herausforderung von inklusiven bzw. für alle offenen Angeboten zu stellen, wird durch die Aussage einer Schülerin mit Behinderung unterstrichen, die während eines Workshops in einem Kölner Museum bemerkte: „Im Museum sind wir so gut wie die gesunden Kinder!"[464]

---

460 Schlummer (2007), S. 31.
461 Rupprecht u. Weckwerth (2015), Vgl. nach Dannenbeck (2011).
462 Dannenbeck (2011).
463 Dannenbeck (2011).
464 Friedländer (1992), S. 10.

Es scheint durchaus sinnvoll und vielleicht sogar nötig, die Vermittlungsarbeit, sei es in Form des didaktischen Gerüsts einer Ausstellung oder eines geführten Angebots, nach dem Motto *Inklusion durch Integration* auf beiden Seiten auszubauen und sowohl spezielle als auch inklusive Angebote zu erarbeiten. Die von Inklusionsverfechtern kritisierten Sonderprogramme bekämen dadurch eine Zwischenfunktion zugewiesen und würden der Inklusion als Fundament dienen.

Auch wenn es oft scheint, als rechtfertige die geringe Nachfrage vor allem im Bereich der kognitiven Beeinträchtigung keine aufwendigen Konzeptionen, ist es doch sehr wahrscheinlich, dass „die Zahl der selbständigen Personen mit ‚geistiger Behinderung' zunehmend steigen wird, wenn die infrastrukturellen Voraussetzungen dafür vorhanden sind"[465]. Im Kontext der Museumsarbeit würde dies bedeuten, dass die selbstbestimmten Einzelbesuche im Sinne der Inklusion erst dann stattfinden, wenn die Einrichtungen diese durch gezielte Angebote unterstützen.

Vermittlungsarbeit in Form von Workshops

Besonders für Menschen mit kognitiven Einschränkungen, die bisher noch keinerlei Kontakt zu musealen Einrichtungen hatten, ist es ratsam, zunächst ein spezielles Programm anzubieten. Aufgrund der Heterogenität der Personengruppe und ihren stark voneinander abweichenden Bedürfnissen und Fähigkeiten kann hier mit der nötigen Ruhe und ohne Leistungsdruck an die Einrichtung und die Inhalte herangeführt werden.

Für die Konzeption von Workshops oder ähnlichen gruppenbezogenen Vermittlungsprojekten ist in jedem Fall eine Kooperation mit einer sozialen Einrichtung förderlich.[466] Kooperationen haben zwar vor allem den Vorteil, dass die Vermittler hilfreiche Informationen über die Teilnehmer durch die Betreuer einholen können, um das Projekt individuell und den Bedürfnissen entsprechend auszurichten,[467] doch ist es wichtig, im Vorfeld abzuklären, wie sich die Teilnehmer des Workshops zusammensetzen sollen. Geht es um ein freiwilliges Angebot, das alle Menschen der Einrichtung nutzen können, handelt es sich um eine bestimmte, bereits beste-

---

[465] Bundesvereinigung Lebenshilfe (2011), S. 8.

[466] Sabina Leßmann: Kooperationen mit Förderschulen für geistig- und mehrfachbehinderte Jugendliche im Kunstmuseum Bonn, in: Patrick Sinclair Föhl u. a. (Hrsg.): Das barrierefreie Museum. Theorie und Praxis einer besseren Zugänglichkeit. Ein Handbuch, Bielefeld 2007, S. 347–355.

[467] Leßmann (2007a), S. 349 f.

hende Gruppe, wie beispielsweise einen Klassenverband, oder wird die Auswahl der Teilnehmer durch die Betreuer bestimmt? Besonders in Bezug auf den Inklusionsgedanken empfiehlt sich vor allem erstere Form der Gruppenbildung auf freiwilliger und selbstbestimmter Basis. In keinem Fall sollten Menschen aufgrund ihres vermeintlich zu hohen Behinderungsgrades von einer Teilnahme ausgeschlossen oder zu einer Teilnahme gezwungen werden.

Neben den künstlerisch-kreativen Erfahrungen und den nonverbalen und verbalen Austauschmöglichkeiten sind die Museumsaufenthalte für die Teilnehmer von Workshops vor allem der „‚Eintritt‘ in den öffentlichen Raum“[468]. Das Verhalten in und der Umgang mit öffentlichen Einrichtungen und die Orientierung in der Stadt sind dabei nur zwei positive Aspekte des Museumsbesuchs. Als einer Form von Selbstständigkeitstraining[469] kommt auch der Sensibilisierung durch eine Fahrt mit den öffentlichen Verkehrsmitteln eine besondere Bedeutung zu,[470] über die auch von den Teilnehmern selbst immer wieder mit Stolz berichtet wird. So schreibt eine vierzehnjährige Schülerin in einem Dankesschreiben an den Sponsor eines Kooperationsprojektes mit dem Kunstmuseum Bonn: „Auch der Abschluss des Museumsbesuchs ist für mich sehr interessant und macht mir Spaß, die Fahrt alleine mit der Bahn nach Hause.“[471]

Ähnlich wie bei der regulären Besucherakquise empfiehlt es sich generell, Menschen mit einer Behinderung bereits im Kindes- oder Jugendalter an eine Institution heranzuführen, um eine persönliche Bindung aufzubauen. Es kann davon ausgegangen werden, dass sich die Chance, das Museum im späteren Leben als vertrauten Ort zu empfinden, erhöht, je früher die Person mit verschiedenen Alltagssituationen vertraut gemacht wird. Da das Museum als Ort bereits bekannt ist, wird es nicht von den generellen Ängsten besetzt, sodass im Alter weniger Hemmschwellen zu überwinden sind. Anstatt in Sondereinrichtungen und Sonderprogrammen gut behütet, aber gleichzeitig isoliert zu bleiben, können die Menschen später die Teilhabe an der kulturellen Bildung für das ganze Leben nutzen.

Museumsbesuche von Sonderschul- oder Werkstattgruppen sind leider oft einmalige Aktionen, die als bloßer Ausflug oder als Ersatz für Unterricht dienen. Solch eine „kurzfristige pädagogische Intervention“[472] kann nur bei guter Abstimmung

---

[468] Leßmann (2007b), S. 19.

[469] URL: http://www.christophorusschule-bonn.de/images/schulemuseum.pdf (letzter Zugriff: 04.10.2015), S. 2.

[470] Leßmann (2007b), S. 19.

[471] Leßmann (2007a), S. 352.

[472] Wichelhaus (2007), S. 116.

mit dem Betreuer sinnvoll genutzt werden und zu einer Erfahrungs- und Lernbereicherung führen, ist allerdings vor allem bei Erstbesuchen eher kritisch zu sehen.[473] Menschen mit kognitiven Einschränkungen sind nach Erfahrungen von Gert Reising, Petra Runge und Eva Studinger aus der *Staatlichen Kunsthalle Karlsruhe* „meist sehr mißtrauische Menschen"[474] und brauchen daher in der Regel länger als andere Besuchergruppen, um „sich regelmäßig mit fremden Personen auseinanderzusetzen" und sich sowohl auf „passiv betrachtend[er]"[475] als auch auf „aktiv handelnd[er]"[476] Ebene „mit dem bis dahin unbekannten Medium Malerei zu beschäftigen"[477]. Eigene Erfahrungen zeigen allerdings auch, dass Menschen mit einer Behinderung genauso oft auch offen und vertrauensvoll in eine neue Situation oder Bekanntschaft hineingehen können, als diese Aussage vermuten lässt. Dennoch bereitet das ungewohnte Umfeld vielen Betroffenen nach wie vor Probleme. So berichtete eine Lehrerin etwa, dass ihre Schüler vor Beginn der ersten Museumsführung Angst davor gehabt hätten, angegafft zu werden. Misserfolge und Ablehnung in der Gesellschaft hätten viele Kinder misstrauisch und aggressiv gegenüber neuen Erfahrungen gemacht, die regelmäßigen Museumsbesuche seien jedoch „eine unschätzbare Hilfe in der Überwindung der Hemmschwelle zur Außenwelt"[478] geworden.

Eine konstante Bezugsperson während der Kursdauer erscheint für diese Besuchergruppe in der Regel besonders wichtig, um das Wohlbefinden in der Situation der Unsicherheit zu steigern.[479] Um eine tatsächliche Entwicklung zu fördern, schlägt Studinger für ein Kooperationsprojekt grundsätzlich eine Mindestlaufzeit von zwei Jahren vor,[480] wobei allerdings zu bedenken bleibt, dass dieser breite Zeitraum einen besonders hohen Aufwand an Kosten, Zeit und Personal mit sich bringt, weshalb sich diese Dauer nicht für jeden Partner realisieren lässt.

Ziel eines musealen Workshops sollte es unabhängig von Laufzeit und Kontext in keinem Fall sein, ein bestimmtes Lern- oder Wissensziel zu erreichen, sondern die Mitwirkenden vielmehr zu animieren, sich ohne Zwang frei auszudrücken und

---

[473] Wichelhaus (2007), S. 116.

[474] Gerhard Reising u. a.: Fremder Frühling. Kurse mit Geistigbehinderten in der Staatlichen Kunsthalle Karlsruhe, Karlsruhe 1991, S. 32.

[475] Reising u. a. (1991), S. 32.

[476] Reising u. a. (1991), S. 32.

[477] Reising u. a. (1991), S. 32.

[478] Friedländer (1992), S. 10.

[479] Friedländer (1992), S. 10.

[480] Eva Studinger: Malen als Denken in Bildern. Ein Angebot der Staatlichen Kunsthalle Karlsruhe, in: Patrick Sinclair Föhl u. a. (Hrsg.): Das barrierefreie Museum. Theorie und Praxis einer besseren Zugänglichkeit. ein Handbuch, Bielefeld 2007, S. 356–362, hier S. 358 ff.

selbstständig zu arbeiten.[481] Neben einer Verbesserung der Kommunikation und des Sozialverhaltens können Kunst- und Malkurse viele positive Auswirkungen auf verschiedenen Ebenen haben und beispielsweise den Wortschatz und die Feinmotorik der Teilnehmer positiv beeinflussen.[482] Die „Kunst hat ein Potenzial, das Anstöße geben [...] und [...] zu einer größeren Reise werden"[483] kann.

Hans-Günther Richter zeigte für die Arbeit mit geistig Behinderten in den 1980er-Jahren die didaktischen Grundprinzipien der ästhetischen Kunsterziehung auf. Richter sieht vor allem den assoziativen Zugang zu den Kunstwerken, bei dem das Wahrgenommene mit eigenen Erlebnissen, Gefühlen und Vorstellungen verbunden wird, als fördernd. Diese subjektive Herangehensweise an die Kunstwerke ermögliche den Betrachtern, sich auch trotz kommunikativer oder kognitiver Einschränkung zu artikulieren und führe sie auf spielerische Weise an die vielleicht zunächst befremdliche Materie heran. Der Ansatz der ästhetischen Bildung versteht sich generell weniger als Form der reinen Wissensaneignung, bei der das Denken der Wahrnehmung übergeordnet ist, sondern vielmehr als Erleben sinnlicher Erfahrungen mit der Absicht, die reflexive Imaginations- und Empfindungsfähigkeit in allen Lebensbereichen zu fördern. Ziel ist dabei nicht die möglichst stimmige Analyse des Werks, sondern in erster Linie, eine gesunde Neugier zu wecken und Ängste abzubauen. Die Beschäftigung mit den Kunstwerken sollte bei Menschen mit kognitiven Einschränkungen vorrangig die Imagination und Darstellung autobiografischer Erfahrungen fördern, damit sie ihre eigene Lebenspraxis ausdrücken können.[484]

[481] Studinger (2007), S. 359.
[482] Studinger (2007), S. 359.
[483] Leßmann (2007a), S. 354.
[484] Günther Richter: Zur Grundlegung pädagogischer-therapeutischer Arbeitsformen in der ästhetischen Erziehung, in: Ders. (Hrsg.): Therapeutischer Kunstunterricht, Düsseldorf 1977, S. 74.

Exemplarische Grundzüge eines Workshops für und mit kognitiv beeinträchtigten Besuchern[485]

Die musealen Vermittlungskonzepte müssen besonders für Menschen mit geistiger Behinderung individuell ausgearbeitet werden. Die Betreuer sollten darüber hinaus in der Lage sein, auch flexibel auf die individuellen Bedürfnisse jeder einzelnen Gruppe und jedes einzelnen Teilnehmers zu reagieren. Dieser Umstand macht ein auf alle Vermittlungsangebote anzuwendendes Grundkonzept allerdings fast unmöglich. Vielmehr müssen die Häuser verschiedene Methoden auf unterschiedlichsten Niveaus erarbeiten, ausprobieren und daraus einen Kanon zusammenstellen, der situationsbedingt anzuwenden ist. Dennoch soll hier versucht werden, die bisher vorliegenden Praxisberichte zu einem Grundgerüst zu kombinieren, das zumindest eine grobe und exemplarische Anleitung sowie einige allgemeine Hinweise beinhaltet. Entscheidend sind dabei vor allem die Erkenntnisse der museumspädagogischen Abteilung der *Staatlichen Kunsthalle Karlsruhe*, die bereits seit den 1980er-Jahren Vermittlungsprojekte mit Schulen für Kinder mit geistiger Behinderung anbietet.

Barbara Wichelhaus, Professorin Emeritus der Kunsterziehung und Kunsttherapie, betont, dass in der Projektkonzeption vor allem die Begegnungs- und die Schlussphase einer jeden Veranstaltung von besonderer Bedeutung seien.[486] Um den Teilnehmern über ihre Ängste hinwegzuhelfen und ihnen die für den weiteren Verlauf entscheidende Sicherheit zu geben, das Projekt und sich selbst zu genießen, sollte dem Kennenlernen des Hauses, seiner Räumlichkeiten, seiner Kunst und seiner Mitarbeiter, wenn möglich, zunächst die komplette erste Sitzung gewidmet werden.[487] Grundsätzlich muss im besonderen Maße beachtet werden, dass die Informationen langsam aufeinander aufbauen und nicht zu viele verschiedene Objekte thematisiert werden,[488] um die Teilnehmer nicht zu überfordern und um Erfolgserlebnisse zu begünstigen.

Für die erste Betrachtung empfehlen viele Museumspädagogen, so auch Sabina Leßmann, Leiterin der Abteilung Bildung und Vermittlung des *Kunstmuseums Bonn*, generell Werke der modernen oder zeitgenössischen Epoche, die durch ihr abstraktes Äußeres, nach Möglichkeit allein durch Farbe und Form, bestimmt werden können

---

[485] Die ausgearbeiteten Grundzüge basieren vor allem auf Erfahrungen der Staatlichen Kunsthalle Karlsruhe, die bereits seit den 1980er-Jahren Kurse für Menschen mit kognitiven Beeinträchtigungen anbietet; vgl. Reisig (2010); Studinger (2007); Studinger (2002).

[486] Wichelhaus (2007), S. 116.

[487] Studinger (2007), S. 360.

[488] Wichelhaus (2007), S. 116.

und keine gegenständlichen Bildelemente aufweisen.[489] Gegenständliche Kunst wie Landschaften oder Stillleben sollten erst zu einem späteren Zeitpunkt behandelt werden, um die Aufmerksamkeit zunächst auf die grundlegendsten Elemente eines jeden Kunstwerkes zu lenken: die Farbe und die Form. Obwohl Menschen mit einer geistigen Beeinträchtigung oft eine „relativ geringe Abstraktionsfähigkeit"[490] nachgesagt wird, können hier keine Probleme auftreten, solange lediglich Grundelemente thematisiert werden.

Die Bildauswahl sollte zunächst nicht der Gruppe selbst überlassen werden.[491] Aus der Erfahrung heraus sei allerdings angemerkt, dass die Teilnehmer, haben sie erst einmal ein Werk entdeckt, was sie sehr interessiert, nur schwer auf ein anderes zu fokussieren sind. Ein gewisses Anpassungsvermögen bleibt daher zu jedem Zeitpunkt ratsam. Darüber hinaus kann es sich positiv auf die Motivation auswirken, wenn die Möglichkeit geboten wird, aktiv auf das Kursgeschehen Einfluss zu nehmen. Da die Selbstbestimmung als erklärtes Ziel des Inklusionsgedankens stets verfolgt werden sollte, bliebe zu überlegen, ob es nicht grundsätzlich sogar sinnvoll ist, eine Auswahl von Werken anzubieten, aus der die Teilnehmer vor jeder Sitzung wählen können, um sich ihren Kurs im Sinne einer dialogischen Vermittlung selbst zu gestalten.

Was für andere Museumsbesucher auch in jungen Jahren bereits selbstverständlich ist, nämlich die Benennung eines Farbtons, ist für Menschen mit kognitiven Einschränkungen teilweise problematisch. Es gilt demnach zunächst ein Grundgerüst aufzubauen. Farbkarten können hier eine große Hilfestellung leisten, indem die Benennung von Farben nicht nur auf abstrakten Begriffen beruht, sondern gleichzeitig in direkter Verbindung zu der Farbe „in der Hand" steht. Es bietet sich vor allem im Kontext der Farbenlehre in besonderem Maße an, eine Verbindung zu der Alltagswelt der Teilnehmer herzustellen, um ihnen die Verknüpfung zu erleichtern, zumal diese auch nach neurodidaktischem Standpunkt positive Auswirkungen auf den Lernprozess hat.[492] Trotz einer persönlichen und emotionalen Verbindung kann

[489] Leßmann (2007a), S. 347.

[490] Suhrweier (1999), S. 163.

[491] Studinger (2007), S. 360 f.

[492] So nahm ein Workshop des *Kunstmuseums Düsseldorf*, heute *Museum Kunstpalast*, schon in den 1980er-Jahren eine Reihe von Stillleben zum Thema. Die kognitiv beeinträchtigten Teilnehmer knüpften Verbindungen zu ihrem Lebensalltag, indem sie Gegenstände für ein eigenes Werk von Zuhause mitbrachten. Dieser sehr persönliche Weg half, den Zugang zu den Kunstwerken zu vertiefen und auch über den Symbolgehalt bestimmter Gegenstände und Materialeigenschaften zu sprechen (Werner Hilgers: Arbeit mit Behinderten im Rheinischen Landesmuseum Bonn, in: Lotte E. Sturm (Hrsg.): Erlebnis Museum: Ein Handbuch für Besucher mit Behinderungen, Essen 1992, S. 25–27, hier S. 25 f.).

es jedoch mehrere Wochen oder sogar Jahre dauern, bis Fortschritte in Form von konkretem Wissen sichtbar werden und beispielsweise unterschiedliche Farbtöne benannt werden können.[493] Ebenfalls bereits neurologisch belegt, ist vor allem die Tatsache, dass häufiges Wiederholen in gleichen und analogen Situationen aufgrund des geschwächten Erinnerungsvermögens von großer Bedeutung ist und die einzige Möglichkeit darstellt, Wissen dauerhaft zu verankern.[494]

Eines der zentralsten Probleme der Vermittlungsarbeit mit geistig Behinderten ist vor allem die Beeinträchtigung der Kommunikations- und Sprachfähigkeit. Sollte ein Besucher in diesem Bereich eingeschränkt sein, kann dies einerseits zu einer Förderung von sprachunabhängigen Wahrnehmungsmöglichkeiten führen, die Vermittlung andererseits aber auch in einem bedeutenden Element einschränken.[495] Primär wird hier auf die verbale Kommunikation zurückgegriffen, allerdings kann diese mithilfe von Bild- und Zeichensystemen auch auf verschiedenen anderen, nonverbalen und visuellen Wegen stattfinden. Bedacht werden sollte hier insbesondere, dass das Museum für viele Menschen mit kognitiven Einschränkungen eine völlig fremde Kommunikationssituation ist, in der sie Unterstützung brauchen, das Gesehene und Erlebte überhaupt verbal auszudrücken.[496] Auch hier spielen Hemmungen und Versagensängste eine große Rolle.

Im Bereich der allgemeinen Museumspädagogik für Kinder haben sich mittlerweile bestimmte Methoden bewährt, die sich in dieser Hinsicht auch für Menschen mit kognitiven Einschränkungen eignen.[497] Zentral sind hier nicht die „sprachlich fixierte Aufbereitung von Objekten […], sondern Aktivitäten zwischen Subjekt und Objekt, inszenierte Vorgänge mit handlungsorientierten Kommunikationsformen, die eine sprachliche Vermittlung substituieren können“[498]. So können Aspekte eines Werkes ausgedrückt werden, indem Bögen, Linien und Schwünge mit Bewegung oder in einer Zeichnung nachempfunden und dadurch nonverbal charakterisiert werden. Auch die bereits angesprochenen Bild- oder Farbkarten gehören zu den bevorzugten Vermittlungswerkzeugen in dieser Situation. Da Erkundungen bei Menschen mit geistiger Behinderung ähnlich wie bei Sehgeschädigten über den Tastsinn laufen,[499] könnten auch verschiedene Materialien auf Fühlplatten angebracht wer-

[493] Studinger (2007), S. 358 ff.
[494] Suhrweier (1999), S. 170.
[495] Wichelhaus (2007), S. 111 f.
[496] Wichelhaus (2007), S. 111.
[497] Wichelhaus (2007), S. 112.
[498] Wichelhaus (2007), S. 112.
[499] Faber (1992), S. 37.

den, die als synästhetische Hands-on-Objekte entweder verschiedene Oberflächen der Bildgegenstände oder charakteristische Eigenschaften der dort verwendeten Farben widerspiegeln. Vor allem in der Arbeit mit kognitiv beeinträchtigten Menschen erzielt dieses Mehrkanalsystem viele positive Vermittlungseffekte.[500] Da vor allem das sprachliche Gedächtnis häufig beeinträchtigt ist, wird auch neurologisch dazu geraten, „die Speicherung von eindrucksvollen Erlebnissen“[501], wie es der Museumsbesuch für viele Besucher mit einer geistigen Behinderung oft ist, durch die Aktivierung von „Gefühlen, Musik und Rhythmus“[502] zu verstärken. Um mehrere Sinne gleichzeitig anzusprechen, bietet sich der Einsatz von Bildkarten, musikalischen Stücken, Geräuschen oder sogar Geschmäckern an.

Obwohl die Originale das Museum zu einem einzigartigen Lernort werden lassen und diese daher stets im Mittelpunkt der Workshops stehen sollen, betonen viele Pädagogen die Wichtigkeit einer schöpferischen Phase[503], in der das Gesehene nach einem Besuch in der Ausstellung für die Teilnehmer selbst kreativ erfahrbar gemacht wird. Vor allem für Besucher mit besonderem Förderbedarf nimmt die eigene künstlerische Praxis im Zusammenhang mit der kulturellen Erfahrung in der Regel eine wichtige Funktion ein, da die durch das vorangegangene Vermittlungsprogramm geförderte Imaginations- und Fantasiefähigkeit den Wunsch nach eigener Gestaltung deutlich anregt. Darüber hinaus neigen Menschen mit einer geistigen Behinderung oft dazu, bei der Lösung einer Fragestellung nach dem Schema des sogenannten Probierlernens vorzugehen. Der Lösungsweg wird durch zufälliges Entdecken gefunden, die sich dahinter verbergende Logik allerdings nicht nachvollzogen oder gespeichert. Dadurch kann der Lösungsweg bei analogen Problem- oder Aufgabenstellungen keine erneute Anwendung finden. Dies ist unter anderem darauf zurückzuführen, dass der Prozess des „Einprägen[s] erschwert ist, Wiedererkennungen Mängel zeigen, die Einprägungsdauer kurz ist und die Reproduktion oft nur unvollständig und fehlerhaft gelingt“[504]. Dennoch erscheint eine besonders handlungsorientierte Ausrichtung des Vermittlungsprogramms sinnvoll.

Es ist zwar wünschenswert, dass die praktische Phase in einem thematischen Zusammenhang zu dem zuvor Gesehenen und Besprochenen steht, denn „mit der eigenen Gestaltung auf der Basis der Anschauung von Kunst- und Kulturwerken

[500] Suhrweier (1999), S. 170.
[501] Suhrweier (1999), S. 170.
[502] Suhrweier (1999), S. 170.
[503] Suhrweier (1999), S. 169.
[504] Suhrweier (1999), S. 169.

können die Rezeptionsprozesse vertieft werden"[505], doch ist das primäre Ziel die ganz persönliche und individuelle Kreativität und vor allem die Förderung der Vorstellungsbildung und des Gedächtnisses.[506] Ein aktives Eingreifen durch die Betreuer oder den Vermittler darf erst dann geschehen, wenn ein expliziter Wunsch danach formuliert wird. Die Teilnehmer sollen selbstständig tätig sein und sich im praktischen Teil ausleben können. Diese Vorgehensweise erfordert, wie auch der gesamte Workshop, viel Geduld, da es vorkommen kann, dass ein Teilnehmer über Monate hinweg stark auf eine einzige Form oder Farbe fixiert ist.[507] Vor allem der Schritt, eigene Bildwerke zum thematischen Schwerpunkt zu entwickeln, braucht in der Regel sehr viel Zeit, da es nicht nur komplexes Transferdenken, sondern ebenso ein gutes Gedächtnis voraussetzt. Dennoch ist das eigenständige Handeln ein wichtiger Faktor, um das Selbstbewusstsein zu fördern und Erfolgserlebnisse zu ermöglichen, und schließlich geht doch jeder Teilnehmer irgendwann aus sich heraus und erschafft eigenständige Bildwelten.[508]

Ebenso wichtig wie die praktische Arbeit an sich ist die abschließende Besprechung und Betrachtung der entstandenen Werke. Auch wenn einige Teilnehmer hier nur die verwendeten Farben aufzählen werden, ist es wichtig, die entstandenen Werke nicht unbeachtet in eine Schublade zu legen. Die Besprechung soll nicht nur das Selbstbewusstsein der Teilnehmer, sondern auch die Kommunikation und Gruppendynamik fördern. Das anschließende gemeinsame Aufräumen bildet schließlich einen rituellen Schlussakt und stärkt gleichzeitig das Verantwortungsgefühl und die Selbstständigkeit der Teilnehmer.[509]

Die Begleitung eines musealen Workshops oder einer Führung für Besucher mit einer kognitiven Beeinträchtigung bleibt in jedem Fall eine große Herausforderung für das Vermittlungspersonal, nicht zuletzt da die museumspädagogische Betreuung dieser Zielgruppe im besonderen Maße situationsbedingt ist. Die tagesaktuelle Verfassung muss viel stärker berücksichtigt werden als bei anderen Zielgruppen.[510] Darüber hinaus muss damit gerechnet und akzeptiert werden, dass sich Teilnehmer auch über eine sehr lange Projektlaufzeit kaum oder gar nicht weiterentwickeln. So berichten Reising, Runge und Studinger von einer Besucherin, bei der erst nach jahrelanger Teilnahme an einem der Kunstworkshops zu bemerken war, dass sie nun

[505] Wichelhaus (2007), S. 116.
[506] Suhrweier (1999), S. 169.
[507] Studinger (2007), S. 360.
[508] Studinger (2007), S. 361.
[509] Studinger (2007), S. 361.
[510] Faber (1992), S. 36.

sicherer im Umgang mit Formen und Farben geworden war. Ihre Konzentration während des Malprozesses hatte zugenommen und sie war nun in der Lage, „Personen greifbar werden zu lassen“[511] und Perspektiven wahrzunehmen. Allerdings berichten die Museumspädagogen auch immer wieder von den Schwierigkeiten, die bei der Arbeit mit Besuchern mit geistigen Behinderungen auftreten können. Neben der bloßen Arbeitsverweigerung reiche das Spektrum über gleichgültige Teilnahme bis hin zu extremen Schreikrämpfen.[512] Immer wieder sei es auch vorgekommen, so die Kunstpädagogen, dass Teilnehmer mit dem Rücken zu dem zu besprechenden Werk in der Ausstellung saßen[513] oder völlig gleichgültig vor sich hin malten, ohne auf Pinsel, Hand und Farbe zu achten. Schließlich könne es auch passieren, dass ein Teilnehmer das Interesse an der Kunst irgendwann sogar so weit verliert, dass er den Workshop abbricht.[514]

Alle diese Verhaltensweisen müssen von den Vermittlern mit viel Geduld aufgenommen werden,[515] schließlich basieren diese Angebote auf der Freiwilligkeit der Teilnehmer und dürfen nicht als verpflichtende, rehabilitierende Erziehungsmaßnahmen gesehen werden. Im Rahmen von speziell ausgerichteten Workshops können zwar Maßnahmen und Aktionen durchgeführt werden, um bestimmte Effekte zu erzielen, doch darf kein Lern- oder Entwicklungsdruck im eigentlichen Sinne aufgebaut werden. Wie die Teilnehmer auf Aufgaben oder Aktivitäten reagieren, bleibt zudem immer höchst individuell.

Inklusive Ausstellungskonzeption für Einzelbesucher mit kognitiver Behinderung

Der Gedanke, dass Ausstellungen vor allem auf intellektueller Ebene inklusiv gestaltet werden müssen, um die Inhalte auch Menschen mit kognitiven Beeinträchtigungen zugänglich zu machen, hat sich im deutschen Museumssektor bisher noch nicht flächendeckend durchgesetzt. Hier gehen die fortschrittlichen Beispiele vermittlungsbezogener Art in der Regel auf einzelne engagierte Museumspädagogen[516] oder Einrichtungen zurück. Die zentrale Problematik der Besuchergruppe liegt, wie bereits ausgeführt, darin, dass Lernmotivation und Lerntempo gering sowie Trans-

[511] Reising u. a. (1991), S. 105.
[512] Reising u. a. (1991), S. 58.
[513] Reising u. a. (1991), S. 56 ff.
[514] Reising u. a. (1991), S. 101.
[515] Reising u. a. (1991), S. 105; Studinger (2007), S. 360.
[516] Bösl (2012), S. 40.

fer-, Abstraktions- und Erinnerungsvermögen mitunter stark eingeschränkt sein können.[517] Die Besucher haben es allerdings vor allem oft schwer, sich in neuen Situationen und in fremden Umgebungen zurechtzufinden. Für sie stellt insbesondere „die Fülle unmittelbar vorhandener Informationen eine große Schwierigkeit dar"[518] und die Gefahr, dass der Versuch, diese Informationsflut zu bewältigen, schnell aufgegeben wird, erscheint aufgrund des geringen Durchhaltevermögens groß.[519]

Das Fehlen von konkreten Kriterien zum Hindernisabbau im intellektuellen Bereich der Vermittlungsarbeit liegt unter anderem in der nur schwer einzuschätzenden Heterogenität der Personengruppe. Die besonderen „Anforderungen lassen sich kaum in Zentimetern und Winkelgraden erfassen oder mit einheitlich verbindlichen Normen regeln"[520], da die Fähigkeiten und Möglichkeiten extrem unterschiedlich sind und sich teilweise auch überschneiden können. Im Gegensatz zu den klar formulierten Bedürfnissen und Lösungen für Menschen mit Einschränkungen in der Motorik, Mobilität oder der Sinne handelt es sich im kognitiven Bereich vielmehr um „‚weiche Kriterien', die ein kreatives Gespür für die jeweilige Ausgangssituation"[521] voraussetzen. Es gibt jedoch wenige generelle Faktoren, die einen Ausstellungsbesuch für Menschen mit kognitiver Beeinträchtigung erleichtern oder erschweren können.

Das Problem der Orientierung – Inklusive Wegeleitung

Menschen mit Lernschwierigkeiten und kognitiven Beeinträchtigungen haben insbesondere Probleme mit der Orientierung, vor allem wenn sie sich an fremden und neuen Orten befinden. Für die Beschaffenheit von Ausstellungen und deren konzeptionellen Aufbau sowie für das gesamte Museumsgebäude gilt daher der unbedingte Grundsatz der sinnvollen Beschilderung und Aufteilung der Räumlichkeiten, um kein Unwohlsein in den Besuchern auszulösen.[522] Ein in diesem Zusammenhang hervorzuhebender Kriterienkatalog ist im Jahr 2011 von der *Bundesvereinigung Lebenshilfe für Menschen mit geistiger Behinderung e. V.* und dem *Bundeskompe-*

---

[517] Landesverband der Museen zu Berlin e. V. (2011), S. 1.

[518] Bundesvereinigung Lebenshilfe (2011), S. 40.

[519] Bundesvereinigung Lebenshilfe (2011), S. 40.

[520] Bundesvereinigung Lebenshilfe (2011), S. 7.

[521] Bundesvereinigung Lebenshilfe (2011), S. 7.

[522] Patrick Sinclair Föhl: Ausgewählte Vermittlungsmethoden für Menschen mit Lernschwierigkeiten im Museum, in: Ders. u. a. (Hrsg.): Das barrierefreie Museum. Theorie und Praxis einer besseren Zugänglichkeit. Ein Handbuch, Bielefeld 2007, S. 121–128, hier S. 127.

tenzzentrum Barrierefreiheit e. V. erarbeitet worden. Er behandelt erstmals explizit die Bedürfnisse von Menschen mit geistiger Beeinträchtigung.[523] Da in vielen Fällen durch eine Mehrfachbehinderung neben kognitiven Einschränkungen auch Auswirkungen auf die Motorik und die Sinne möglich sind, soll er als Ergänzung zu bereits bestehenden Handlungsanweisungen für die physische Barrierefreiheit gesehen werden.[524] Die vom Leitfaden genannten Kriterien und Gedankenanstöße für die Realisation von Barrierefreiheit thematisieren insbesondere das besagte Orientierungsproblem und basieren auf einer Umfrage, die im Oktober 2010 in den Stuttgarter Werkstätten der *Lebenshilfe GmbH* und in der *Gemeinnützigen Werkstätten und Wohnstätten GmbH* durchgeführt worden ist. In diesem Zusammenhang wurden 249 Menschen, die als geistig behindert gelten, einzeln zu gängigen Orientierungssystemen in der Öffentlichkeit befragt.[525] Dabei ging es vor allem darum, mithilfe der gewonnenen Ergebnisse Piktogramme als Informationsmöglichkeit für Menschen mit einer kognitiven Beeinträchtigung zu optimieren. Die Studie ging insbesondere auf Alltagssituationen ein, wie sie beispielsweise im öffentlichen Nahverkehr oder an großen Plätzen auftreten, die Erkenntnisse können jedoch auch für einen Museumsbetrieb von Bedeutung sein, denn auch hier zählt die schlüssige Beschilderung und die Besucherführung innerhalb und außerhalb des Gebäudes als wichtiger Teil der allgemeinen Publikumsfreundlichkeit. Die Tatsache, dass Informationen, die in Textform gegeben werden, nicht allgemeingültig verständlich und daher nicht für alle Menschen zugänglich sind, ist unbestritten. Durch den Einsatz von Bildsymbolen oder sogenannten Piktogrammen wird gemeinhin angenommen, dass die Informationen nicht nur für Menschen mit geistiger Behinderung besser verständlich sind, sondern dass so auch generelle Sprach- und Lesebarrieren vermieden werden können.

Der Typograf Adrian Frutiger unterscheidet Bildsymbole in drei Kategorien: Die Zeichen der ersten Kategorie, der „Symbole", bedürfen nach seiner Definition stets einer weiterführenden Interpretation oder sind nur im Raumkontext zu entschlüsseln, wie beispielsweise ein wegweisender Pfeil. Die zweite Gruppe wird von den „Signalen" gebildet, zu denen einfache geometrische Formen zählen, wie sie oft bei Verkehrsschildern eingesetzt werden. Die letzte Gruppe, die „Piktogramme"[526],

---

[523] Bundesvereinigung Lebenshilfe (2011), S. 14.

[524] Bundesvereinigung Lebenshilfe (2011), S. 7.

[525] Bundesvereinigung Lebenshilfe (2011), S. 14.

[526] Viele der auch heute noch im öffentlichen Raum verwendeten Piktogramme sind eine Weiterentwicklung der Zeichen, die der Ulmer Gestalter Otl Aicher für die Olympischen Spiele 1972 in München im Rahmen eines umfassenden Symbolkanons entworfen hatte.

definiert Frutiger hingegen als Zeichen, „die unmittelbar erkannt und verstanden werden“[527], wie eine Kaffeetasse, eine Schere oder ein Flugzeug. Erste Versuche einer Definition dieses Bildsymboltypus wurden bereits in den 1920er-Jahren formuliert: „Piktogramme sollen [...] nur auf das Nötigste reduziert sein und kein überflüssiges Beiwerk aufweisen, damit sie schnell verstanden werden [...].“[528] Die Übermittlung von Informationen durch Piktogramme oder andere Bildsymbole ist zwar ein „massenkommunikativer Prozess“[529], dennoch ist die Verarbeitung von visuellen Eindrücken bei jedem Menschen individuell. Daraus ergibt sich die Frage, inwieweit Piktogramme tatsächlich für Menschen mit geistiger Behinderung zu einem besseren Verständnis und einer besseren Orientierung führen, ohne dabei die generelle Relevanz dieser Symbole anzuzweifeln.

Das bekannteste und am weitesten verbreitete Zeichen, das sogenannte *International Symbol of Access*, stellt einen weißen Rollstuhl auf blauem Grund dar und ist gleichzeitig als Piktogramm, Symbol und Metapher zu sehen. Dennoch stößt der Gebrauch dieser und ähnlicher Kennzeichnungen barrierefreier Zugänge international auch auf kritische Stimmen. Neben dem eigentlich Zweck, nämlich der erleichterten Orientierung und Mobilisierung, trägt es gleichzeitig dazu bei, „den Mythos physischer und funktionaler Normalität aufrechtzuerhalten“[530], indem eine Grenze zur Andersartigkeit gezogen wird. Die Ambivalenz liegt einerseits in der Erschaffung von Barrierefreiheit und der Möglichkeit einer selbstbestimmten Mobilität und andererseits in der defizitorientierten Markierung der Nutzer.[531] Dennoch sollten barrierefreie Angebote zur Information entsprechend ausgezeichnet werden. Museen können dabei beispielsweise auf die in enger Zusammenarbeit mit der *Nationalen Koordinationsstelle Tourismus für Alle (NatKo)* entwickelte und frei nutzbare Piktogramm-Serie „Menschen & Behinderung“ ohne urheberrechtliche Schwierigkeiten zurückgreifen.[532]

Die Klarheit eines Piktogramms hängt von unterschiedlichen Faktoren ab. Zunächst muss es einer gewissen illustrativen Qualität entsprechen. Da die kognitive Transferleistung bei Menschen mit geistiger Behinderung in vielen Fällen allerdings

---

Er selbst entwarf das Piktogramm des Rollstuhlfahrers mit entsprechender Ergänzung damals lediglich in Bezug auf barrierefreie Sanitäranlagen.

527 Bundesvereinigung Lebenshilfe (2011), S. 9.

528 Bundesvereinigung Lebenshilfe (2011), S. 10.

529 Bundesvereinigung Lebenshilfe (2011), S. 10.

530 Dederich (2012), S. 111.

531 Dederich (2012), S. 111.

532 URL: http://www.anatom5.de/news/76/68/Freie-Piktogramm-Serie/d,news_detail.html (letzter Zugriff: 04.10.2015).

Kostenlose Piktogrammserie zur Kennzeichnung von barrierefreien Angeboten.

nicht sehr ausgeprägt ist, ist vor allem die abstrahierte Kombination aus mehreren Objekten keine optimale Lösung.[533] Ein weiteres großes Problem im öffentlichen Raum ist die inkonsequent durchgeführte Nutzung, indem zwischen Textbeschilderung und Symbolik in ein und demselben Gebäude gewechselt wird.

Allgemein kann festgehalten werden, dass ein Leitsystem auch im musealen Kontext am besten mit einheitlichen Zeichen funktioniert, die einen hohen Symbolgehalt aufweisen und nur eine geringe Transferleistung voraussetzen. Gegebenenfalls bietet es sich an, das Symbolsystem durch eine Evaluation zu hinterfragen.[534] Dies gilt vor allem für Einrichtungen, deren Besucherwege sich mit jeder Ausstellung unterscheiden.

Einen besonders kritischen Ort für Besucher mit kognitiven Einschränkungen stellt der Eingangsbereich mit zahlreichen parallelen Eindrücken dar. Die Bemühungen, Menschen mit Behinderung durch eine inklusive Umwelt eine größtmögliche Teilhabe am öffentlichen Leben zu gewährleisten, scheitern bereits vor dem eigentlichen Ausstellungsbesuch, wenn die Voraussetzungen zur selbstständigen Orientierung und damit für ein selbstbestimmtes Handeln nicht gegeben sind.

[533] So erkannten im Rahmen der Studie nur wenige das Piktogramm für Schließfächer oder Aufzüge, da diese mit mehreren Details und einem dahingehend hohen Abstraktionsgehalt arbeiten.

[534] Bundesvereinigung Lebenshilfe (2011), S. 19.

Daher ist besonders in dieser Umgebung ein Orientierungssystem wichtig, das allen Besuchern den Zugang erleichtert und Hilfestellungen in der neuen Umgebung bietet.[535]

Besonders effektiv in dieser Hinsicht sind schlüssige Farbcodierungen, welche die Aussagen der Beschilderung unterstützen und die Möglichkeit bieten, irrelevante Informationen auszublenden. Im musealen Kontext könnten so beispielsweise verschiedene, klar voneinander zu unterscheidende Farben für die einzelnen Ausstellungs- oder Sammlungsbereiche gewählt werden, die auch im Leitsystem und auf einem Lageplan übernommen werden. Diese Orientierungshilfe durch Farbcodierungen nutzt beispielsweise das Düsseldorfer *Museum Kunstpalast* in abgewandelter Form, um in der ständigen Sammlung einzelne Themenfelder und Epochen zu gliedern. Die Räume werden hier durch Wandfarben voneinander separiert, die sich auch auf dem Übersichtsplan wiederfinden. Durch ein Farbsystem informiert oder geleitet zu werden bietet vor allem für Besucher mit geistiger Behinderung eine gewisse Geborgenheit in der neuen Umgebung, da keine Missverständnisse in der Interpretation auftreten können.[536] Diese Sicherheit kann entscheidend dazu beitragen, den Museumsbesuch positiv zu erleben und so die Wahrscheinlichkeit eines Wiederbesuchs erhöhen. Ein weiterer wichtiger Grundsatz ist daher das Angebot von mindestens einem didaktischen Rundgang, der bauliche und inhaltliche Barrierefreiheit garantiert und klar gekennzeichnet ist.[537] So haben die Besucher stets die Möglichkeit, ihr eigenes Tempo und denjenigen Rundgang zu wählen, der ihren Bedürfnissen am meisten gerecht wird. Vor allem aber können sie darauf vertrauen, geleitet zu werden.

Die Hilfestellung durch ein Orientierungssystem darf allerdings nicht erst auf der Schwelle des Gebäudes beginnen. Auch die Wege von nahe gelegenen öffentlichen Verkehrsmitteln sollten durch ein schlüssiges Symbolsystem lokalisiert werden können. So würde das Logo des Museums bei hohem Wiedererkennungswert die bereits bestehende Textbeschilderung der offiziellen braunen Kulturpfade unter Umständen positiv ergänzen.[538]

[535] Bundesvereinigung Lebenshilfe (2011), S. 40 f.
[536] Bundesvereinigung Lebenshilfe (2011), S. 42.
[537] Franke (2012), S. 202 ff.
[538] Bundesvereinigung Lebenshilfe (2011), S. 9 ff.

Das Problem der Inhalte – Ansatz der Mehrkanalmethode
Wichtige Leitgedanken für die inklusive Vermittlung von Informationen und Wissen im Ausstellungsbetrieb ist sowohl das „Zwei-Sinne-Prinzip“[539] als auch die „Mehr-Kanal-Methode“[540]. Ihnen liegt der neurodidaktische Beleg zugrunde, dass Wissen leichter aufgenommen und gespeichert werden kann, wenn gleichzeitig verschiedene Sinne angesprochen werden. Für die didaktische Ausstellungskonzeption bedeutet dies, dass zentrale Inhalte immer für mindestens zwei, im besten Fall sogar für drei der Hauptsinne – sehen, tasten und hören – erfahrbar gemacht werden sollten. Die bisherige Praxis, Ausstellungstexte durch einen Audioguide oder zusätzlich in Verbindung mit einem Kurzfilm zu unterstützen, ist bereits auf diese Erkenntnisse zurückzuführen. Nicht nur Besucher mit kognitiven oder sprachlichen Einschränkungen, die oftmals nicht gut oder ungern lesen, werden so unkompliziert informiert. Die Ergebnisse einer Publikumsbefragung in der Ausstellung *Fühlen, Hören, Sehen* des *Deutschen Technikmuseums Berlin* haben gezeigt, dass alle Besucher die Kombination mehrerer Sinne generell sehr schätzen.[541] Durch eine Vielzahl von Zugangsmöglichkeiten entsteht ein multisensorisch erfahrbares Angebot, das verschiedene Formen des Lernens und dadurch auch verschiedene Besucherbedürfnisse, nicht nur von Menschen mit Behinderung, berücksichtigt.[542] So profitieren, wie bei allen Aspekten der Barrierefreiheit, vor allem auch Kinder und Erwachsene, die die deutsche Sprache nur unzureichend beherrschen, von diesen Maßnahmen ebenso wie auch die etwa 7,5 Millionen Analphabeten in Deutschland. Aber auch Bedürfnisse derjenigen Besucher, die haptische oder kinästhetische Reize für die Informationsgewinnung gegenüber rein kognitiven bevorzugen[543], werden berücksichtigt.

Zur Unterstützung der handlungsorientierten Gestaltung ist es darüber hinaus sinnvoll, das häufige, wenn auch problematische Probierlernen anzuregen, indem durchdachte Hands-on-Objekte platziert und gut gekennzeichnet werden.[544] Diese sind ebenfalls nicht nur für Menschen mit Behinderung oder aktionsliebende Kinder ein vielversprechendes Vermittlungstool, obwohl Suhrweier darauf hinweist, dass häufig Beeinträchtigungen der Finger- und Handbeweglichkeit sowie Störungen des Tastsinns als Begleiterscheinung verschiedener, vor allem hochgradiger kognitiver Einschränkungen auftreten. Diese Tools können sich daher negativ auf die Objekt-,

[539] Gaube (2008), S. 8.
[540] Arnade u. Heidner (2007), S. 50.
[541] Gaube (2008), S. 14.
[542] Gaube (2008), S. 13.
[543] Föhl (2007), S. 122.
[544] Auer (2007), S. 50.

Form- oder Ausdehnungserkennung der Betroffenen auswirken.[545] Insbesondere für Museen mit künstlerischem Schwerpunkt ist diese handlungsorientierte Konzeption allerdings nur sehr begrenzt umsetzbar. Zu bedenken ist, dass der Berliner Umfrage eine Ausstellung zugrunde lag, welche die menschlichen Sinne selbst thematisierte. Dadurch wurde eine für die didaktische Vermittlung besonders günstige Ausgangssituation geschaffen.

In Kunstmuseen spielt vor allem die Angst der Ausstellungsmacher mit, die vielen verschiedenen Zugänge und Vermittlungswerkzeuge würden bei dauerhafter Installation die Aufmerksamkeit von den Originalen ablenken oder die Ästhetik des Raumes stören. Darüber hinaus liegt es auch zum Teil in der Natur der Kunst selbst, dass sie hauptsächlich betrachtet werden will, anders als in technisch-naturwissenschaftlich ausgerichteten Häusern. Das Ziel einer barrierefreien Ausstellung sollte es auch in Kunstmuseen dennoch grundsätzlich sein, „[a]lles für alle“[546] zugänglich zu machen. Für Inhalte und Objekte, die diesem Gedanken nicht selbst entsprechen, aber dennoch zentral sind, müssen qualitativ vergleichbare Alternativen angeboten werden, die in der unmittelbaren Umgebung des unzugänglichen Elements zu finden sind, um das Publikum nicht in Teilen auszuschließen. Es muss vor allem in Kunstmuseen eine Kompromissstrategie geschaffen werden mit Angeboten, die, wenn sie ungenutzt sind, eher im Hintergrund bleiben. Medienstationen, die in Sitzgelegenheiten eingelassen werden und einen interaktiven, aber barrierefreien Zugang bieten, könnten hier sicherlich eine gute Lösung darstellen. Vor allem im Bereich von Dauerausstellungen sind darüber hinaus beispielsweise auch Repliken von Skulpturen oder Materialproben von Stoffen und Hölzern denkbar, die zum Anfassen und Ausprobieren einladen. Dadurch „gibt es nicht alles für alle, aber für jeden etwas“[547].

---

[545] Suhrweier (1999), S. 166.

[546] Gaube (2008), S. 8.

[547] Gaube (2008), S. 8.

Das Problem der Inhalte – Konzept der Leichten Sprache[548]

Alle Menschen stoßen, ungeachtet ihrer Fähigkeiten, immer wieder an die Grenzen ihres sprachlichen Verständnisses.[549] Vor allem Museen „still use language that alienates rather than language that includes"[550], kritisierte Michael Cassin bereits 2006. Die Nutzung der Museumssprache, obwohl „it only makes sense to other museum professionals [...]"[551], so Cassin weiter, erwecke den Eindruck, dass „it's [the language] primary purpose is to demonstrate the erudition of the museum staff"[552]. Das Fachpersonal, das über einen langen Zeitraum intensive wissenschaftliche Forschungen betrieben hat, um eine Ausstellung oder Sammlung zu präsentieren, möchte die Erkenntnisse zwar auf möglichst hohem Niveau teilen, doch geschieht dies zu oft mit dem Ergebnis, dass für den intellektuellen Zugang vom Publikum Vorkenntnisse verlangt werden, die teilweise weit über die Allgemeinbildung hinausgehen.[553]

Durch das Fehlen von verständlichen Formulierungen besteht jedoch die Gefahr, dass sich die Besucher, nicht nur,[554] aber vor allem wenn sie kognitiv oder sprachlich gehemmt sind, ausgeschlossen oder sogar unerwünscht fühlen. Die daraus resultierende Hilflosigkeit, Scham und auch Wut führen zu einem beispiellosen Negativerlebnis, das einen erneuten Besuch der Einrichtung mehr als unwahrscheinlich werden lässt und auch für zukünftige Aktivitäten in ähnlichem Zusammenhang Hemmschwellen aufbaut.

Besuchern werden ihre intellektuellen Grenzen aufgezeigt, obwohl es eigentlich darum gehen sollte, die Kenntnisse zu erweitern und für die Kunst und Kultur zu öffnen. Daher gilt es, die Informationen auf eine professionelle Art zu vermitteln, die gleichzeitig für jedermann einen intellektuellen Zugang zur Kunst schafft. Die richtige Sprache für die besucherfreundliche Kommunikation zu wählen, erscheint

---

548 Die Informationen dieses Kapitels stammen, wenn nicht anders angegeben, aus den Tagungsunterlagen und Notizen zu dem Arbeitstreffen der Fachgruppe Barrierefreie Museen und Inklusion des Bundesverbandes Museumspädagogik am 13.05.2013 im Residenzschloss Dresden.

549 Valentin Aichele: Leichte Sprache als Schlüssel zur „Enthinderung" der Inklusion, in: APuZ. Beilage zur Wochenzeitung Das Parlament, 64. Jahrgang, 9–11/2014, Bonn 2014, S. 25.

550 Cassin (2006), S. 2.

551 Cassin (2006), S. 2.

552 Cassin (2006), S. 2.

553 Cassin (2006), S. 2.

554 Neben Menschen mit geistiger Behinderung sind hier vor allem die etwa 7,5 Millionen Analphabeten in Deutschland zu nennen, die nicht gut oder gar nicht lesen können, sowie Kinder, Touristen oder Besucher mit Migrationshintergrund. Insgesamt sind etwas 20 Millionen Menschen in Deutschland von dieser Problematik betroffen.

bei der Pluralität der Besucher und Ausstellungshäuser zunächst eine fast unlösbare Aufgabe, bestätigt auch Michael Cassin: „There is no standards of words people feel comfortable within museums.“[555]

Die Sprache ist aber vor allem für Menschen mit Lernschwierigkeiten oder einer kognitiven Beeinträchtigung eine nicht zu unterschätzende Hürde während eines Ausstellungsbesuchs. Sicherlich gibt es viele Grundsätze, die bei der inklusiven Gestaltung einer Ausstellung zu beachten sind, doch kann die Verwendung von *Leichter Sprache* den intellektuellen Barrieren vielleicht am vielversprechendsten entgegenwirken.

Da das Verstehen und Lernen von Inhalten, wie gezeigt wurde, ein individueller Prozess ist, der bei jedem Menschen anders verläuft, können auf diesem Gebiet keine allgemeingültigen Regelungen, sondern lediglich einheitliche Richtlinien und Ansätze formuliert werden. Ursprünglich im nordamerikanischen und skandinavischen Raum von Betroffenen selbst entwickelt und durch die Selbstbestimmungsbewegung begünstigt, wurden bereits in den 1960er-Jahren erste Versuche unternommen, eine verständliche Sprache für Menschen mit kognitiven und sprachlichen Beeinträchtigungen zu entwickeln. Eine erste schriftliche Fixierung dieses Ansatzes wurde durch die *Europäische Vereinigung* der *internationalen Liga von Vereinigungen für Menschen mit geistiger Behinderung* (ILSMH) in Form einer umfangreichen Broschüre für die leichte Lesbarkeit von Texten[556] unternommen. Auf nationaler Ebene veröffentlichte die Vereinigung für Menschen mit Lernschwierigkeiten *Mensch zuerst – Netzwerk People First Deutschland e. V.* einen ähnlichen Leitfaden[557] sowie ein *Wörterbuch der Leichten Sprache*, welche von Menschen mit und ohne Lernschwierigkeiten gemeinsam erarbeitet worden sind.[558]

Die *Leichte Sprache* ist als eine Art der schriftlichen, aber auch mündlichen Kommunikation zu verstehen, die unter der Berücksichtigung bestimmter Kriterien Sinninhalte in eine verständliche Form übertragen kann. Sie kann „als Schlüssel

---

[555] Michael Cassin: More than an open door – Language matters; Vortrag bei: Raise your Voice. Fourth National Public Galleries Summit, Museum & Gallery Services Queensland, Townsville, September 2009 (URL: http://vimeo.com/7136938, letzter Zugriff: 04.10.2015).

[556] Geert Freyhoff u. a.: Sag es einfach!, Europäische Richtlinien für leichte Lesbarkeit für Menschen mit geistiger Behinderung, Europäische Vereinigung der ILSMH, Brüssel 1998 (URL: http://www.webforall.info/wp-content/uploads/2012/12/EURichtlinie_sag_es_einfach.pdf, letzter Zugriff: 04.10.2015).

[557] Mensch zuerst – Netzwerk People First Deutschland e.V.: Goldene Regeln (URL: http://www.menschzuerst.de/pdf/Goldene_Regeln.pdf, letzter Zugriff: 04.10.2015).

[558] Föhl (2007), S. 123.

zur ‚Enthinderung'"[559] in verschiedenen Medien eingesetzt werden, so ist sie beispielsweise als Printbroschüre, aber auch für Onlineauftritte[560], als Führung[561] oder Audioguidefassung[562] einsetzbar. Damit greift das Konzept die in Artikel 9 der UN-Behindertenrechtskonvention formulierte Forderung nach barrierefreier Kommunikation und Information auf.

Obwohl der Einsatz der *Leichten Sprache* im Ausstellungskontext nicht nur für Menschen mit einer geistigen Behinderung, sondern für eine Vielzahl von Besuchergruppen eine Erleichterung bedeuten kann, sollte sie nur als zusätzliche, modifizierte Version bereitgestellt werden und das reguläre Angebot nicht vollständig ersetzen, da es auch für die wissenschaftliche Textvermittlung Zielgruppen gibt. Durch diese Öffnung hin zu einem parallelen Angebot sowohl von „leichten" als auch „schwierigen" Vermittlungsmedien kann sichergestellt werden, dass jeder Besucher auf seiner Ebene abgeholt wird.[563]

Es muss nicht näher ausgeführt werden, dass die museale Vermittlungsarbeit für Einzelbesucher in vielen Fällen schriftlich, in Form von Wandtexten oder Begleitheften stattfindet, die dabei nicht selten aus relativ komplexen Satzkonstruktionen bestehen und mit Fremdwörtern gespickt sind.[564] Die *Leichte Sprache* in Textform ist allerdings nicht alleine damit umgesetzt, wenn auf komplizierte Formulierungen und Ausdrücke verzichtet und eine klare Satzkonstruktion bewahrt wird. Das Konzept folgt einer vielzahl von Richtlinien, die sowohl auf inhaltlicher als auch auf gestalterischer Ebene greifen und nicht immer einfach zu realisieren sind. Zudem gibt es verschiedene Abstufungen der *Leichten Sprache*, die eine engere Eingrenzung von Zielgruppen ermöglicht. Aus diesem Grund sind vor allem im *Netzwerk Leichte Sprache*, aber auch bei vielen Regionalvertretungen großer Behindertenverbände[565], Übersetzer und Prüfer im Einsatz. Eigenständige Agenturen haben den Bereich in den vergangenen Jahren zusätzlich professionalisiert. In der Regel arbeiten Verbände

[559] Aichele (2014), S. 19.

[560] Auch die Internetseite der Bundesregierung gibt es in *Leichter Sprache:* http://www.bundesregierung.de/Webs/Breg/DE/LeichteSprache/leichteSprache_node.html (letzter Zugriff: 04.10.2015).

[561] Bei Führungen in *Leichter Sprache* kommen oft Schilder zum Einsatz, die von den Besuchern hochgehalten werden können, wenn eine Information unklar formuliert war. So kann die Führungskraft stets auf die Bedürfnisse und Fragen der Gruppe reagieren.

[562] Ein Audioguide in *Leichter Sprache* ist beispielsweise für die Besichtigung des Deutschen Bundestages in Berlin entstanden.

[563] Föhl (2007), S. 122 f.

[564] Föhl (2007), S. 122 f.

[565] So zum Beispiel bei der *Lebenshilfe Sachsen e.V.*

Das internationale Siegel der Organisation *Inclusion Europe* zur Kennzeichnung von Angeboten in *Leichter Sprache.*

und Agenturen mit einem Kompetenzteam, bestehend aus Menschen mit Behinderung, von denen die Skripte im Anschluss der Übertragung abgenommen werden, um zu prüfen, ob sie den Anforderungen gerecht werden. Im Anschluss können die Texte durch ein speziell von der Organisation *Inclusion Europe* entworfenes Siegel ausgezeichnet werden. Diese professionalisierte Vorgehensweise zeigt, dass die *Leichte Sprache* „in keinem Fall mit Baby- oder Kindersprache verwechselt werden“[566] darf! Sie ist ein ernstzunehmendes Medium, um Inhalte für alle verständlich anzubieten.

Wird ein Alltagstext oder ein wissenschaftlicher Text in die *Leichte Sprache* übertragen, ist keine Information zu kompliziert für die Umformung, sondern bedarf oft nur einer größeren Umschreibung. Dies führt allerdings dazu, dass eine Umwandlung in die *Leichte Sprache* im Vergleich zum Ausgangstext immer mindestens die doppelte oder sogar dreifache Länge haben wird. Aus diesem Grund sollte auf einen besonders strukturierten Textaufbau geachtet werden, bei dem die wichti-

[566] Föhl (2007), S. 123.

gen Punkte zu Beginn aufgeführt sind und tatsächlich nur die für die Zielgruppe relevanten Informationen umgesetzt werden. Der Inhalt darf dabei jedoch nicht zu radikal beschnitten werden. Was der Leser erfahren möchte, sollte er selbst entscheiden können.

Grundsätzlich gilt, dass in jedem Satz nur eine einzige Information gegeben werden sollte, weshalb in der Regel auf Nebensätze und komplexe Passiv- oder Genitivkonstruktionen vollständig verzichtet wird. Konjunktionen zur Einleitung eines neuen Satzes sind daher anders als in Normaltexten erwünscht. Einzige Satzzeichen sollten klar gliedernde Punkte und Doppelpunkte sein, da Ausrufezeichen und Fragezeichen zu viel Transferdenken voraussetzen und von der inhaltlichen Aussage ablenken. Menschen mit Lernstörungen oder geistiger Behinderung fällt es zudem oft schwer, ein und derselben Sache verschiedene Ausdrücke zuzuordnen.[567] Entgegen dem, was gemeinhin als „stilistisch schön" empfunden wird, sind aus diesem Grund häufige Wiederholungen eines Wortes hilfreich. Einmal eingeführte Begriffe sollten nicht durch Synonyme ersetzt, sondern im Textverlauf beibehalten werden.

Obwohl in der *Leichten Sprache* nur allgemein gebräuchliche Wörter verwendet werden sollten, kann ein Fremdwort, ein Anglizismus oder ein sehr langes, zusammengesetztes Wort als Grundbegriff neu eingeführt werden. Der Begriff muss vor- oder nachstehend in *Leichter Sprache* erklärt oder durch klare Trennstriche in leicht zu lesende Wortsegmente geteilt sein. Hilfreich ist eine Gegenüberstellung von schwerer und leichter Sprache und eine Angabe in Lautschrift um die richtige Aussprache zu fördern. Zahlen und Zeichen sind im Textfluss für Menschen mit einer geistigen Beeinträchtigung ebenfalls problematisch. Nummerierungen sollten daher ungeachtet ihrer Stellenanzahl in *Leichter Sprache* immer als Ziffern ausgeschrieben werden. Von römischen Varianten oder der Ausschreibung als Wort sollte abgesehen werden. Datierungen können dabei leicht gerundet als zeitliche Beschreibungen wie beispielsweise „vor mehr als 30 Jahren" oder „in 10 Jahren" aufgeführt werden.

Wie der Inhalt folgen auch Aufbau und Gestaltung der *Leichten Sprache* bestimmten Regeln. Besonders für Besucher im hohen Alter oder mit Sehschwäche ist die Einhaltung dieser Regeln genauso hilfreich wie für Menschen mit geistiger Behinderung oder Lernschwäche. Für Ausstellungstexte, insbesondere in Form von geplotteten Buchstaben, gilt der Grundsatz, nur eine einzige serifenlose Schriftart mit großem Durchschuss zu verwenden.[568] Normalerweise unterstützen Serifen den Lesefluss, weil die einzelnen Buchstaben durch sie auf einen Blick zu Wörtern verschmelzen,

---

567 Suhrweier (1999), S. 174.
568 Lutz (2007a), S. 299.

doch ist es für Menschen mit Leseschwäche einfacher, wenn die Buchstaben klar voneinander getrennt stehen und für sich betrachtet werden können, da sie häufig „von Buchstabe zu Buchstabe" lesen. Eine weitere Erleichterung verschaffen eine Schriftgröße von mindestens 16 Punkt, ein erweiterter Zeilenabstand und der Verzicht auf verzerrende kursive Schriftschnitte. Bei der Setzung des Textes wird ebenfalls von Experimenten abgeraten und eine allgemein übliche Linksbündigkeit empfohlen, weil durch den Blocksatz unterschiedlich große Abstände zwischen den Wörtern entstehen, die den Lesefluss beeinträchtigen und zu einem schnellen optischen Zeilenverlust führen können.[569] Gemalte Bilder oder Fotos unterstützen das Verständnis zusätzlich. Es sollte jedoch von einer Kombination beider Illustrationsmöglichkeiten abgesehen werden.

Die *Staatlichen Kunstsammlungen Dresden*[570] als einer der größten Museumsverbunde der Bundesrepublik, wie auch das *Kunstmuseum Bonn*, setzen die *Leichte Sprache* bereits auf verschiedenen Ebenen ein. So werden vor allem in Dresden neben inklusiven Workshops auch regelmäßig Führungen und Veranstaltungen in *Leichter Sprache* angeboten. In einem Pilotprojekt wurden hierfür auch Menschen mit kognitiver Beeinträchtigung geschult, in Zukunft selbst als Vermittler tätig zu werden. Dabei fiel auf, wie sehr die Betroffenen in ihren Fähigkeiten unterschätzt werden. So konnte ein Teilnehmer mit geistiger Behinderung, der im Rahmen einer Tagung zur *Leichten Sprache* im Jahr 2013[571] das Kabinettstück *Der Hofstaat zu Delhi am Geburtstag des Großmoguls Aureng-Zeb* von Johann Melchior Dinglinger vorstellte, dieses nicht nur in seiner historischen Entstehung und Bedeutung zutreffend und umfangreich beschreiben, sondern darüber hinaus auch die genaue Anzahl verschiedener Perlen und Edelsteine nennen, aus denen das Goldschmiedewerk gefertigt wurde. Dies wäre sicherlich auch für geübte Vermittler nur mit sehr viel Übung zu leisten und zeigt, die Kompetenzen und das unterschätzte Potential von Menschen mit kognitiven Einschränkungen.

---

[569] Eine Auflistung der Regeln findet sich beispielsweise unter: URL: http://www.leichte-sprache.de/dokumente/upload/21dba_regeln_fuer_leichte_sprache.pdf (letzter Zugriff: 04.10.2015).

[570] Die besondere Affinität zur Inklusionsthematik des Museums spiegelt sich nicht nur im eigenen Programm wider, sondern auch in der Ausrichtung von Kongressen und Tagungen, wie zuletzt die Zusammenkunft des *Arbeitskreises Barrierefreiheit des Bundesverbandes Museumspädagogik e. V.* und des *Deutschen Museumsbundes*, in deren Zusammenhang Vorträge und ein Workshop zur *Leichten Sprache* angeboten wurden.

[571] Die Tagung des Arbeitstreffens der *Fachgruppe Barrierefreie Museen* und Inklusion des *Bundesverbandes Museumspädagogik* fand am 13.05.2013 im Residenzschloss Dresden statt.

Das besondere Engagement der *Staatlichen Kunstsammlungen Dresden* hinsichtlich der *Leichten Sprache* zeigt sich auch in eigens entwickelten Booklets, die anlässlich einer Ausstellung zum 500-jährigen Geburtstag der *Sixtinischen Madonna* von Raffael in der Gemäldegalerie der Alten Meister oder im Rahmen einer Ausstellung über Altar- und Andachtsbilder als Vermittlungstools ausgegeben wurden.[572] Das Museum übertrug das Booklet über die *Sixtinische Madonna* in Kooperation mit der *Lebenshilfe Landesverband Sachsen e. V.* in ein zusätzliches Medium in *Leichter Sprache* und schuf dadurch den Idealfall eines Informationsangebots auf zwei Ebenen. Sowohl in inhaltlicher als auch in gestalterischer Form entspricht die Sonderpublikation dabei den beschriebenen Vorgaben. So wurde aus dem Informationstext über das Werk Raffaels des regulären Booklets:

> Die Sixtinische Madonna ist eines der weltweit bekanntesten Kunstwerke. Den Auftrag dafür erteilte Papst Julius II. anlässlich seines Sieges über die französischen Truppen im Sommer 1512. Er stiftete das Gemälde für die Klosterkirche San Sisto in Piacenza nahe Mailands […][573]

eine Einführung in *Leichter Sprache*:

> Die Ausstellung hat ein Thema.
> Es geht um ein sehr berühmtes gemaltes Bild.
> Das Bild hat einen schweren Namen: Die Sixtinische Madonna.
> Das Bild wurde vor genau 500 Jahren gemalt.
> Deshalb gibt es diese Ausstellung.
> Der Maler heißt Raffael.
> Raffael lebte in Italien.
> Er ist ein sehr berühmter Maler […].[574]

---

[572] Weitere Medien in *Leichter Sprache* sind bereits erschienen.

[573] Andreas Henning u. Sandra Schmidt: Die Sixtinische Madonna. Raffaels Kultbild wird 500, Anlässlich der gleichnamigen Ausstellung in der Gemäldegalerie Alte Meister der Staatlichen Kunstsammlungen, 26. Mai–26. August 2012, Dresden 2012.

[574] Andreas Henning u. Sandra Schmidt: Die Sixtinische Madonna. Raffaels Kultbild wird 500. Ein Heft zur Ausstellung in Leichter Sprache, Anlässlich der gleichnamigen Ausstellung in der Gemäldegalerie Alte Meister der Staatlichen Kunstsammlungen Dresden, 26. Mai–26. August 2012, Übersetzung in Leichte Sprache durch Anja Dworski, Dresden 2012.

Neben der *Leichten Sprache* kann auch die *Einfache Sprache* genutzt werden. Die Begriffe werden fälschlicherweise noch immer oft synonym verwendet, obwohl sie unterschiedliche Konzepte benennen. Die *Leichte Sprache* richtet sich primär an Menschen mit kognitiven Beeinträchtigungen oder einer Lernschwäche, die *Einfache Sprache* wird hingegen hauptsächlich von Menschen „mit geringer Lese- und Schreibkompetenz“[575] oder geringen Sprachkenntnissen genutzt.[576] Die Sätze der *Einfachen Sprache* sind deutlich länger, Nebensätze sind zulässig und es muss nicht nach jedem Satz ein Absatz folgen. Fremdwörter und komplexe Satzkonstruktionen sollten zwar weiterhin vermieden werden, doch können sämtliche Alltagsbegriffe vorausgesetzt werden. Auch optisch ist die *Einfache Sprache* weniger streng geregelt.[577] Da sie keinem Regelwerk oder Qualitätskriterien folgt, ist ihre Anwendung jedoch nicht durch ein Signet zu verifizieren. Die *Leichte Sprache* wird daher im öffentlichen Leben meist bevorzugt und ist im Allgemeinen verbreiteter.

Bisher leider ungelöste Probleme stellen die magelhafte gesetzliche Definition und die fehlende juristische Verankerung der *Leichten Sprache* da. Zwar werden kostenlose Ratgeber und Regelwerke angeboten, doch ist der grundsätzliche Einsatz der *Leichten Sprache* und die Einhaltung der Richtlinien jedem Autoren selbst überlassen. Die *Leichte Sprache* ist derzeit noch allein durch die Fähigkeiten und die Konsequenz des jeweiligen Verfassers definiert und unterliegt weder verbindlich einzuhaltenden Qualitätsstandards, noch einer kontrollierten Auszeichnung durch das entsprechende Signet. Obwohl das Schreiben in *Leichter Sprache*, unter gewissenhafter Einhaltung des verbreiteten Regelkanons, sehr viel komplexer ist als der Konzeptname suggeriert, ist die professionelle Prüfung durch eine staatliche Einrichtung oder eine Agentur keine Pflicht, sondern lediglich Kür. Dies führt zu einer unkontrollierten Nutzung des Signets und der Bezeichnung *Leichte Sprache* und stellt die Relevanz ihres Einsatzes in Frage. Selbst die bisher einzige politische Verordnung, die *Barrierefreie Informationstechnik-Verordnung 2.0* (BITV 2.0), findet kaum konsequente Umsetzung, obwohl sie den Einsatz der *Leichten Sprache* für alle Webauftritte öffentlicher Behörden ausdrücklich vorschreibt.

---

[575] Anja Dworski: Leichte Sprache für Einsteiger, in: Bundesverband Museumspädagogik e. V. (Hrsg.), Standbein Spielbein. Museumspädagogik aktuell, Bd. 100: Inklusion, Hamburg 2014, S. 28–29., hier S. 28.

[576] Dworski (2014), S. 28.

[577] Gudrun Kellermann: Leichte und Einfache Sprache – Versuch einer Definition, in: APuZ. Beilage zur Wochenzeitung Das Parlament, 64. Jahrgang, 9–11/2014, Bonn 2014, S. 7-10, hier S. 7.

Hier müssen dingend juristisch Grundlagen geschaffen werden, um die *Leichte Sprache* eindeutig zu definieren und das Signet als Auszeichnung zu schützen.

Im April 2014 widmete sich das *Bundesministerium für Arbeit und Soziales* in Zusammenarbeit mit dem *Netzwerk Leichte Sprache* dem Kommunikationskonzept mit einer eigenen Ratgeber- und Informationsbroschüre. Verfasst in *Leichter Sprache* werden nicht nur ihre Hintergründe und ihre enorme Bedeutung, sondern auch die wichtigsten Regeln ihrer Umsetzung erläutert. Die bereits geschilderten Grundsätze werden ergänzt durch Tipps für das Sprechen von *Leichter Sprache.*

Die *Leichte Sprache* ist eine Bewegung mit sehr viel Potenzial, auch im musealen Bereich. Zahlreiche Internetseiten und Zeitungen sind mittlerweile auch in *Leichter Sprache* erhältlich. Eine Ausstellungsbroschüre oder ein Audioguide sind nur zwei von vielen verschiedenen Einsatzmöglichkeiten, die richtig eingesetzt einer Vielzahl von Besuchern helfen kann, den Ausstellungsbesuch angenehmer zu gestalten, nicht nur denjenigen mit einer Behinderung.

Beispiele für inklusive Vermittlungsarbeit

Die Betrachtung von vorbildhaften Beispielen und praktischen Erfahrungen ist vor allem aufgrund kaum vorhandener systematischer Abhandlungen und methodischer Untersuchungen von großer Bedeutung. Obwohl die musealen Einrichtungen insbesondere in den angelsächsischen Ländern in ihrer inklusiven Entwicklung sehr viel weiter ausgereift sind und sich vor allem dort zahlreiche vorbildliche Projekte finden ließen, können sich auch die zahlreichen inklusiven Projekte hierzulande sehen lassen.

Auf zwei Ausstellungen um die Jahrtausendwende muss zu Beginn besonders hingewiesen werden. Sie haben das Bild vom beeinträchtigten Menschen in unserer Gesellschaft einer Revision unterzogen und sind auf großes Publikumsinteresse gestoßen. Sie bilden eine wichtige Basis und den Ausgangspunkt vieler inklusiver und integrativer Museumsprojekte, die seither konzipiert wurden.

Die erste wegweisende Ausstellung *Dialog im Dunkeln. Eine Ausstellung zur Entdeckung des Unsichtbaren*[578] in Hamburg macht die Sehstörung selbst zum Aus-

[578] Seit 2000 ist *Dialog im Dunkeln* eine geschützte Marke und hat eine dauerhafte Basisausstellung in der Hamburger Speicherstadt. Die *Consens Ausstellungs GmbH* ist mittlerweile zu einer eigenständigen GmbH und zum Sozialunternehmen geworden, das neben den festen und reisenden Ausstellungen auch ein vielfältiges Rahmen- und Erlebnisprogramm anbietet.

stellungsthema und gleichzeitig zum Grundkonzept. Guides mit Sehbehinderung werden zu Botschaftern[579] und geleiten die sehenden Besucher durch lichtfreie Erfahrungsräume mit dem Ziel, „das Unsichtbare [...] über die Vermittlung blinder Menschen sichtbar"[580] werden zu lassen und vertraute Bezüge infrage zu stellen. Aus einer Vielfalt der Wahrnehmungen wird so „das Gewohnte neu erlebt [...] und das Leben aus einer nichtvisuellen Sicht neu reflektiert"[581]. Hierzu werden aus Gerüchen, Wind, Temperaturen, Geräuschen und Texturen Alltagssituationen, wie beispielsweise ein Park oder eine Bar, gestaltet, „die in unsichtbarer Form eine völlig neue Erlebnisqualität erhalten"[582]. Die Ausstellung ist in den vergangenen 26 Jahren so erfolgreich geworden, dass sie als fortlaufende Ausstellungsreihe bis heute in weltweit 38 Ländern und 170 Städten präsentiert worden ist, über acht Millionen Besucher zählt und noch immer als feste Dauerausstellung in der Hamburger Speicherstadt zu sehen ist.[583] Seit einigen Jahren wird der Erfolg der Ausstellung mit dem Tochterkonzept *Dialog im Stillen* weitergeführt.[584] Die Besucher begeben sich mit schalldichten Kopfhörern in eine Welt der Stille und werden von gehörlosen Mitarbeitern durch die unterschiedlichen, besonders schallisolierten Ausstellungsräume geführt. Die vorübergehend „ertaubten" Besucher erhalten schnell einen Eindruck von der großen Bedeutung des Hörsinns für den Alltag und werden durch die gehörlosen Guides mit der Kunst der nonverbalen Kommunikation vertraut gemacht.[585]

Die zweite Ausstellung, *Der (im)perfekte Mensch. Vom Recht auf Unvollkommenheit* des Deutschen Hygiene-Museums in Dresden in Zusammenarbeit mit der *Aktion Mensch,* thematisierte die Behinderung in historischem und aktuellem gesellschaftlichen, medizinischen und kulturellen Kontext. Das Projekt stellte sich als komplexe Herausforderung dar, das viel Planungszeit und Konzeptionsarbeit benötigte. Ausgehend vom Bild des perfekten Idealkörpers in Form eines gläsernen Menschenmodells und einer gegenübergestellten „Sammlung des Imperfekten" wurde zum Nachdenken über gesellschaftlich verankerte Durchschnittsnormen, Idealvorstellungen und den Umgang mit Unvollkommenheit und Abweichungen von Perfektion angeregt.

---

579 URL: https://www.dialog-im-dunkeln.de/de/ueber-uns (letzter Zugriff: 04.10.2015).

580 Andreas Heinecke u. Dorothee Prewo: Dialog im Dunkeln. Eine Ausstellung zur Entdeckung des Unsichtbaren, Hamburg 2001, S. 7.

581 Heinecke u. Prewo (2001), S. 7.

582 URL: https://www.dialog-im-dunkeln.de/de (letzter Zugriff: 04.10.2015).

583 URL: https://www.dialog-im-dunkeln.de/de/ueber-uns (letzter Zugriff: 04.10.2015).

584 Seit 2014 thematisiert eine weitere Erlebnisausstellung *Im Dialog der Zeit* das Altern und damit den demografischen Wandel und den Umgang mit dem Älterwerden.

585 URL: https://www.dialog-im-stillen.de/de/ueber-uns (letzter Zugriff: 04.10.2015).

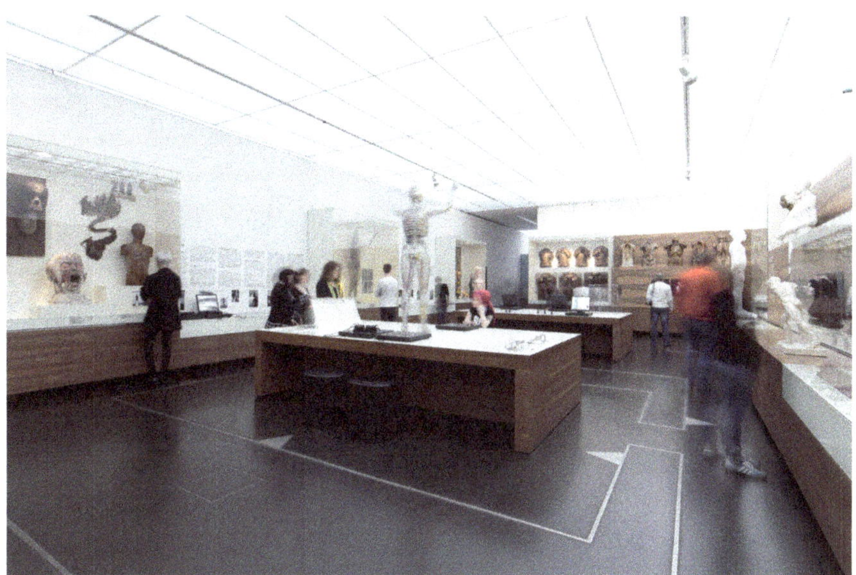

Der Blindenpfad in der Dauerausstellung des *Deutschen Hygiene-Museums* in Dresden, © Deutsches Hygiene-Museum in Dresden. Foto: Oliver Killig.

Wie auch bei den Hamburger Ausstellungskonzepten ist die kulturhistorische Frage nach Normalität und Wertesystemen erstmals öffentlich diskutiert worden.[586] Menschen mit Behinderung wurden nicht nur als Hauptzielgruppe einer großen Ausstellung angesprochen, sondern auch erstmals an der Planung beteiligt.[587]

Das *Deutsche Hygiene-Museum* in Dresden nimmt ohne Zweifel auch im Allgemeinen eine besondere Rolle in der inklusiven Museumslandschaft ein. Die Institution definiert sich selbst als „Museum vom Menschen"[588], dessen medizinisch-naturwissenschaftliche Ausrichtung einen denkbar guten Ausgangspunkt bietet, das menschliche Sein in Bezug auf Normalität, Behinderung und Barrierefreiheit zu thematisieren und Inklusion zu praktizieren.

Nach dem großen Erfolg und auf der Grundlage der vielen Erfahrungen aus der Sonderausstellung konzipierte das Museum in den Jahren 2004 und 2005 unter Mit-

586 Karin Maass, Barrierefreiheit aus museumspädagogischer Perspektive, in: Patrick Sinclair Föhl u. a. (Hrsg.): Das barrierefreie Museum. Theorie und Praxis einer besseren Zugänglichkeit. Ein Handbuch, Bielefeld 2007, S. 15–27, hier S. 22 f.

587 Lutz (2007a), S. 283 f., Rupprecht u. Weckwerth (2015).

588 Gisela Staupe: Vorwort, in: Anja Tervooren u. Jürgen Weber (Hrsg.): Wege zur Kultur. Barrieren und Barrierefreiheit in Kultur- und Bildungseinrichtungen, Schriftenreihe des Deutschen Hygiene-Museums Dresden, Bd. 9, Köln u. a. 2012, S. 7–9, hier S. 7.

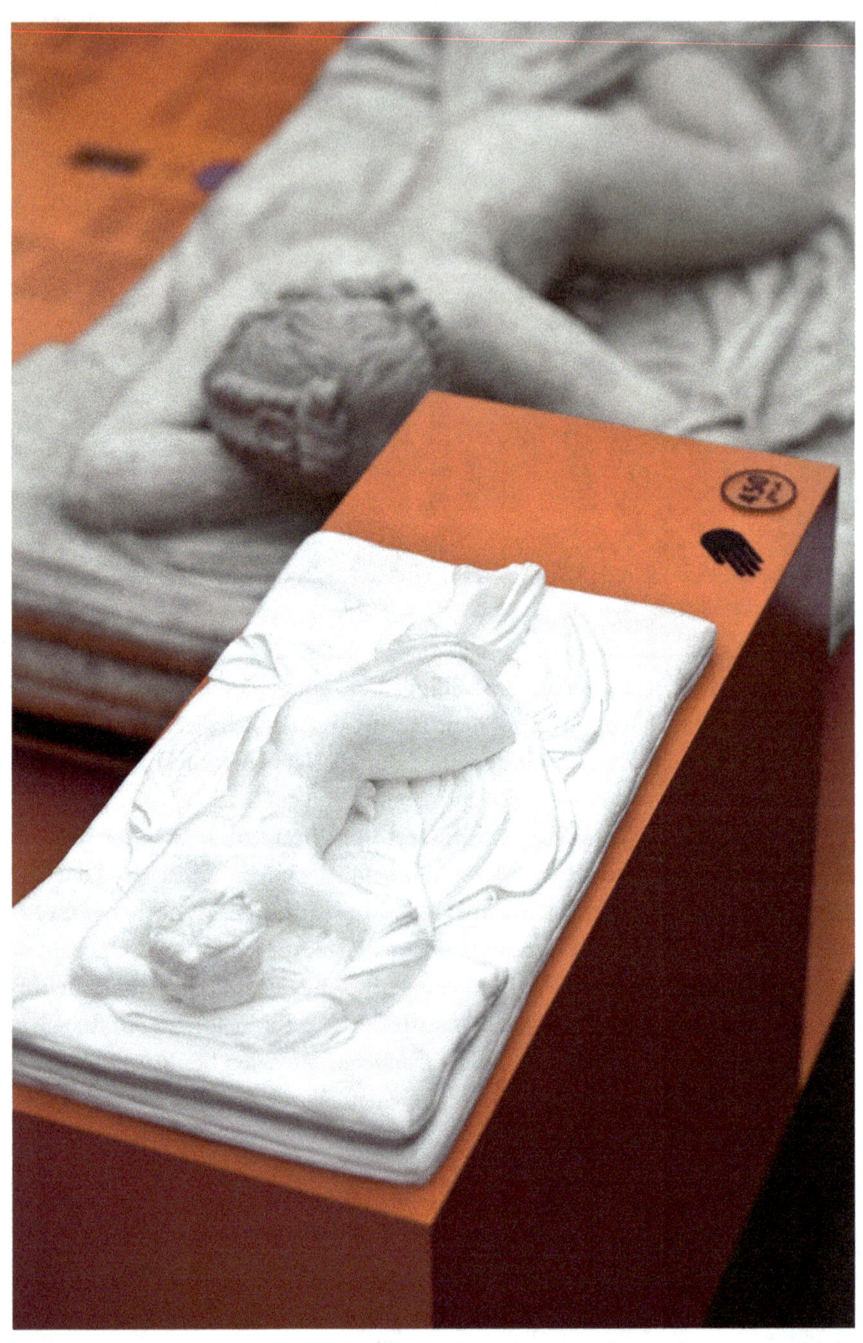

Tastmodell des Objekts „Schlafender Hermaphrodit“ neben dem originalen Gipsabguss in der Dauerausstellung des *Deutschen Hygiene-Museums* in Dresden, © Deutsches Hygiene-Museum in Dresden. Foto: David Brandt.

hilfe zahlreicher Betroffenenverbände auch seine Dauerausstellung barrierefrei.[589] Auf 2.500 Quadratmetern werden seither sieben Themenkomplexe gezeigt, die sich auf alle Aspekte des menschlichen Lebens beziehen und dabei stets eine Verbindung zum Alltag der Besucher aufbauen. Neben klassischen Exponaten stehen vor allem das eigenständige Lernen und das aktive Ausprobieren im Vordergrund,[590] wobei die Ausstellung nicht belehren soll, sondern primär „den mündigen Besucher an[spricht,] der sich seine eigene Meinung bilden möchte“[591]. Der Einzelbesuch ist, ganz dem Inklusionsgedanken entsprechend, durch ein kontrastreiches und gut sichtbares Leitsystem unbegleitet und ohne museumspädagogische Führung möglich.[592] Die Ausstellungsräume sind nicht nur im physischen Sinne komplett barrierefrei zu erkunden, sondern mithilfe eines „Blindenpfades“ auch für Sehgeschädigte ohne Assistenz zu nutzen. Eine durchlaufende taktile Bodenmarke verweist auf den sicheren Laufpfad, während bestimmte Bodenmarkierungen zum Stehenbleiben auffordern und auf Hands-On-Objekte und Medienstationen verweisen. Die Objekte sind mit einer Hinweismarke in erhabener Schwarzschrift und Braille versehen, die über die Audioguide-Nummerierung oder die Möglichkeit informieren, ein Objekt selbst zu ertasten.

Mit Rücksicht auf die besonderen Bedürfnisse geistig behinderter Besucher wurde basierend auf dem Konzept der *Leichten Sprache* eine spezielle Audiotour entwickelt,[593] die in Kombination mit der handlungsorientierten Ausstellungskonzeption und den vielen aktivierenden Mitmach- und Tast-Objekten besonders gute Vorrausetzungen für diese Personengruppe bietet. Auch die personelle Vermittlungsarbeit wurde auf Menschen mit Behinderungen eingestellt, so kommen Förderschulen aber auch andere Institutionen wie Werkstätten und Wohnheime der Region immer wieder im Gruppenverband in die Ausstellung und regelmäßige gruppenungebundene

[589] Lutz (2007a), S. 294, Rupprecht u. Weckwerth (2015).
[590] Lutz (2007a), S. 295.
[591] Petra Lutz: Deutsches Hygiene-Museum. Die Erschließung der neuen Dauerausstellung für Besucher mit Behinderung, in: Bundesverband Museumspädagogik e. V. (Hrsg.), Standbein Spielbein. Museumspädagogik aktuell, Bd. 77: Das barrierefreie Museum – Theorie und Praxis, Hamburg 2007, S. 13–17, hier S. 13.
[592] Lutz (2007b), S. 14.
[593] Lutz (2007b), S. 13 ff.

Vermittlungsangebote und Führungen in *Leichter Sprache* und Gebärdensprache laden zu Einzelbesuchen ein.[594] Zweimal jährlich wird darüber hinaus ein inklusiv gestalteter Familiensonntag ausgerichtet.

Die Ausstellungsarbeit des Hygiene-Museums stellt einen Meilenstein in der Umsetzung von Barrierefreiheit und Inklusion in Museumsbetrieben dar, denn nie zuvor wurde mit solchem Ehrgeiz auf diesem Gebiet gearbeitet. Mit seinen Erfahrungen und Ausstellungen wurden wichtige Erkenntnisse für die inklusive Museumsarbeit gesammelt, von denen nun auch andere Einrichtungen profitieren. Zwar leitete sich die Barrierefreiheit zwangsläufig von dem damaligen Ausstellungsthema und natürlich der Grundausrichtung des Museums ab, doch stellt diese Pionierarbeit ein besonderes Vorbild auch im Kontext von Kunstmuseen dar. Doch obwohl das Museum größte Anstrengungen unternahm, um die Ausstellungsräume und -inhalte allen Besucherbedürfnisse anzupassen und sämtliche Barrieren abzubauen, stellte sich die völlige Barrierefreiheit letztlich als reine Idealkonstruktion heraus. „Natürlich“[595], so Petra Lutz, ist „keine Ausstellung des Deutschen Hygiene-Museums diesem Ziel bislang in vollem Umfang gerecht“ [596] geworden. Um ein möglichst barrierearmes Umfeld zu gewährleisten, sei ein ständiger Prozess nötig, indem neue und alte Hindernisse kontinuierlich aufmerksam registriert und so weit wie möglich behoben werden würden, um möglichst vielen Besuchern gerecht zu werden.[597]

Auch das *Kunstmuseum Bonn* gehört deutschlandweit zu den Vorreitern in Sachen museale Inklusion. Sabine Leßmann, Kuratorin für Bildung und Vermittlung, sieht in der zeitgenössischen Kunst die wohl größte Herausforderung der Vermittlungsarbeit, da sie ohne museumspädagogische Begleitung oftmals nicht leicht zu entschlüsseln und dadurch „doch selbst voller Barrieren, Widerstände und Ausgrenzungen“[598] sei. Dennoch erscheine „gerade eine Sammlung zeitgenössischer Kunst [...] geeignet, um den Umgang mit Fremdheit zu lernen, Barrieren zu überschreiten oder Experimente zu wagen“[599], da bei ihrer Betrachtung alle Besucher ungeachtet ihrer kognitiven Leistungsfähigkeit gleichgestellt seien.

---

[594] Durch eine Reihe von freien Mitarbeitern, die sich gut auf die unterschiedlichen Bedürfnisse einstellen können, werden alle Workshops und Veranstaltungen bei Bedarf entsprechend der Behinderungen individuell auf die Anforderungen und Möglichkeiten der Gruppen abgestimmt.

[595] Lutz (2007a), S. 284.

[596] Lutz (2007a), S. 284.

[597] Lutz (2007a), S. 284.

[598] Leßmann (2007b), S. 19.

[599] Leßmann (2007b), S. 19; Leßmann (2007a), S. 347.

Das Kunstmuseum Bonn nutzt daher vor allem seine zeitgenössische Sammlung als Nährboden für Projekte und Kooperationen mit Randgruppen und bietet Menschen mit Behinderungen gleich mehrere Möglichkeiten, das Potenzial der Kunst zu erschließen. Es setzt dabei nicht nur auf die Inklusivität des regulären museumspädagogischen Programms, sondern auch auf Kooperationen mit sozialtherapeutischen Einrichtungen und Förderschulen. Diese wüssten „das Gesamtpaket Museumsbesuch für sich zu nutzen“[600], nicht nur weil Kunst generell als wichtiger Bestandteil des Förderbereichs gesehen und daher oft bereits tief in den Einrichtungen verwurzelt sei.[601] Vor allem die „weitgehend normenlosen Ausdrucksmöglichkeiten der Kunst“[602] gelten in der Förderpädagogik als „wichtiger Ausgleichsbereich zu den streng strukturierten Kulturtechniken“[603] und bieten daher die Chance, der eigenen Kreativität zu folgen, ohne durch ein bestehendes Wertesystem gemaßregelt zu werden.

Seit der Jahrtausendwende unterhält das Museum unter anderem in Kooperation mit der *Christophorusschule* in Bonn[604] ein Langzeitprojekt, in dessen Rahmen nicht nur die einmalige Beschäftigung mit einem bestimmten Thema, sondern ein wöchentlich stattfindender Workshop im Mittelpunkt steht, der sich praktisch, aber vor allem auch theoretisch mit der Sammlung des Museums auseinandersetzt. In jedem der Treffen beschäftigt sich die Gruppe mit jeweils einem Künstler und lernt dessen Werke im Original kennen. Anschließend können die Teilnehmer das gelernte Wissen über Arbeitstechnik und Motivwahl in eigenen Werken umsetzen. Dadurch werden Kunstwerke namhafter Künstler auf ungewöhnliche und unkonventionelle Art neu interpretiert.[605] Dass die Schüler mit viel Spaß teilgenommen haben, zeigen vor allem die Dankesbriefe an die Sponsoren. So begründete ein 14-jähriger Schüler mit Mehrfachbehinderung sein Interesse an den Veranstaltungen unter anderem mit folgenden Stichpunkten: „[…] weil eine Reise zum Museum fast wie ein kleiner Ausflug für mich ist […] weil das Museum wie ein Paradies ist […] ich die Kunstwerke so interessant finde [und] es schön ist, Kunstwerke selber zu gestalten.“[606]

---

[600] Leßmann (2007a), S. 349; Leßmann (2007b), S.19.

[601] Leßmann (2007a), S. 349.

[602] URL: http://www.christophorusschule-bonn.de/images/schulemuseum.pdf (letzter Zugriff: 04.10.2015), S. 1.

[603] URL: http://www.christophorusschule-bonn.de/images/schulemuseum.pdf (letzter Zugriff: 04.10.2015), S. 1.

[604] Parallel lief 2013 eine ähnliche Zusammenarbeit mit den *GVP Gemeinnützige Werkstätten Bonn GmbH.*

[605] URL: http://www.christophorusschule-bonn.de/images/schulemuseum.pdf (letzter Zugriff: 04.10.2015), S. 2.

[606] Leßmann (2007a), S. 347 und 352.

Finanzielle Unterstützung bekommt das Projekt durch den Bonner *Lions-Club*, der die Kosten für die Eintrittsgelder und sonstige Unkosten zunächst für ein Schuljahr und eine Schulklasse übernahm, die Hilfe zu einem späteren Zeitpunkt jedoch ausweitete. So konnten bis 2007 über zweihundert Schüler der *Christophorusschule* an einem der regelmäßigen Workshops teilnehmen und davon profitieren.[607] Allein diese beispiellose Dreiecks-Kooperation zwischen Museum, Förderschule und dem *Lions-Club* machen das komplexe Projekt möglich.

Zusätzlich zu dieser bereits gefestigten Kooperation lädt die museumspädagogische Abteilung des Kunstmuseums Bonn ausdrücklich auch andere Förderschulen und integrative Klassen „zum Eintauchen in Farbräume, zu Konfrontationen mit Realität, Phantasie und Virtualität, zu spannenden Raumerkundungen, aber auch zu praktisch-kreativer Arbeit in den Werkräumen“[608] ein. Diese und andere Angebote werden durch einen eigens entwickelten Flyer[609] kommuniziert, der nicht nur alle Informationen zur allgemeinen Barrierefreiheit, sondern auch Auskunft über eine Reihe von speziell ausgerichteten museumspädagogischen Angeboten gibt. Das Programm umfasst neben einem regelmäßigen Angebot für Senioren im Rahmen von wöchentlichen Kursen und einem offenen Kreativ-Café, welches einmal im Monat eine Austauschmöglichkeit mit anderen Kunstinteressierten bietet, auch experimentelle Workshops für Besucher mit Sinneseinschränkungen.

Hervorzuheben ist auch der inklusive Workshop *Kunstspurensuche* für Erwachsene mit und ohne Behinderung, der jeden zweiten Dienstag im Monat zu einer gemeinsamen Gesprächsrunde einlädt[610] und so das lebenslange Lernen als inklusives Erlebnis ermöglicht. Im Jahr 2012 wurden in Kooperation mit dem *Verein für Körper- und Mehrfachbehinderte* darüber hinaus verschiedene Ferienwerkstätten zu der Ausstellung *Max Ernst – Muschelbaum, Holzvogel und Augenfisch* angeboten, die explizit als inklusives Angebot für Kinder mit und ohne Behinderungen ausgeschrieben wurden und zu einer Entdeckungsreise durch das Museum einluden.[611]

Die Motivation des Museums, das kunstpädagogische Programm auch für Besucher mit Behinderung zu öffnen, liegt nicht nur darin, neue potenzielle Zielgruppen zu

---

[607] Leßmann (2007a), S. 348.

[608] URL: http://www.kunstmuseum-bonn.de/fileadmin/Redaktion/Kontakt/Barrierefreies_Museum.pdf (letzter Zugriff: 04.10.2015).

[609] URL: http://www.kunstmuseum-bonn.de/fileadmin/Redaktion/Kontakt/Barrierefreies_Museum.pdf (letzter Zugriff: 04.10.2015).

[610] Die Information bezieht sich auf das Vermittlungsprogramm im Jahr 2013.

[611] URL: http://www.kunstmuseum-bonn.de/nocache/kalender/archiv/, 2012 (letzter Zugriff: 04.10.2015).

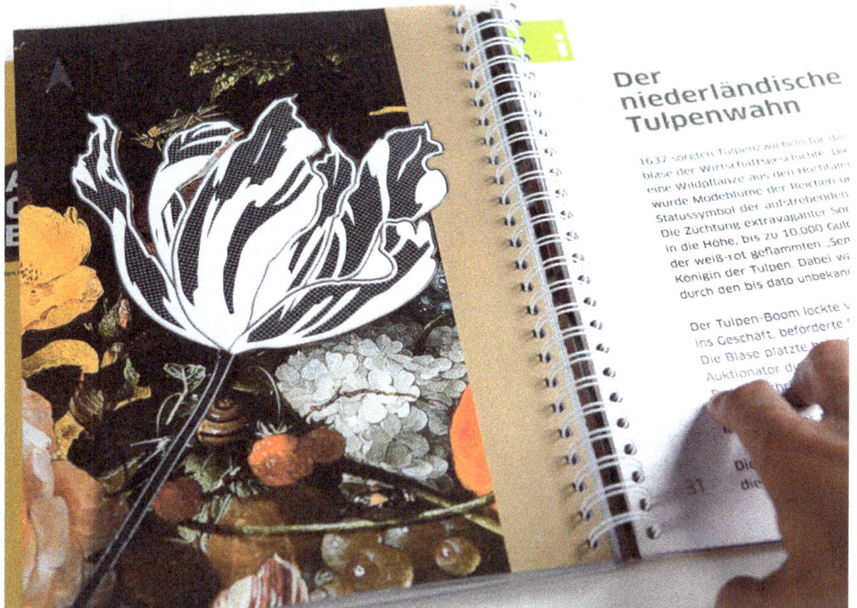

Lesehörtastbuch „Das Goldene Zeitalter“ des *Staatlichen Museums Schwerin,* © Staatliches Museum Schwerin. Foto: Gregor Strutz (www.inkl-design.de).

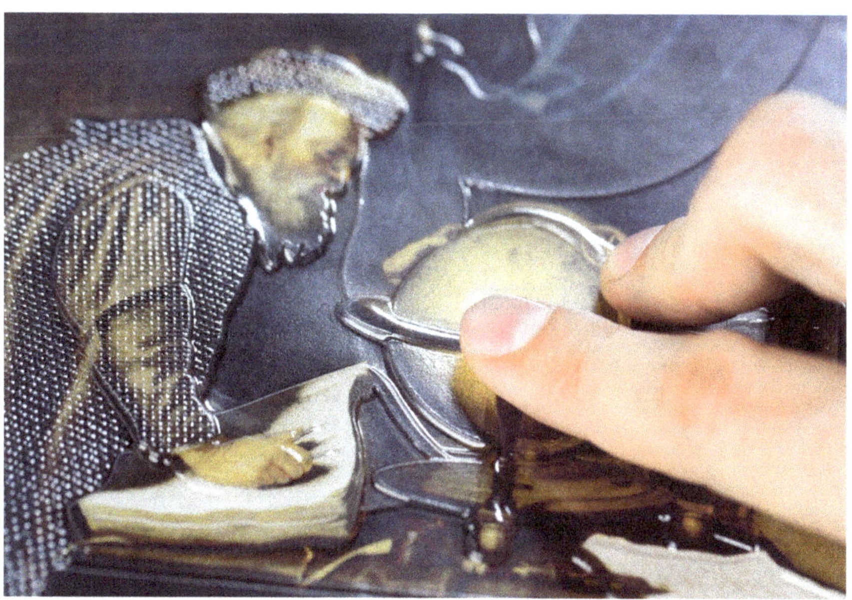

Lesehörtastbuch „Das Goldene Zeitalter“ des *Staatlichen Museums Schwerin,* © Staatliches Museum Schwerin. Foto: Gregor Strutz (www.inkl-design.de).

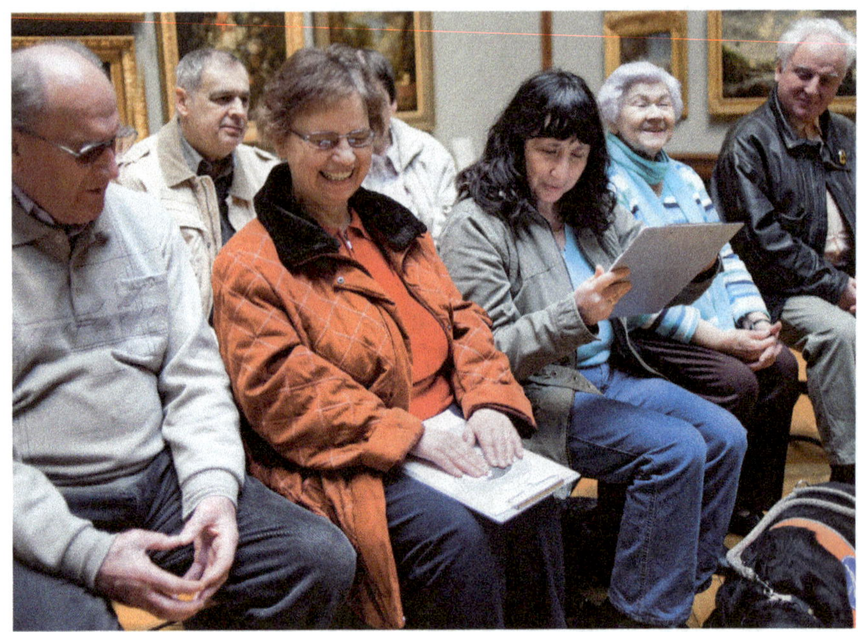

Probelesung des Lesehörtastbuches „Das Goldene Zeitalter" in den Ausstellungssälen des *Staatlichen Museums Schwerin*, © Staatliches Museum Schwerin. Foto: Gregor Strutz (www.inkl-design.de).

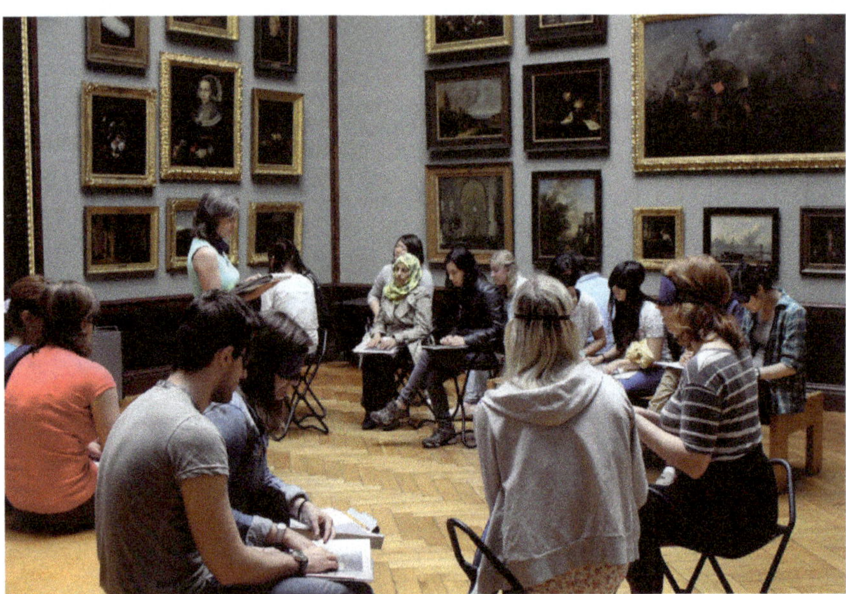

Probelesung des Lesehörtastbuches „Das Goldene Zeitalter" in den Ausstellungssälen des *Staatlichen Museums Schwerin*, © Staatliches Museum Schwerin. Foto: Gregor Strutz (www.inkl-design.de).

erschließen und die Besucherzahlen zu steigern, sondern vielmehr in der Selbstdefinition als städtische Kultureinrichtung und der damit zusammenhängenden Nutzung „vorhandener Potenziale als wichtige Aufgabe“[612]. Diese könnten sich in Form von „erworbenen Kenntnissen über Kunst in einem selbst gestalteten Bild, in einer zu bewältigenden Anreise in öffentlichen Verkehrsmitteln, in der Sensibilisierung der Sinne sowie in der Stärkung der Ausdrucksmöglichkeiten und nicht zuletzt im Selbstbewusstsein der Beteiligten widerspiegeln“[613].

Es sei angemerkt, dass im deutschsprachigen Raum noch viele weitere Museen vorbildliche inklusive Ansätze zeigen. Auch die in anderen Zusammenhängen bereits hervorgehobenen *Staatlichen Kunstsammlungen Dresden* mit ihren zahlreichen Maßnahmen zur Umsetzung der Inklusion sowie zum Beispiel die *Staatliche Kunsthalle Karlsruhe*[614], das *LWL-Museum für Kunst und Kultur* und die *Bundeskunsthalle Bonn*[615] sind hier zu nennen. Neben den stellvertretend für die inklusive Kraft der deutschen Museumslandschaft vorgestellten Ausstellungen und Museen müssen sicherlich auch das *Landesmuseum Mainz*, welches als erstes deutsches Museum überhaupt Folientastbücher seiner Sammlung publizierte, sowie das *Staatliche Museum Schwerin* genannt werden.

Letzteres hat erst vor wenigen Jahren in Zusammenarbeit mit dem Verein *Andere Augen e. V.* und dem *Blinden- und Sehbehinderten-Verein Mecklenburg-Vorpommern e. V.* das erste inklusiv gestaltete Lesehörtastbuch mit Audiounterstützung veröffentlicht, das sich ausschließlich auf ein kunsthistorisches Thema bezieht.[616] Angeboten werden die leicht formulierten Informationen in gut leserlicher Schwarzschrift und darüber geprägter Brailleschrift. Die acht von blinden und sehbehinderten Besuchern ausgewählten Werke aus der Sammlung des Museums wurden digital bearbeitet und sind ganzseitig abgedruckt. Partiell sind die Werke mit Kontrastflächen verse-

---

612 Leßmann (2007a), S. 347 f.

613 Leßmann (2007a), S. 348.

614 Die *Staatliche Kunsthalle Karlsruhe* ging bereits im Jahr 1979 eine erste Kooperation mit einer Schule für Kinder mit geistiger Behinderung aus Rülzheim ein. Bis heute war das Museum bereits für zahlreiche Schulklassen verschiedenen Alters Gastgeber in Sachen Kunst, aber auch Wohngemeinschaften und Werkstätten nutzten die Möglichkeit, in Zusammenarbeit mit dem Museum Vermittlungs- und Malkurse aufzubauen. In der Regel belief sich die Kursdauer auf vier Wochen bis hin zu zwei Jahren (Reising u. a. 1991).

615 Die Bundeskunsthalle Bonn richtete in Zusammenarbeit mit dem Bundesverband Museumspädagogik e. V. und dem Landesverband Museumspädagogik Nordrhein-Westfalen e. V. vom 23.–24. März 2014 die Fachtagung „Inklusive Bildung im Museum: Herausforderung, Anforderung, Überforderung“ aus.

616 Das Projekt entstand mit finanzieller Unterstützung der Aktion Mensch.

hen, um Menschen mit einer starken Sehschwäche das Erkennen von Konturen zu erleichtern. Sie können zusätzlich zum Teil mit erhabenen Folienseiten überlagert werden, die Konturen und Texturen tastbar machen. Zu jedem der Motive hebt ein zweites Tastbild jeweils ein Detail hervor. Zwei beigefügte CDs beschreiben die Werke unter Angabe von tastbaren Referenzpunkten ausführlich und liefern musikalische Untermalung.[617] Das Lesehörtastbuch wurde nach dem großen Erfolg auch wichtiger Bestandteil der Vermittlungsarbeit im Haus. So werden seither erfolgreich regelmäßig inklusive Führungen für Sehende und Nichtsehende angeboten, die durch das Tastbuch medial unterstützt werden. Sehenden Besuchern wird durch Augenmasken vorübergehend ebenfalls der Sehsinn genommen, um sie mithilfe des Tast- und Hörmaterials auf eine Reise zu schicken, das üblicherweise Sehbare mit anderen Sinneseindrücken neu zu erfahren.

[617] Staatliches Museum Schwerin: Erster Museumsführer für Sehbehinderte und Blinde: Lesetasthörbuch mit ausgewählten Werken der holländischen Malerei des 17. Jahrhunderts, Pressemappe, Schwerin 2012.

Inklusion im Museum – Ein Resümee

In den vergangenen Jahrzehnten ist ein anhaltender Paradigmenwechsel in Gang gesetzt worden, der die gesellschaftliche Wahrnehmung und den Umgang mit beeinträchtigten Menschen bis heute einem ungebrochenen Wandel unterzieht. Der Inklusionsgedanke mit der darin verankerten Forderung nach einer vollständigen und gleichberechtigten Teilhabe für alle Menschen ist dabei, den Integrationsansatz zu überwinden, und geht heute nicht mehr von einem in der Unzulänglichkeit des Individuums selbst begründeten Behinderungsursprungs aus, sondern sieht die eigentlichen Hindernisse in der defizitären Sichtweise der Gesellschaft und der gebauten Umwelt begründet. Die Inklusion scheint in der Gesellschaft des 21. Jahrhunderts langsam angekommen, und doch ist die Umsetzung des Konzeptes eine Generationenaufgabe, die noch lange nicht bewältigt ist.

Der Inklusionsgedanke und die Forderung nach gleichberechtigter Teilhabe haben auch in der deutschsprachigen Museumswelt in den vergangenen Jahren merklich an Fahrt aufgenommen. Das derzeitige Angebot an inklusiven Möglichkeiten zur Teilhabe ist in Zahl und Vielfalt beinah unüberschaubar, in der Qualität aber sicherlich ebenso durchwachsen. Unverzichtbare Motoren sind vor allem die jüngsten Veröffentlichungen, Tagungen und Workshops der Dachverbände, welche das Thema unermüdlich und regelmäßig zurück in die Köpfe der Ausstellungsmacher zu holen versuchen. Doch ist die Inklusion im Ausstellungsbetrieb hierzulande nach wie vor keine flächendeckende Bewegung, sondern wird vielmehr von herausragenden Einzelleistungen getragen.

Tatsächlich inklusiv sind bisher nur wenige Häuser und Ausstellungen. Die Gewährleistung von physischer Barrierefreiheit oder ein Angebot an spezifischen Vermittlungsangeboten für Hörgeschädigte, Sehbehinderte oder Besucher mit geistigen Beeinträchtigungen sind zwar durchaus positiv zu bewerten, sie machen ein Museum aber noch lange nicht zu einer inklusiven Umgebung. Eine solche setzt zum einen ein ausgewogenes Verhältnis von physischer Zugänglichkeit und intellektueller Nutzbarkeit voraus und fordert zum anderen Programme und räumliche Bedingungen, die für alle Besucher gemeinsam zu nutzen sind.

Die viel kritisierten Sonderprogramme sollten jedoch trotz ihres isolierenden Charakters nicht aufgegeben werden. Sie können wichtig sein, um Hemmschwellen zu senken, Versagensängste abzubauen und das Selbstbewusstsein der beeinträchtigten Besucher im Gegenzug aufzubauen. In dieser Hinsicht stellt die zielgruppenspezifische Arbeit, wie sie in Museen seit Jahrzehnten Anwendung findet, getreu dem Motto *Inklusion durch Integration* vielleicht sogar einen kostbaren Zwischenschritt auf dem Weg zur Inklusion dar.

Grundsätzlich kann nach dieser Untersuchung auch die unbequeme Frage nach den Grenzen des Inklusionsansatzes nicht umgangen werden. Da viele Menschen mit kognitiven Beeinträchtigungen auch für die Alltagsbewältigung auf die Hilfe anderer angewiesen sind, muss davon ausgegangen werden, dass ein Ausstellungsbesuch auch bei den besten inklusiven Bedingungen vermutlich für viele Menschen nicht ohne Assistenz und Anleitung möglich ist.[618]

Letztlich sollte ein Ausstellungshaus daher ein breit gefächertes Angebot bieten, aus dem jeder seinen eigenen Bedürfnissen entsprechend wählen und entscheiden kann, ob er ein spezifisch ausgerichtetes, eher integratives oder ein inklusiv konzipiertes gemeinsames Erlebnis bevorzugt. Schließlich sollte nicht außer Acht gelassen werden, dass bestimmte Bedürfnisse manchmal vielleicht besser berücksichtigt werden können, wenn ein Angebot zielgruppenorientiert und eben nicht auf die breite Masse ausgelegt ist, und wer könnte seine individuellen Fähigkeiten besser einschätzen, als die Menschen selbst? Den Besuchern die selbstbestimmte Entscheidung zu ermöglichen, ist daher wohl der eigentliche inklusive Gedanke.

Ein großes Problem in der Umsetzung inklusiver Ansätze liegt vor allem in der internen Zuständigkeitsfrage. Die Inklusion wird noch immer vielerorts als „Spielplatz" der kulturellen Bildung abgetan und in anderen Bereichen der Museumsarbeit noch nicht ernst genug genommen. Da Lösungsansätze oft alleine von der Museumspädagogik erwartet werden, steht der großen Zahl von Vermittlungsangeboten aktuell eine verschwindet geringe Anzahl vielfältig zugänglicher und damit inklusiv gestalteter Ausstellungen und Museumsbauten[619] gegenüber.

Primäres Bestreben sollte es daher sein, den Inklusionsgedanken als gemeinschaftliches Ziel zu verinnerlichen und selbstverständlich in alle Prozesse der Ausstellungsvorbereitungen einzubinden. Hierfür müssen Museumsleitung, Kuratoren, Ausstellungsgestalter und Museumspädagogen, aber auch die Geldgeber in Politik und Wirtschaft an einem Strang ziehen, sich methodisch konsequent mit der

[618] So heißt es selbst vonseiten der Bundesvereinigung Lebenshilfe e. V., als einer der größten Behindertenverbände des Landes, dass wohl für einen Teil der Menschen mit geistiger Behinderung auch in einer optimierten und nahezu barrierefreien Umwelt stets eine gewisse Hilfebedürftigkeit bestehen bliebe (Bundesvereinigung Lebenshilfe 2011, S. 7).

[619] Metzger (2014), S. 14.

Vielfalt des Lernens, Vermittelns und Erlebens in ihren Häusern auseinandersetzen[620] und dauerhafte finanzielle und personelle Ressourcen bereitstellen.

Aus diesem Grund erscheint es längst überfällig, die wichtigen Formeln der „Barrierefreiheit" und der „Gewährleistung von selbstbestimmter kultureller Teilhabe" als Schlüsselbegriffe endgültig in den Kreis der allgemeinen Museumsaufgaben der ICOM aufzunehmen. Sie müssen im Selbstverständnis und im Leitbild der Museen verankert und die Häuser durch Zielvereinbarungen und gültige Qualitätsstandards noch stärker in die Verantwortung genommen werden. Erst dann können die Einrichtungen „sich auf Augenhöhe mit einem heterogenen Publikum auseinandersetzen".[621]

Die Inklusion hat nachweislich vor allem in der Museumslandschaft noch immer nicht ihr volles Potenzial ausgeschöpft. „Die Realisation des eigentlich Einfachen, das aber doch so schwer zu machen ist, [...] beginnt in den Köpfen"[622], doch nur weil das Konzept aktuell noch an seine Grenzen stößt und „nicht alle Fragen sofort überzeugend beantwortet werden können, heißt das weder, dass diese Grenzen auch in 10 Jahren noch so gesehen werden, noch dass das Konzept der Inklusion an sich falsch ist."[623] Die „Inklusion ist keine kurzfristige Modeerscheinung"[624], die es nur abzuwarten gilt. Die Debatte wird zwar in den Medien vielleicht nicht auf Dauer so präsent sein, „aber die Probleme werden bleiben"[625], wenn sie nicht gemeinsam angegangen werden.

---

620 Metzger (2014), S. 14

621 Metzger (2014), S. 13 und 16.

622 Klauß (2012), S. 146 ff.

623 Klemens Kruse: Inklusion und wie sie ins Museum kommt, in: Bundesverband Museumspädagogik e. V. (Hrsg.), Standbein Spielbein. Museumspädagogik aktuell, Bd. 100: Inklusion, Hamburg 2014, S. 6–8, hier S. 7.

624 Kruse (2014), S. 7.

625 Kruse (2014), S. 7.

Literatur

Aichele (2014) Valentin Aichele: Leichte Sprache als Schlüssel zur „Enthinderung" der Inklusion, in: APuZ. Beilage zur Wochenzeitung Das Parlament, 64. Jahrgang, 9–11/2014, Bonn 2014, 19–25.

Arnade u. Heiden (2007) Sigrid Arnade u. Hans-Günter Heiden: Barrierefrei im Museum? Eine Ermutigung in zwölf Schritten und mit drei Faustregeln, in: Patrick Sinclair Föhl u. a. (Hrsg.): Das barrierefreie Museum. Theorie und Praxis einer besseren Zugänglichkeit. Ein Handbuch, Bielefeld 2007, S. 44–47.

Auer (2007) Katrin Auer: Barrierefreie Museen. Rechtliche Rahmenbedingungen, in: Patrick Sinclair Föhl u. a. (Hrsg.): Das barrierefreie Museum. Theorie und Praxis einer besseren Zugänglichkeit. Ein Handbuch, Bielefeld 2007, S. 34–51.

Auer u. Böhner (1974) Hermann Auer, Kurt Böhner u. a. (Hrsg.): Denkschrift Museen. Zur Lage der Museen in der Bundesrepublik Deutschland und Berlin (West), Deutsche Forschungsgemeinschaft, Bonn 1974.

Bach (1979) Heinz Bach: Pädagogik der Geistigbehinderten, in: Ders. (Hrsg.): Handbuch der Pädagogik, Bd. 5, Berlin 1979.

Beck (2003) Herbert Beck: Neurodidaktik oder: Wie lernen wir?, in: Erziehungswissenschaft und Beruf, Heft 3/2003, S. 323–330.

Becker (2006) Nicole Becker: Die neurowissenschaftliche Herausforderung der Pädagogik, Berlin 2006.

Boban u. Hinz (2003) Ines Boban u. Andreas Hinz: Qualitätsentwicklung des Gemeinsamen Unterrichts durch den „Index für Inklusion", in: Behinderte, 4/5/2003, S. 2–13.

Borsdorf (2009) Ulrich Borsdorf: Sammlung und Vermittlung. Der Beitrag des Museums im gesellschaftlichen Diskurs, in: Deutscher Museumsbund e. V. (Hrsg.): Museumskunde, Bd 74, 2/2009, S. 37–41.

Bösl (2012) Elsbeth Bösl: Behinderung, Technik und gebaute Umwelt. Zur Geschichte des Barriereabbaus in der Bundesrepublik Deutschland seit dem Ende der 1960er Jahre, in: Anja Tervooren u. Jürgen Weber (Hrsg.): Wege zur Kultur. Barrieren und Barrierefreiheit in Kultur- und Bildungseinrichtungen, Schriftenreihe des Deutschen Hygiene-Museums Dresden, Bd. 9, Köln u. a. 2012, S. 29–51.

Bundesverband Museumspädagogik e. V. (Hrsg.): Standbein Spielbein. Museumspädagogik aktuell, Bd. 100: Inklusion, Hamburg 2014.

Bundesverband Museumspädagogik e. V. (Hrsg.): Standbein Spielbein. Museumspädagogik aktuell, Bd. 77: Das barrierefreie Museum – Theorie und Praxis, Hamburg 2007.

Bundesverband Museumspädagogik e. V. (Hrsg.): Standbein Spielbein. Museumspädagogik aktuell, Bd. 59: Barriere-Frei – Teilhabe von Menschen mit Behinderung im/am Museum, Hamburg 2001.

Braunreiter (2007) Michaela Braunreiter: Ausstellungen für Alle? Inklusive PR-Strategien für barrierefreie Kulturangebote, in: Bundesverband Museumspädagogik e. V. (Hrsg.): Standbein Spielbein. Museumspädagogik aktuell, Bd. 77: Das barrierefreie Museum – Theorie und Praxis, Hamburg 2007, S. 10–12.

Cassin (2006) Michael Cassin: Sensibility and Social Commitment, Vortrag bei: The New Technologies as Means of Dissemination, DEAC Museums National Seminar, Las Palmas, November 2006.

Cassin (2009) Michael Cassin: More than an Open Door – Language matters; Vortrag bei: Raise your Voice. Fourth National Public Galleries Summit, Museum & Gallery Services Queensland, Townsville September 2009, (URL: http://vimeo.com/7136938, letzter Zugriff: 04.10.2015).

Commandeur u. Dennert (2000) Beatrix Commandeur u. Dorothee Dennert (Hrsg.): Event zieht – Inhalt bindet. Besucherorientierung von Museen auf neuen Wegen, Bielefeld 2000.

Dannenbeck (2011) Clemens Dannenbeck: Theater mit dem Museum – Inklusion und kulturelle Teilhabe. Onlinepublikation, Zeitschrift für Inklusion Online, 4/2011.

Dederich (2012) Markus Dederich: Ästhetische und ethische Grenzen der Barrierefreiheit, in: Anja Tervooren u. Jürgen Weber (Hrsg.): Wege zur Kultur. Barrieren und Barrierefreiheit in Kultur- und Bildungseinrichtungen, Schriftenreihe des Deutschen Hygiene-Museums Dresden, Bd. 9, Köln u. a. 2012, S. 101–115.

Degener (2009) Theresia Degener: Menschenrechte und Behinderung, in: Markus Dederich (Hrsg.): Behinderung und Anerkennung, Stuttgart 2009, S. 160–178.

Dietz u. Walz (2010) Yvonne Dietz u. Markus Walz: Barrierefreiheit in Kultur und Freizeit. Nutzbarkeit von Museen für Seh- und Gehbehinderte im Vergleich, Leipziger Impulse für die Museumspraxis, Bd. 3, Leipzig 2010.

Dodd (1994) Jocelyn Dodd: Whose museum is it anyway. Museums education and the community, in: Eilean Hooper-Greenhill (Hrsg.): The Educational Role of the Museum, London, New York 1994, S. 303–306.

Dodd (2009) Jocelyn Dodd: The Generic Learning Outcomes. A Conceptual Framework for Researching Learning in Informal Learning Environments, in: Giasemi Vavoula u. a. (Hrsg.): Researching Mobile Learning. Frameworks, Methods and Research Design, Oxford 2009, S. 221–240.

Dohmen (2001) Günther Dohmen: Das informelle Lernen. Die internationale Erschließung einer bisher vernachlässigten Grundform menschlichen Lernens für das lebenslange Lernen aller, Bundesministerium für Bildung und Forschung (Hrsg.), Bonn 2001.

Dreher (1996) Walther Dreher: Denkspuren. Bildung von Menschen mit geistiger Behinderung. Basis einer integralen Pädagogik, Aachen 1996.

Dworski (2014) Anja Dworski: Leichte Sprache für Einsteiger, in: Bundesverband Museumspädagogik e. V. (Hrsg.), Standbein Spielbein. Museumspädagogik aktuell, Bd. 100: Inklusion, Hamburg 2014, S. 28–29.

Erdrich (2007) Stefanie Erdrich: Finanzierungsmöglichkeiten für barrierefreie Projekte im Museum, in: Patrick Sinclair Föhl u. a. (Hrsg.): Das barrierefreie Museum. Theorie und Praxis einer besseren Zugänglichkeit. Ein Handbuch, Bielefeld 2007, S. 147–165.

Faber (1992) Michael H. Faber: Kommunikation von Museen mit Benachteiligten, in: Lotte E. Sturm (Hrsg.): Erlebnis Museum. Ein Handbuch für Besucher mit Behinderung, Essen 1992, S. 29–42.

Falk u. Dierking (2000) John H. Falk u. Lynn D. Dierking: Learning from museums. Visitor experiences and the making of meaning, Walnut Creek u. a. 2000.

Föhl (2007) Patrick Sinclair Föhl: Ausgewählte Vermittlungsmethoden für Menschen mit Lernschwierigkeiten im Museum, in: Ders. u. a. (Hrsg.): Das barrierefreie Museum. Theorie und Praxis einer besseren Zugänglichkeit. Ein Handbuch, Bielefeld 2007, S. 121–128.

Föhl u. a. (2007) Patrick Sinclair Föhl u. a. (Hrsg.): Das barrierefreie Museum. Theorie und Praxis einer besseren Zugänglichkeit. Ein Handbuch, Bielefeld 2007.

Franke (2012) Vera Franke: Barrierefrei ins Museum, in: Anja Tervooren u. Jürgen Weber (Hrsg.): Wege zur Kultur. Barrieren und Barrierefreiheit in Kultur- und Bildungseinrichtungen, Schriftenreihe des Deutschen Hygiene-Museums Dresden, Bd. 9, Köln u. a. 2012, S. 202–211.

Frauendorf (2012) Bernd Frauendorf: „Wir wollen mehr als nur dabei sein!", in: Andreas Hinz u. a. (Hrsg.), Von der Integration zur Inklusion. Grundlagen – Perspektiven – Praxis, Marburg [3]2012, S. 125–129.

Freericks (2002) Renate Freericks: Erlebniswelten. Mobilisierung informellen Lernens, in: Wolfgang Nahrstedt u. a. (Hrsg.): Lernen in Erlebniswelten. Perspektiven für Politik, Management und Wissenschaft, Fachtagung am 4. und 5. Dezember in Hannover, IFKA-Schriftenreihe, Bd. 22, Bielefeld 2002.

Freericks (2006) Renate Freericks: Lernen in Erlebniswelten. Erlebnisorientierte Lernorte und ihre Potenziale für ein nachhaltiges Lernen, in: DIE Zeitschrift für Erwachsenenbildung. Deutsches Institut für Erwachsenenbildung, 4/2006, S. 32–35.

Friedländer (1992) Renate Friedländer: Der Behinderte im Museum, in: Lotte E. Sturm (Hrsg.): Erlebnis Museum. Ein Handbuch für Besucher mit Behinderungen, Essen 1992, S. 9–14.

Friedrich (2005) Gerhard Friedrich: Allgemeine Didaktik und Neurodidaktik. Eine Untersuchung zur Bedeutung von Theorien und Konzepten des Lernens, besonders neurobiologischer, für die allgemeindidaktische Theoriebildung, Bielefeld 2005.

Frühauf (2012) Theo Frühauf: Von der Integration zur Inklusion. Ein Überblick, in: Andreas Hinz u. a. (Hrsg.): Von der Integration zur Inklusion. Grundlagen – Perspektiven – Praxis, Marburg [3]2012, S. 11–32.

Greiner (2013) Lena Greiner: Integration behinderter Kinder. „Alle sind überfordert", erschienen als Spiegel-Online-Artikel am 11.01.2013, 11:39 Uhr (URL: http://www.spiegel.de/schulspiegel/inklusion-probleme-bei-integration-behinderter-kinder-in-regelschulen-a-876847.html, letzter Zugriff: 04.10.2015).

Groce (1985) Nora Ellen Groce: Everyone Here Spoke Sign Language: Hereditary Deafness on Martha's Vineyard, Cambrige, Mass. 1985.

Haase (2008) Ellinor Haase: Lebenslanges Lernen als neuer gesellschaftlicher Imperativ und der Beitrag der Museen; in: Hartmut John u. Anja Dauschek (Hrsg.): Museen neu denken. Perspektiven der Kulturvermittlung und Zielgruppenarbeit, Bielefeld 2008, S. 88–92.

Heinecke u. Prewo (2001) Andreas Heinecke u. Dorothee Prewo: Dialog im Dunkeln. Eine Ausstellung zur Entdeckung des Unsichtbaren, Hamburg 2001.

Henning u. Schmidt (2012a) Andreas Henning u. Sandra Schmidt: Die Sixtinische Madonna. Raffaels Kultbild wird 500, Anlässlich der gleichnamigen Ausstellung in der Gemäldegalerie Alte Meister der Staatliche Kunstsammlungen Dresden, 26. Mai–26. August 2012, Dresden 2012.

Henning u. Schmidt (2012b) Andreas Henning u. Sandra Schmidt: Die Sixtinische Madonna. Raffaels Kultbild wird 500. Ein Heft zur Ausstellung in Leichter Sprache, Anlässlich der gleichnamigen Ausstellung in der Gemäldegalerie Alte Meister der Staatliche Kunstsammlungen Dresden, 26. Mai–26. August 2012, Übersetzung in Leichte Sprache durch Anja Dworski, Dresden 2012.

Herrmann (2004) Ulrich Herrmann: Gehirnforschung und die Pädagogik des Lehrens und Lernens. Auf dem Weg zu einer „Neurodidaktik"?, in: Zeitschrift für Pädagogik, 4/2004, Weinheim 2004, S. 471–475.

Herrmann (2009) Ulrich Herrmann: Neurodidaktik. Neue Wege des Lehrens und Lernens, in: Ders. (Hrsg.): Neurodidaktik. Grundlagen und Vorschläge für gehirngerechtes Lehren und Lernen, Weinheim ²2009, S. 9–16.

Hilgers (1992) Werner Hilgers: Arbeit mit Behinderten im Rheinischen Landesmuseum Bonn, in: Lotte E. Sturm (Hrsg.): Erlebnis Museum: Ein Handbuch für Besucher mit Behinderungen, Essen 1992, S. 25–27.

Hinz (2012) Andreas Hinz u. a. (Hrsg.): Von der Integration zur Inklusion. Grundlagen – Perspektiven – Praxis, Bundesvereinigung Lebenshilfe für Menschen mit geistiger Behinderung e. V., Marburg ³2012.

Hinz (2002) Andreas Hinz: Von der Integration zur Inklusion. Terminologisches Spiel oder konzeptionelle Weiterentwicklung?, in: Zeitschrift für Heilpädagogik, Bd. 53/2002, S. 354–361.

Hinz. u. Anfruns (2011) Hans-Martin Hinz u. Julien Anfruns: Editorial, in: ICOM News. Newsletter of the international Council of Museums 64/2011, Heft 2, S. 2.

Hoffmann (2012) Jan Hoffmann: Zielvereinbarungen nach dem Behindertengleichstellungsgesetz, in: Anja Tervooren u. Jürgen Weber (Hrsg.): Wege zur Kultur. Barrieren und Barrierefreiheit in Kultur- und Bildungseinrichtungen, Schriftenreihe des Deutschen Hygiene-Museums Dresden, Bd. 9, Köln u. a. 2012, S. 281–283.

John (2008) Hartmut John: Hülle mit Fülle. Museumskultur für alle – 2.0, in: Ders. u. Anja Dauschek (Hrsg.): Museen neu denken. Perspektiven der Kunstvermittlung und Zielgruppenarbeit, Bielefeld 2008, S. 15–64.

John u. Dauschek (2008) Hartmut John u. Anja Dauschek (Hrsg.): Museen neu denken. Perspektiven der Kunstvermittlung und Zielgruppenarbeit, Bielefeld 2008.

Kellermann (2014) Gudrun Kellermann: Leichte und Einfache Sprache – Versuch einer Definition, in: APuZ. Beilage zur Wochenzeitung Das Parlament, 64. Jahrgang, 9–11/2014, Bonn 2014, S. 7–10.

Kirchberger (2000) Volker Kirchberger: Die MacDonaldisierung deutscher Museen. Zur Diskussion einer Kultur- und Freizeitwelt in der Postmoderne, in: Tourismus Journal, 1/2000, S. 117–143.

Klauß (2012) Theo Klauß: Inklusion in Schule und Erwachsenenbildung. Vom Zufall abhängig oder ein Menschenrecht?, in: Andreas Hinz u. a. (Hrsg.): Von der Integration zur Inklusion. Grundlagen – Perspektiven – Praxis, Bundesvereinigung Lebenshilfe für Menschen mit geistiger Behinderung e. V., Marburg ^{3}2012, S. 130–152.

Kruse (2014) Klemens Kruse: Inklusion und wie sie ins Museum kommt, in: Bundesverband Museumspädagogik e. V. (Hrsg.), Standbein Spielbein. Museumspädagogik aktuell, Bd. 100: Inklusion, Hamburg 2014, S. 6–8.

Kunz-Ott (2009) Hannelore Kunz-Ott u. a. (Hrsg.): Kulturelle Bildung im Museum. Aneignungsprozesse - Vermittlungsformen - Praxisbeispiele, Bielefeld 2009.

Leidner (2007) Rüdiger Leidner: Die Begriffe „Barrierefreiheit", „Zugänglichkeit" und „Nutzbarkeit" im Fokus, in: Patrick Sinclair Föhl u. a. (Hrsg.), Das barrierefreie Museum. Theorie und Praxis einer besseren Zugänglichkeit. Ein Handbuch, Bielefeld 2007, S. 28–33.

Leidner (2012) Michael Leidner: Verschiedenheit, besondere Bedürfnisse und Inklusion. Grundlagen der Heilpädagogik, Baltmannsweiler 2012.

Leßmann (2007a) Sabina Leßmann: Kooperationen mit Förderschulen für geistig- und mehrfachbehinderte Jugendliche im Kunstmuseum Bonn, in: Patrick Sinclair Föhl u. a. (Hrsg.): Das barrierefreie Museum. Theorie und Praxis einer besseren Zugänglichkeit. Ein Handbuch, Bielefeld 2007, S. 347–355.

Leßmann (2007b) Sabina Leßmann: Kunst begeistert! verstört! ermutigt! öffnet Türen! Angebote für Menschen mit Behinderungen im Kunstmuseum Bonn, in: Bundesverband Museumspädagogik e. V. (Hrsg.), Standbein Spielbein. Museumspädagogik aktuell, Bd. 77: Das barrierefreie Museum – Theorie und Praxis, Hamburg 2007, S. 18–21.

Lewalter (2009) Doris Lewalter: Bedingungen und Effekte von Museumsbesuchen, in: Hannelore Kunz-Ott u. a. (Hrsg.): Kulturelle Bildung im Museum. Aneignungsprozesse - Vermittlungsformen - Praxisbeispiele, Bielefeld 2009, S. 45–56.

Lutz (2007a) Petra Lutz: Barrierefreiheit im deutschen Hygiene-Museum. Ein Praxisbericht, in: Patrick Sinclair Föhl u. a. (Hrsg.): Das barrierefreie Museum. Theorie und Praxis einer besseren Zugänglichkeit. Ein Handbuch, Bielefeld 2007, S. 281–301.

Lutz (2007b) Petra Lutz: Deutsches Hygiene-Museum. Die Erschließung der neuen Dauerausstellung für Besucher mit Behinderung, in: Bundesverband Museumspädagogik e. V. (Hrsg.), Standbein Spielbein. Museumspädagogik aktuell. Bd. 77: Das barrierefreie Museum – Theorie und Praxis, Hamburg 2007, S. 13–17.

Maass (2007) Karin Maass, Barrierefreiheit aus museumspädagogischer Perspektive, in: Patrick Sinclair Föhl u. a. (Hrsg.): Das barrierefreie Museum. Theorie und Praxis einer besseren Zugänglichkeit. Ein Handbuch, Bielefeld 2007, S. 15–27.

Mandel (2008) Birgit Mandel: Kontemplativer Museumstempel, Bildungsstätte und populäres Entertainment-Center. Ansprüche an das Museum und (neue) Strategien der Museumsvermittlung, in: John Hartmut u. Anja Dauschek (Hrsg.): Museen neu denken. Perspektiven der Kulturvermittlung und Zielgruppenarbeit, Bielefeld 2008, S. 75–87.

Markowetz (2009) Reinhard Markowetz: Freizeit und Erwachsenenbildung für Menschen mit Lernschwierigkeiten, in: Helmut Schwalb (Hrsg.): Inklusion, Partizipation und Empowerment in der Behindertenarbeit. Best-Practice-Beispiele: Wohnen - Leben - Arbeit - Freizeit, Stuttgart 2009, S. 176–188.

Markowetz (2012) Reinhard Markowetz: Inklusion im Lebensbereich Freizeit durch Freizeitbildung und Freizeitassistenz, in: Andreas Hinz u. a. (Hrsg.): Von der Integration zur Inklusion. Grundlagen – Perspektiven – Praxis, Marburg [3]2012, S. 201–217.

Merkelbach (2009) Valentin Merkelbach: Gemeinsames Lernen von behinderten und nichtbehinderten Kindern und Jugendlichen. Eine UN-Konvention, die Folgen haben wird, Frankfurt a. M. 2009.

Metzger (2012) Folker Metzger, Barrierefreiheit und kulturelle Bildung in Museen, in: Anja Tervooren u. Jürgen Weber (Hrsg.): Wege zur Kultur. Barrieren und Barrierefreiheit in Kultur- und Bildungseinrichtungen, Schriftenreihe des Deutschen Hygiene-Museums Dresden, Bd. 9, Köln u. a. 2012, S. 191–201.

Metzger (2014) Voraussetzungen für Inklusion und Zugänglichkeit im Museum, in: Bundesverband Museumspädagogik e. V. (Hrsg.), Standbein Spielbein. Museumspädagogik aktuell, Bd. 100: Inklusion, Hamburg 2014, S. 13–16.

Mürner u. Sierck (2009) Christian Mürner u. Udo Sierck: Krüppelzeitung. Brisanz der Behindertenbewegung, Neu-Ulm 2009.

Nahrstedt (2000) Wolfgang Nahrstedt: Interesse Wecken – Kompetenz entwickeln: Lernen in Erlebniswelten, in: Beatrix Commandeur u. Dorothee Dennert (Hrsg.): Event zieht – Inhalt bindet. Besucherorientierung von Museen auf neuen Wegen, Bielefeld 2000, S. 29–37.

Nahrstedt (2002a) Wolfgang Nahrstedt u. a. (Hrsg.): Lernort Erlebniswelt. Neue Formen informeller Bildung in der Wissensgesellschaft. Endbericht des Forschungsprojektes, IFKA-Schriftenreihe, Bd. 20, Bielefeld 2002.

Nahrstedt (2002b) Wolfgang Nahrstedt u. a. (Hrsg.): Lernen in Erlebniswelten. Perspektiven für Politik, Management und Wissenschaft, Fachtagung am 4. und 5. Dezember in Hannover, IFKA-Schriftenreihe, Bd. 22, Bielefeld 2002.

Neumann u. Reuber (2004) Peter Neumann u. Paul Reuber (Hrsg.): Ökonomische Impulse eines barrierefreien Tourismus für Alle. Langfassung einer Untersuchung im Auftrag des Bundesministeriums für Wirtschaft und Arbeit, Münstersche geographische Arbeiten, Heft 47, Münster 2004.

Nill (1974) Rolf Nill: Umgebung, Standort, Verkehr, in: Axel Stermshorn: Bauen für Behinderte und Betagte. Wohnungsplanung, Gebäudeplanung, Umweltgestaltung, DIN-Normen, Kommentare, Medizinische Aspekte, Sozialpsychologie, Statistik, Finanzierung, Stuttgart 1974, S. 81–86.

Noschka-Roos (1997) Annette Noschka-Roos: Die neue Rolle der Museumspädagogik in der Vermittlungsarbeit der Museen, in: Landschaftsverband Rheinland (Hrsg.): Das besucherorientierte Museum, Köln 1997, S. 83–90.

Noschka-Roos (2000) Annette Noschka-Roos: „Visitor's Bill of Rights“ als Maßstab für die Besucherorientierung, in: Beatrix Commandeur u. Dorothee Dennert (Hrsg.): Event zieht – Inhalt bindet. Besucherorientierung von Museen auf neuen Wegen, Bielefeld 2000, 159–168.

Nussbaum (2006) Martha Nussbaum: „Frontiers of Justice. Disability, Nationality, Species Membership“, Cambridge und London 2006.

Pekarik (1999) Andrew J. Pekarik u. Zahava D. Doering u. David Karns: Exploring Satisfying Experiences in Museums, Curator 42(2), 1999, S. 152–173.

Pfitzner (2015) Florian Pfitzner: Umfrage des VBE. Lehrer fühlen sich von Inklusion überfordert, erschienen als Artikel in der Neuen Osnabrücker Zeitung am 18.05.2015, (URL: http://www.noz.de/deutschland-welt/nordrhein-westfalen/artikel/576653/lehrer-fuhlen-sich-von-inklusion-uberfordert#comments-jump-to, letzter Zugriff: 04.10.2015).

Reising (1991) Gerhard Reising u. a.: Fremder Frühling. Kurse mit Geistigbehinderten in der Staatlichen Kunsthalle Karlsruhe, Karlsruhe 1991.

Reussner (2007) Eva M. Reussner: Wissensvermittlung im Museum – ein überholtes Konzept?, in: Kultur und Management im Dialog. Das Monatsmagazin von Kulturmanagement Network, 5/2007, Schwerpunkt: Kultur. Wissen. Bildung, S. 20–23.

Richter (1977) Günther Richter: Zur Grundlegung pädagogischer-therapeutischer Arbeitsformen in der ästhetischen Erziehung, in: Ders. (Hrsg.): Therapeutischer Kunstunterricht, Düsseldorf 1977.

Rittmeyer (2012) Christel Rittmeyer: Zum Stellenwert der Sonderpädagogik und den zukünftigen Aufgaben von Sonderpädagogik in inklusiven Settings nach den Forderungen der UN-Behindertenrechtskonvention, in: Cornelius Breyer u. Günter Fohrer u. a.: Sonderpädagogik und Inklusion, Oberhausen 2012, S. 43–58.

Rupprecht u. Weckwerth (2015) Carola Rupprecht u. Susanne Weckwerth: Inklusion – auch in Museen? Überlegungen für die Praxis mit Menschen mit Behinderung, Kulturelle Bildung Online 2015 (URL: http://www.kubi-online.de/artikel/inklusion-auch-museen-ueberlegungen-praxis-menschen-behinderung, letzter Zugriff: 04.10.2015).

Rombach (2006) Julia Rombach: Kultureinrichtungen als informelle Lernorte aufgezeigt am Beispiel des Museums, Dissertation zur Erlangung des akademischen Grades eines Doktors der Philosophie am Fachbereich Erziehungswissenschaften der Universität Hamburg, Hamburg 2006.

Roth (2004) Gerhard Roth, Warum sind Lehren und Lernen so schwierig? In: Zeitschrift für Pädagogik, 4/2004, Weinheim 2004, S. 496–506.

Schäfer (2000) Hermann Schäfer: Besucherforschung als Basis für neue Wege der Besucherorientierung, in: Beatrix Commandeur u. Dorothee Dennert (Hrsg.): Event zieht – Inhalt bindet. Besucherorientierung von Museen auf neuen Wegen, Bielefeld 2000, S. 103–119.

Schäfer (2002) Hermann Schäfer: Das Museum als „Erlebnisarrangement", in: Wolfgang Nahrstedt u. a. (Hrsg.): Lernen in Erlebniswelten. Perspektiven für Politik, Management und Wissenschaft. Fachtagung am 4.–5. Dezember in Hannover. IFKA-Schriftenreihe, Bd. 22, Bielefeld 2002, S. 137–145.

Scharfetter (1990) Christian Scharfetter: Schizophrene Menschen. Krankheitskonzepte, Geschichte, Diagnostik, Bewusstseinsbereiche und Psychopathologie, München ^{3}1990.

Scharfetter (2010) Christian Scharfetter: Allgemeine Psychopathologie. Eine Einführung. 26 Tabellen, Stuttgart 2010.

Scheeder (2014) Bettina Scheeder: „Das inklusive Museum – Barrierefrei und demografiefest". Der Neue Leitfaden des Deutschen Museumsbundes, in: Bundesverband Museumspädagogik e. V. (Hrsg.), Standbein Spielbein. Museumspädagogik aktuell, Bd. 100: Inklusion, Hamburg 2014, S. 17–19.

Scheich (2003) Henning Scheich: Lernen unter der Dopamindusche, in: DIE ZEIT, 39/2003, 18.09.2003, S. 38. (URL: http://www.zeit.de/2003/39/Neurodidaktik_2, letzter Zugriff 04.10.2015)

Scheiner (2009) Tereza Scheiner: Contributing to a better world, in: ICOM News. Newsletter of the international Council of Museums, 62/2009, Heft 2, S. 5.

Schlummer (2007) Werner Schlummer: Über die Kommunikation mit sozialen Einrichtungen und Menschen mit Behinderung. Öffentlichkeitsarbeit aus verschiedenen Blickrichtungen, in: Bundesverband Museumspädagogik e. V. (Hrsg.), Standbein Spielbein. Museumspädagogik aktuell, Bd. 77: Das barrierefreie Museum – Theorie und Praxis, Hamburg 2007, S. 28–31.

Schuck-Wersing u. Wersig (1996) Petra Schuck-Wersing u. Gernot Wersig: Marketing und konsequente Besucherorientierung – Neue Schubkraft für die Museumskultur?, in: Landschaftsverband Rheinland (Hrsg.): Vom Elfenbeinturm zur Fußgängerzone. Drei Jahrzehnte Museumsentwicklung, Opladen 1996, S. 151–164.

Schwalb (2009) Helmut Schwalb (Hrsg.): Inklusion, Partizipation und Empowerment in der Behindertenarbeit. Best-Practice-Beispiele: Wohnen – Leben – Arbeit – Freizeit, Stuttgart 2009.

Schwan (2009) Stephan Schwan: Lernen und Wissenserwerb in Museen, in: Hannelore Kunz-Ott u. a. (Hrsg.): Kulturelle Bildung im Museum. Aneignungsprozesse - Vermittlungsformen - Praxisbeispiele, Bielefeld 2009, S. 33–43.

Schwan (2012) Stephan Schwan: Lernpsychologische Grundlagen zum Wissenserwerb im Museum, in: Gisela Staupe (Hrsg.): Das Museum als Lern- und Erfahrungsraum. Grundlagen und Praxisbeispiele, Schriften des Deutschen Hygiene-Museums Dresden, Bd. 10, Wien u. a. 2012, S. 46–59.

Screven (1985) Chandler D. Screven: Lernen und Motivation von Besuchern in Ausstellungen. Folgerungen für die Planung, in: Bernhard Graf u. Günter Knerr (Hrsg.): Museumsausstellungen, Planen, Design, Evaluation, München und Berlin 1985.

Seitz (2006) Simone Seitz: Inklusive Didaktik. Die Frage nach dem „Kern der Sache", in: Zeitschrift für Inklusion, 1/2006, o. S.

Speck (1982) Otto Speck: Erwachsenenbildung bei geistiger Behinderung. Eine Grundlegung, in: Ders. (Hrsg.): Behindertenhilfe durch Erziehung, Bd. 12: Erwachsenenbildung bei geistiger Behinderung. Grundlagen Entwürfe-Berichte, Behindertenhilfe durch Erziehung, München 1982, S. 11–42.

Speck (2005) Otto Speck: Menschen mit geistiger Behinderung. Ein Lehrbuch zur Erziehung und Bildung, München 2005.

Staupe (2012a) Gisela Staupe: Einführung: Museen – Orte des Sehens und des Lernens, der Musse und der Bildung, in: Dies. (Hrsg.): Das Museum als Lern- und Erfahrungsraum. Grundlagen und Praxisbeispiele, Schriften des Deutschen Hygiene-Museums Dresden, Bd. 10, Wien u. a. 2012, S. 7–15.

Staupe (2012b) Gisela Staupe: Vorwort, in: Anja Tervooren u. Jürgen Weber (Hrsg.): Wege zur Kultur. Barrieren und Barrierefreiheit in Kultur- und Bildungseinrichtungen, Schriftenreihe des Deutschen Hygiene-Museums Dresden, Bd. 9, Köln u. a. 2012, S. 7–9.

Stemshorn (1994) Axel Stemshorn: Bauen für Behinderte und Betagte. DIN-Normen, Kommentar, Statistik, Wohnformen, Wohnungsbau, Aussenanlagen, öffentliche Gebäude, Sport- und Freizeitanlagen, Werkstätten, Städtebau und Verkehr, Orientierung, Beratung, Selbsthilfe, Finanzierung, neue Bundesländer, Stuttgart [3]1994.

Studinger (2002) Eva Studinger: Zwischen den Stühlen. Museumspädagogik für Menschen mit geistiger Behinderung, Frankfurt a. M. 2002.

Studinger (2007) Eva Studinger: Malen als Denken in Bildern. Ein Angebot der Staatlichen Kunsthalle Karlsruhe, in: Patrick Sinclair Föhl u. a. (Hrsg.): Das barrierefreie Museum. Theorie und Praxis einer besseren Zugänglichkeit. Ein Handbuch, Bielefeld 2007, S. 356–369.

Suhrweier (1999) Horst Suhrweier: Geistige Behinderung. Psychologie, Pädagogik, Therapie, Neuwied 1999.

Tervooren u. Weber (2012) Anja Tervooren u. Jürgen Weber: Barrieren wahrnehmen, verstehen und abbauen, in: Dies. (Hrsg.): Wege zur Kultur. Barrieren und Barrierefreiheit in Kultur- und Bildungseinrichtungen, Schriftenreihe des Deutschen Hygiene-Museums Dresden, Bd. 9, Köln u. a. 2012, S. 11–26.

Thannhäuser (1976) Angelika Thannhäuser: Zur Situation geistig behinderter Erwachsener aus der Sicht ihrer Mütter, Bern 1976.

Thomas (2004) Carol Thomas: Theorien der Behinderung. Schlüsselkonzepte. Themen und Personen, in: Cornelia Renggli Weisser (Hrsg.): Disability Studies. Ein Lesebuch, Luzern 2004, S. 31–56.

Waldschmidt (2012) Anne Waldschmidt: Normalität-Macht-Barrierefreiheit. Zur Ambivalenz der Normalisierung, in: Anja Tervooren u. Jürgen Weber (Hrsg.): Wege zur Kultur. Barrieren und Barrierefreiheit in Kultur- und Bildungseinrichtungen, Schriftenreihe des Deutschen Hygiene-Museums Dresden, Bd. 9, Köln u. a. 2012., S. 52–66.

Weigt (1998) Michael Weigt: 25 Jahre Empfehlungen des Deutschen Bildungsrates und was davon schulpolitisch übrigblieb, in: Gemeinsam leben. Zeitschrift für integrative Erziehung, 2/1998, o. S.

Wichelhaus (2007) Barbara Wichelhaus: Das Museum als Lern- und Erfahrungsort für Kinder und Jugendliche mit besonderem Förderbedarf, in: Patrick Sinclair Föhl u. a. (Hrsg.): Das barrierefreie Museum. Theorie und Praxis einer besseren Zugänglichkeit. Ein Handbuch, Bielefeld 2007, S. 106–120.

Wieland (1985) Heinz Wieland (Hrsg.): Zur Integration geistig behinderter Menschen in verschiedenen Lebensbereichen, Handbücherei für die Unterrichtsplanung und Unterrichtsgestaltung in der Schule für Geistigbehinderte, Bd. 19, Dortmund 1985.

Wocken (2009) Hans Wocken: Von der Integration zur Inklusion. Ein Spickzettel für Inklusion. In: Gemeinsam leben. Zeitschrift für integrative Erziehung, 4/2009, S. 216–219.

Wunder (2012) Michael Wunder: Behindert sein oder behindert werden? Zu Fragen von Ethik und Behinderung, in: Anja Tervooren u. Jürgen Weber (Hrsg.): Wege zur Kultur. Barrieren und Barrierefreiheit in Kultur- und Bildungseinrichtungen, Schriftenreihe des Deutschen Hygiene-Museums Dresden, Bd. 9, Köln u. a. 2012, S. 85–100.

Zielniok (1983) Walter J. Zielniok (Hrsg.): Gestaltete Freizeit mit geistig Behinderten, Heidelberg [3]1983.

Graue Literatur und Internetquellen

ADAC: Planungshilfe Barrierefreiheit, (URL: http://www.behindertenbeauftragte-oal.de/fileadmin/redakteur1/Planungshilfe_Barrierefreier_Tourismus_komplett_ADAC.pdf, letzter Zugriff: 04.10.2015).

Arbeitsgemeinschaft der Vereine behinderter und chronisch kranker Menschen Düsseldorf ARGE (Hrsg.): Düsseldorfer Museumsführer für Menschen mit Behinderungen. 30 Museen auf einen Blick, Düsseldorf 2010.

Bundesministerium für Arbeit und Soziales: Nationaler Aktionsplan, 2011, (URL: http://www.bmas.de/SharedDocs/Downloads/DE/PDF-Publikationen/a740-nationaler-aktionsplan-barrierefrei.pdf?__blob=publicationFile, letzter Zugriff: 04.10.2015).

Bundesministerium für Arbeit und Soziales: Übereinkommen der Vereinten Nationen über Rechte von Menschen mit Behinderungen. Erster Staatenbericht der Bundesrepublik Deutschland, vom Bundeskabinett beschlossen am 3. August 2011, (URL: http://www.gemeinsam-einfach-machen.de/SharedDocs/Downloads/DE/StdS/UN_BRK/2011_08_03_staatenbericht.pdf?__blob=publicationFile, letzter Zugriff: 04.10.2015).

Bundesverband Museumspädagogik e. V., Stellungnahme zum Bildungsauftrag der Museen, 2004, (URL: http://www.museumspaedagogik.org/fileadmin/user_upload/bund/PDF/2_9_4_KMK2004.PDF, letzter Zugriff: 04.10.2015).

Bundesvereinigung Lebenshilfe für Menschen mit geistiger Behinderung e. V.; Bundeskompetenzzentrum Barrierefreiheit (Hrsg.): Kriterienkatalog. Barrierefreiheit für Menschen mit kognitiven Einschränkungen, 2011.

Deutsche UNESCO-Kommission: Leitfaden für kulturelle Bildung. Schaffung kreativer Kapazitäten für das 21. Jahrhundert, Bonn 2007.

Deutsche UNESCO-Kommission: Kulturelle-Bildung für Alle. Von Lissabon 2006 nach Seoul 2010, Bonn 2008, (URL: https://www.unesco.de/fileadmin/medien/Dokumente/Bibliothek/Kulturelle_Bildung_fuer_Alle.pdf, letzter Zugriff: 04.10.2015).

Deutsche UNESCO-Kommission: Museologie. Bericht über ein internationales Symposium. Veranstaltung vom deutschen Nationalkomitee des Internationalen Museumsrates in Zusammenarbeit mit der UNESCO-Kommission, Pullach und München 1973.

Deutscher Museumsbund e. V., Bundesverband Museumspädagogik e. V. [u. a.]: Qualitätskriterien für Museen: Bildungs- und Vermittlungsarbeit, Berlin 2008.

Gaube (2008) Svenja Gaube: Barrierefrei Konzipieren und Gestalten. Leitfaden für Ausstellungen im Deutschen Technikmuseum Berlin, Berlin 2008.

Geert Freyhoff u. a.: Sag es einfach!, Europäische Richtlinien für leichte Lesbarkeit für Menschen mit geistiger Behinderung, Europäische Vereinigung der ILSMH, Brüssel 1998, (URL: http://www.webforall.info/wp-content/uploads/2012/12/EURichtlinie_sag_es_einfach.pdf, letzter Zugriff: 04.10.2015).

Internationaler Museumsrat: ICOM Schweiz, ICOM Deutschland, ICOM Österreich: Ethische Richtlinien für Museen von ICOM, [2]2006.

Landesdenkmalamt Berlin: Denkmal & Barrierefreiheit. Leitfaden und Studienprojekt, Heft 43, Berlin 2015.

Landesregierung Nordrhein-Westfalen: Eine Gesellschaft für alle, Aktionsplan der Landesregierung, 2012 (URL: http://www.mais.nrw.de/08_PDF/003/121115_endfassung_nrw-inklusiv.pdf, letzter Zugriff: 04.10.2015).

Landesregierung Nordrhein-Westfalen: Teilhabe für alle. Programm der Landesregierung für Menschen mit Behinderung und ihre Familien in Nordrhein-Westfalen 2007 bis 2010, (URL: http://www.mags.nrw.de/08_PDF/003/Teilhabe_f__r_alle_2008.pdf, letzter Zugriff: 04.10.2015).

Landesverband der Museen zu Berlin e. V. (LMB): Design For All. Barrierefreie Ausstellungen in Berlin. Checkliste Verstehen. Menschen mit Behinderung der Lernfähigkeit, Berlin 2011.

Mensch zuerst – Netzwerk People First Deutschland e. V: Goldene Regeln, (URL: http://www.mensch-zuerst.de/pdf/Goldene_Regeln.pdf, letzter Zugriff: 04.10.2015).

NETZWERK ARTIKEL 3 e. V., Verein für Menschenrechte und Gleichstellung Behinderter e. V., Schattenübersetzung. Korrigierte Fassung der zwischen Deutschland, Liechtenstein, Österreich und der Schweiz abgestimmten Übersetzung des Übereinkommens über die Rechte von Menschen mit Behinderungen, 2009, (URL: http://www.netzwerk-artikel-3.de/attachments/article/89/089_schatte-nuebersetzung-endgs.pdf, letzter Zugriff: 04.10.2015).

Netzwerk Leichte Sprache: Die Regeln für Leichte Sprache, (URL: http://www.leichtesprache.org/index.php/startseite/leichte-sprache/die-regeln, letzter Zugriff: 04.10.2015).

Richard Stang: Kulturelle Erwachsenenbildung, Bundeszentrale für politische Bildung, 2009, (URL: http://www.bpb.de/gesellschaft/kultur/kulturelle-bildung/59927/kulturelle-bildung-fuer-erwachsene, letzter Zugriff: 04.10.2015).

Scherz-Schade (2009) Sven Scherz-Schade: Facetten und Aufgaben kultureller Bildung, Bundeszentrale für politische Bildung, 2009 (URL: http://www.bpb.de/gesellschaft/kultur/kulturelle-bildung/59913/facetten-und-aufgaben, letzter Zugriff: 04.10.2015).

Schlussbericht der Enquete-Kommission „Kultur in Deutschland“, Bundesdrucksache 16/7000, Berlin 2007, (URL: http://dip21.bundestag.de/dip21/btd/16/070/1607000.pdf, letzter Zugriff: 04.10.2015).

United Nations: Ausschuss für die Rechte von Menschen mit Behinderungen, Dreizehnte Tagung, 25. März–17. April 2015, Abschließende Bemerkungen über den ersten Staatenbericht Deutschlands (vorläufige Übersetzung), (URL: http://www.gemeinsam-einfach-machen.de/BRK/DE/StdS/Vertragsausschuss/Staatenpruefung/CO_Staatenpr%C3%BCfung_deutsch.docx;jsessionid=113B11D410C14E5F9E414E91957EB0C3.1_cid360?__blob=publicationFile, letzter Zugriff: 04.10.2015).

United Nations: Convention on the Rights of Persons with Disabilities and Optional Protocol, 2006, (URL: http://www.un.org/disabilities/documents/convention/convoptprot-e.pdf, letzter Zugriff: 04.10.2015).

Universal Design e. V.: Weimarer Erklärung der Universal-Design-Expertenkonferenz vom 12.–14. November 2009, (URL: http://www.if-universaldesign.eu/resources/charta_ud_weimar-dt.pdf, letzter Zugriff: 04.10.2015).

Universität Hamburg: leo. – Level-One Studie. Presseheft. Hamburg 2011, (URL: http://www.alphabetisierung.de/fileadmin/files/Dateien/Downloads_Texte/leo-Presseheft-web.pdf, letzter Zugriff: 04.10.2015).

URL: http://www.aktion-mensch.de/inklusion/in-der-freizeit.php (letzter Zugriff: 08.06.2013), Dokumentiert: URL: http://www.behindert-barrierefrei.de/inklusion_und_kultur_sind_fuer_uns_sehr_wichtig/ (letzter Zugriff: 04.10.2015).

URL: http://www.aktion-mensch.de/inklusion/was-ist-inklusion.php (letzter Zugriff: 04.10.2015).

URL: http://www.christophorusschule-bonn.de/images/schulemuseum.pdf (letzter Zugriff: 04.10.2015).

URL: http://www.design-fuer-alle.de/design-fuer-alle/ (letzter Zugriff: 04.10.2015).

URL: http://www.if-universaldesign.eu/resources/charta_ud_weimar-dt.pdf (letzter Zugriff: 04.10.2015).

URL: http://www.museumsbund.de/de/das_museum/themen/barrierefreiheit_im_museum/inklusionslandkarte/druckversion.html (letzter Zugriff: 04.10.2015).

URL: http://www.kunsthalle-duesseldorf.de/index.php?id=114&events=347 (letzter Zugriff: 04.10.2015).

URL: http://www.kunstmuseum-bonn.de/fileadmin/Redaktion/Kontakt/Barrierefreies_Museum.pdf (letzter Zugriff: 04.10.2015).

URL: http://www.museumssterne.ch/ (letzter Zugriff, 04.11.2015).

URL: http://www.piksl.net/was-ist-piksl.html (letzter Zugriff: 04.10.2015).

URL: https://www. signet-barrierefrei.de (letzter Zugriff: 04.10.2015).

URL: http://www.suche.lehrerfortbildung.schulministerium.nrw.de/search (letzter Zugriff: 04.10.2015).

URL: https://www.sparda-sw.de/kunst-und-kultur_projekte.php (letzter Zugriff: 04.10.2015).

URL: http://www.who.int/classifications/icf/en/ (letzter Zugriff: 04.10.2015).

www.ingramcontent.com/pod-product-compliance
Lightning Source LLC
LaVergne TN
LVHW010903110826
845149LV00005B/1454